진로탐색
및
자기개발

봉미란 이민아 이기학 공저

CAREER EXPLORATION AND
SELF-DEVELOPMENT

양성원

Preface

진로상담의 세계적 대가인 존 크럼볼츠(John Krumboltz)는 '진로의 80%는 예기치 않은 우연한 사건으로 형성된다'는 전제로 진로선택을 바라보는 패러다임을 바꿀 수 있는 우연학습 이론을 정립하였습니다. 나의 진로가 우연히 접한 사건이나 정보, 어떤 사람으로 인해 긍정적인 영향을 받았다면 그 사건이나 정보 그리고 그 사람은 단순한 우연이 아닌 계획된 우연이라는 주장입니다.

이는 물론 자신에 대해 그리고 직업세계에 대해 충분한 이해가 된 후에야, 나에게 다가오는 이러한 우연이 진로선택에 있어 계획된 우연으로 작용할 것입니다. 지금 만약 당신이 이 '저자의 서문'을 읽고 있다면, 이는 당신의 '계획된 우연(planned happenstance)'이 시작되었다는 신호라고 믿고 싶습니다. 우리는 누군가의 진로에 그냥 스쳐 가는 우연적 만남이 아닌 계획된 우연으로 만나지기를 바라는 소망을 담아 이 책을 세상에 내놓게 되었습니다. 당신이 현재 진로의 어느 고비에 있든지, 어떤 진로의 고민과 문제를 짊어지고 있든지 그 지점에서 이 책이 당신에게 계획된 우연으로 이어지는 기회의 열쇠가 되었으면 합니다.

저자 이민아

우리 삶의 과정 중 대학생활은 가치관을 구체화하고 균형 있는 인재로 다듬어지는 시간이고 또한 미래 대비 역량을 개발하는 중요한 기간이기도 하다.

많은 학생은 대학 입학 과정에서 진로나 직업에 대한 충분한 고려가 없이 입학하며 이 중 일부 학생은 대학생활에서 뚜렷한 목표와 진로를 설정하고 철저히 준비하는 반면 많은 학생은 체계적이지 못한 상태로 대학을 졸업하는 경우도 있다. 따라서 진로와 방향을 명확히 하고 실천하는 것은 소위 성공으로 이어지는 지름길이기도 하다.

저자는 글로벌기업에서의 오랜 경험과 생각, 그리고 대학에서 학생들의 학습과 진로 지도를 하며 느낀 점을 바탕으로 대학생들의 미래 준비와 역량 개발 그리고 성공적 진로에 도움이 되는 정보를 전달하고자 하였다.

지금 우리가 고민하고 준비하는 것은 20~30년 후 나를 보다 알차게 만들 것이고 미래는 준비하는 여러분들의 것이 될 것입니다.

저자 이기학

대학 강의를 진행하는 데 있어 진로탐색과 자기개발의 중요성이 점점 부각되어 짐에 따라 각 분야의 전문가와 뜻을 모아 이해하기 쉽게 내용을 구성하였습니다. 아무쪼록 강의를 진행하는 교수님과 진로탐색과 자기개발을 지향하는 학생들에게 작은 길라잡이가 되길 희망해 봅니다. 또한 집필을 하면서 많은 분의 조언과 도움을 받았습니다. 깊은 감사를 드립니다. 마지막으로 이 책이 출간될 수 있도록 지원해 주시고, 기다려 주신 양성원 출판사 관계자, 특히 황남수 실장님께 감사의 말씀을 전합니다.

2021.08.20.

저자 봉미란

Contents

▌머리말 / 3

PART 01. 진로탐색

Chapter 01 **대학생과 진로** 11

1. 전 생애발달상의 청년기 12
2. 대학생 시기의 발달과업 17
3. 대학생 시기의 진로 23

Chapter 02 **자기분석을 통한 자기이해** 31

1. 나의 흥미와 진로 32
2. 나의 가치와 진로 43
3. 나의 성격강점과 진로 50

Chapter 03 **자기성찰을 통한 자기이해** 61

1. 나의 진로정체감 62
2. 나의 진로장벽 66
3. 나의 진로비전 69

Chapter 04 **직업세계의 이해(Ⅰ)** 81

1. 일과 직업 이해하기 82
2. 직업의 의의 85
3. 기업경영 Process 및 직무 이해 87

Chapter 05 직업세계의 이해(II) 101

1. 취업 동향 102
2. 취업 절차 및 취업 정보 수집 105
3. 대, 중, 소기업 분류 및 이해 110
4. 공기업의 분류 및 이해 115
5. 공무원의 분류 및 이해 117

Chapter 06 진로의사결정 119

1. 진로의사결정의 이해 120
2. 진로의사결정 유형 123
3. 진로의사결정 지도 방안 128

PART 02. 자기개발

Chapter 01 자기개발과 역량 141

1. 역량의 이해 142
2. 역량의 분류 144
3. 대학생의 핵심역량 150

Chapter 02 의사소통의 능력 159

1. 의사소통의 이해 159
2. 의사소통의 과정 160
3. 의사소통의 유형 161
4. 의사소통의 방법 164
5. 의사소통의 개발 172

Chapter 03 대인관계 능력 177

1. 대인관계 능력의 이해 177
2. 팀워크 능력 178
3. 팔로워십 183
4. 리더십 191
5. 리더십 개발하기 198
6. 갈등관리 201
7. 협상능력 209

Chapter 04 문제해결 능력 215

1. 문제해결 능력의 이해 215
2. 문제해결을 위한 사고력 223

Chapter 05 창의력 231

1. 창의력의 이해 231
2. 창의적 사고의 개발 방법 232

Chapter 06 직업윤리 243

1. 직업윤리의 이해 243
2. 개인윤리와 직업윤리 247
3. 근로윤리 249
4. 공동체 윤리 250

참고문헌 / 252

찾아보기 / 256

PART 1

진로탐색

CHAPTER

01 대학생과 진로

우리는 태어나서 죽음에 이를 때까지 여러 가지 생애의 단계를 거치게 된다. 출생으로부터 영·유아기, 아동기, 청소년기, 성인기 그리고 노년기를 거쳐 죽음으로 생을 마감한다. 인생의 어느 시기이든 각 시기마다 희노애락의 순간들이 공존하지만 자신의 삶에서 가장 밝고, 희망적이며, 활기찬 시기로 대다수의 사람들이 20대 청춘의 시기를 꼽을 것이다. 청소년들은 한창 입시를 준비하고 있으므로 당연히 대학에 입학한 대학생들이 부러울 것이고, 중년들은 자신의 찬란했던 20대를 그리워하면서 자신들을 '꽃청춘'이라고 칭하기도 한다. 이는 아마도 자신의 찬란했던 시절을 그리워하고, 그 시기로의 회귀를 꿈꾸고 있는 반증일 수 있다. 이처럼 다른 세대의 부러움과 그리움의 대상인 대학생으로 대표되는 20대들은 정작 자신들을 어떻게 생각하고 있을까? 과연 그들은 이 청춘의 시기를 어떻게 인식하고 있으며, 이때에만 누릴 수 있는 특별한 혜택과 향유를 충분히 만끽하고 있는가에 대한 궁금증이 생긴다. 그러나 안타깝게도 실제로 만나 본 많은 대학생들 역시도 생의 달콤함과 씁쓸함을 느끼면서 어느 세대 못지않게 이 시기를 살아 내느라 고군분투하고 있는 듯하다.

I. 전 생애발달상의 청년기

'20대 전후로의 시기'인 청년기에는 일반적으로 고등학교를 졸업하고 대학교로 진학하거나 또는 사회로 진출하면서 청소년기에서 벗어나 성인기로 들어선다. 전 생애발달적[1] 관점에서의 청년기는 청소년 후기에서 성인기로 진입하는 과도기로, 성인기 이전 시대인 청소년기를 종결짓고, 성인기로의 이동을 준비하는 시기이다. 이 시기는 신체와 정신이 가장 왕성하게 발달하는 발달단계로, 청년기를 대표하는 대학생들은 육체적 성장의 완성을 이루어 외향적으로는 완전한 성인의 모습을 보이는 반면, 심리적으로는 아직은 완전한 성인의 모습을 갖추기 못한 딜레마적 상태에 놓인다. 대학생들은 성숙한 성인도 아닌 그렇다고 청소년도 아닌 애매한 위치로 인한 심리적 긴장과 혼란이 지속되는 가운데 고민과 방황을 겪으면서 다양한 경험을 통해 성장하게 된다. 즉, 청년기는 성인기로의 성공적인 이행을 위하여 다양한 심리 · 사회적 발달을 이루어 내어야 하는 중요한 의미를 지닌 시기라 할 수 있다.

1) 청년기의 발달

(1) 신체적 발달

연령의 증가에 따른 가장 명백한 변화 가운데 하나는 신체적 외양 및 신체적 능력의 발달이다(Richard & Philip, 2009). 특히 청년기는 신체적인 수행능력이 가장 발달한 시기로, 신체적 성숙이 완성되며, 건강에 있어서의 최고 수준을 나타낸다. 골격의 발달은 17세~21세경 그리고 신체적 수행능력은 19세~26세 사이에 정점에 도달한다.

1) 인간발달을 임신되는 순간부터 죽음에 이르는 순간까지 전 생애를 통해 발생하는 모든 신체적 · 심리적 · 사회적인 변화를 포함하는 발달적 관점이다.

(2) 인지적 발달

피아제(Piaget)의 인지발달에 의하면, 청소년 시기부터 추상적 사고와 논리적 사고가 가능하며, 이는 성인기까지 지속되면서 추상적 사고력과 논리적 사고력은 점차 진보된다(고홍월 외, 2020). 청년기에는 문제 상황에 대한 반성적 사고가 가능해지고, 보다 현실적인 것에 초점을 맞추며, 어떤 주제에 대한 결론을 내리기보다는 끊임없이 탐색하면서 잠정적인 상태를 유지하기를 선호한다. 청년기에는 창의적 사고, 확산적 사고, 다원론적 사고, 상대적 사고 및 새로운 문제해결 방안의 발견을 특징으로 하는 문제발견적 사고가 발달하는 특징을 보인다.

(3) 사회적 발달

청년기는 친밀감 또는 고립감이 형성되는 시기로 어떤 발달단계보다도 다른 사람과의 관계가 중요해지는 시기이다(Erikson, 1968). 대학생들은 부모로부터 독립하기 시작하며, 타인과 원활한 관계를 유지해 나가야 하기 때문에 친구나 이성과의 관계를 건강하게 형성하는 것이 매우 중요하다. 사회적 친밀감이란 우정과 이성적 관계 모두에서 일어날 수 있는데, 이는 개방, 용기, 윤리적 강점과 자신의 개인적 선호와의 타협 등을 필요로 한다. 이 시기의 사회적 친밀감은 성인기의 심리적 안녕감의 필수요인으로, 가족, 친구나 이성과의 원만한 상호작용이 개인의 안녕감에도 영향을 미치는 것으로 밝혀지고 있다(Richard & Philip, 2009).

(4) 진로의 발달

청년기는 성인으로의 독립을 준비하는 시기로, 사회진출을 위한 직업선택을 하여야 하는 시기이다. 그러므로 사회인으로서 어떠한 직업을 가질 것인가에 대한 진로탐색이나 진로의사결정을 내려야 하는 매우 중요한 시기인 것이다. 청년기에 속한 대학생들은 직업선택을 위한 준비와 실제 선택에 필요한 다양한 과업들을 이 시기에 적극적으로 수행하게 된다.

2) 청년기의 특징

'청년기(adolescence)'라는 용어는 원래 라틴어가 그 어원으로, '성장하다' 또는 '성숙에 이른다'라는 의미의 'adolescere'라는 동사로부터 파생된 것이다. 즉, 청년기는 미성숙한 청소년기를 지나 성숙한 성인기로 옮겨 가는 성장의 시기라 하겠다. 레빈슨 등(Levinson et al., 1978)에 의하면 청년기는 성인초기 전환기로, 성인 이전기와 성인초기 사이의 교량적 역할을 하는 과도기 단계임을 강조하였다. 또한 이러한 해당 단계의 특징을 반영하여 아르넷(Arnett, 2000)은 이 시기를 '성인이 되어 가는 시기'라고 명명하며, 청소년기 또는 성인기와 뚜렷하게 구분되는 다섯 가지 특징에 대해 주목하였다.

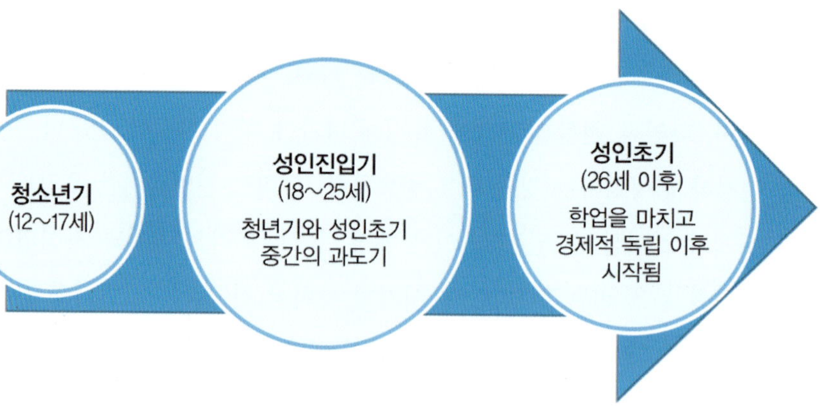

[그림 1-1] 성인진입기의 단계

출처: 이한샘(2014).

(1) 정체성 탐색(identity exploration)

청년기는 "나는 누구인가?"에 대한 질문을 찾는 시기이다. 에릭슨(Erikson, 1968)의 심리사회적 발달이론에서는 정체성 혼란 및 탐색의 시기를 청소년기로 보았으나, 청년기 역시도 정체성 탐색과 모색 작업이 필요한 단계이므로 그 중요성을 강조하였다. 특히 대학입시 위주의 교육이 강조되는 우리나라 학생들의 경우 청소년기에 자신에 대한 충분한 탐색이 이루어지지 못한 상태에서 대학에 진학하게 되는 경우가 대부분이다. 따라서 비교적 부모의 간섭이나 영향으로부터 벗어나고, 성인의 의무나 책임으로부터 어느 정도 자유로운 시기인 대학생의 시기가 정체성 탐색의 최적기일 수 있다(심은정 외, 2018). 이 시기 동안 20대 청년들은 학업, 직업, 사랑, 인간관계 측면에서 다양한 경험과 가능성을 실험해 보면서 자신이 누구인가에 대한 탐색과 성찰을 하게 된다.

(2) 불안정성(instability)

청년기에는 자신이 누구인가에 대한 질문, 즉 자아정체성을 찾아가는 과정에서 다양한 경험을 하게 되고, 이를 통한 큰 변화를 느끼게 되면서 이에 수반되는 불안정감을 겪게 된다. 즉, 대학생들은 스스로 삶의 방향을 탐색하고 진로 계획을 계속 수정해 나가는 과정을 거치면서 불안정성을 경험하는 것이다. 이는 자신의 인생과 미래에 대한 불확실성과 함께 자신의 앞에 놓여 있는 다양한 선택들 사이에서 고민이 깊어짐에 따른 자연스러운 상태라 할 수 있다.

(3) 자기중심성(self-focused)

인생의 다른 어떤 시기보다도 청년기는 자기자신에게 집중하는 시기이다. 일반적으로 자기중심성(self-centrism)은 다른 사람의 관점, 필요, 입장을 고려하지 않고, 자신의 관점이나 필요, 또는 입장에서 사고하는 행동특성을 의미하지만, 청년기의 자기중심성은 어린아이들이 나타내는 인지적 · 정서적 미성숙함과는 다른 자기자신에게 집중하는 마음의 상태로, 정상적인 건강한 발달의 요소이다(심은정 외, 2018). 대학생 시기는 성인기에 비하면 다른 사람에 대한 의무나 책임에 있어서 자유로운 상태이고, 청소년에 비해 독립적이고 자율적인 행동을 할 수 있으며, 자신의 삶에 대한 의사결정을 스스로 내려야 하기 때문에 자기자신에게 집중할 수밖에 없는 시기이다.

(4) 중간에 낀 느낌(feeling in-between)

청년기의 20대들은 스스로가 생물학적, 사회적 측면에서 보면 청소년도 아니고 동시에 성인도 아닌 것으로 생각하여 종종 '중간에 낀 느낌'을 경험하게 된다. 대학생들은 연령에 있어서도 청소년기와 성인기 사이에 끼어 있을 뿐만 아니라 어떤 면에서는 자신이 어른이라고 느껴지면서도 또 다른 면에서는 어른이 아니라는 경험을 지속적으로 하게 되면서 자기자신을 미성년과 성인 사이의 어딘가에 있는 듯한 '중간에 낀 느낌'을 경험하게 된다.

(5) 가능성과 낙관주의(possibilities/optimism)

이 시기는 가능성과 낙관주의의 시기로, 청년들에게는 선택의 기회와 가능성이 열려 있다는 긍정적인 의미를 내포하고 있다. 대학생들은 자신들의 미래에 대해서 많은 꿈을 가지게 되고, 이를 긍정적이고 낙관적으로 생각하는 경향이 있으며, 자신의 꿈을 이루기 위한 '가능성'에 대한 기대를 가지고 있다. 즉, 대학생들은 자신의 미래나 인생에 대한 불확실성과 두려움에도 불구하고 자신의 삶을 변화시킬 수 있고, 자신이 바라는 바를 이룰 수 있다는 희망을 지닌다.

2. 대학생 시기의 발달과업

흔히 우리의 인생은 자연의 사계절로 비유된다. 자연의 주기에 따라 각 시기별로, 봄에는 만물이 소생하고 성장하며, 여름에는 성숙이 절정에 이르게 되고, 가을에는 수확과 결실을 맺으며, 겨울에는 휴식과 재탄생을 위한 시기를 보낸다(고홍월 외, 2020). 이처럼 인생의 흐름도 자연의 사계절의 흐름과 매우 유사하다. 레빈슨 등에 따르면, 우리는 만물이 소생하는 봄처럼 신체적, 정신적으로 성장하는 아동기와 청소년기를 거치고, 인생의 목표와 꿈을 성취하기 위해 전력을 다하는 여름에 해당하는 성인초기를 보낸다. 다음으로, 추수하는 가을처럼 성취의 절정을 지나 자신의 삶을 재조명하게 되는 중년기와 마지막으로 자신의 인생을 정리해 보고, 그 삶을 보다 의미 있게 만들고자 마지막 노력을 기울이는 노년기를 맞이한다. 다시 말해, 레빈슨 등은 전 생애 발달과정상의 인생의 주기를 성인 이전기, 성인초기, 중년기, 노년기로 구분하였다. 또한 자연의 사계절마다 각각 특유의 의미와 해야 할 일이 있듯이 인생에 있어서도 각 주기마다 그 나름의 발달적 특징이 있으며, 수행해야 할 발달과업이 있다는 것을 강조하였다.

발달과업(developmental task)이란 특정한 연령시기인 각 발달단계에서 환경에 적응하기 위해 요구되는 기술이나 능력을 의미하는데, 이는 개인의 욕구와 사회적 요구의 가교적인 역할을 한다(Havighusrt, 1972). 즉, 개인이 정상적인 성장과 발달을 이루기 위하여 일정한 시기에 수행해야 하는 과업으로, 만약 해당 발달과업을 잘 해결하면 그 시기에 잘 적응할 수 있으나, 그렇지 못한다면 적응이 어려울 뿐만 아니라 그 다음 단계의 발달에 지장을 초래한다. 그러므로 인간은 각 발달단계의 과업을 필수적으로 학습하고 성취해야 하는 것이다. 이러한 발달과업은 연령이 증가함에 따라 자연스럽게 성취되는 것이 아니라 신체적 · 정신적 성장과 함께 사회적인 요구와 개인의 의도적인 노력의 상호작용에 의해 달성된다.

그렇다면 20대로 대표되는 청년기는 인생의 사계절 주기 가운데 어디에 해당되며, 반드시 수행해야 할 발달과업은 무엇일까? 앞서 살펴본 바와 같이 청년기에 속한 대학생들은 인간 발달단계 중 후기 청소년기에서 성인초기로 진입하는 과도기적 단계에 속한다. 이 시기를 레빈슨 등은 성인초기 전환기로 보았는데, 전환기에는 현재의 인생구조를 재평가하고, 종결하면서 그 다음에 찾아오는 새로운 인생구조를 구축하고자 준비하는 시기로, 갈등과 혼란이라는 불안정성이 특징이다. 이러한 불안정성은 변화와 성장을 촉진시키는 동력으로 작용하며, 과거와 미래를 연결시켜 주는 교량적 역할을 하게 된다. 즉, 대학생들은 대학 입학 전까지는 타율에 의한 수동적이고 의존적인 생활방식으로 살아왔다면 이제는 경제적, 심리적인 독립을 이루어야 하는 성인기로 나아가기 위하여 이전에 비해 자율적이고 독립적인 생활방식으로의 전환이 불가피할 수밖에 없다. 이는 성인기로의 이행을 위한 전환의 시기인 청년기의 단계에서 필수적으로 도달해야 할 발달과업들이 존재한다는 것을 의미한다.

1) 해비거스트(Havighurst)의 청년기 발달과업

해비거스트(1972)는 전 생애의 발달단계를 총 6단계로 구분하였으며, 각 발달단계별로 성취해야 할 발달과업을 최초로 제안한 학자이다. 그는 발달과업이 인간이 환경에 대한 지배를 증가시킬 수 있는 기술과 능력으로 구성되어 있으며, 신체적·인지적·사회적·정서적 기술의 획득을 반영한다고 주장하였다. 각 생애주기별로 요구되는 발달과업은 개인이 속한 사회와 매우 밀접한 관련을 맺고 있으므로 시대의 변화나 개인이 속한 문화권에 의해 차이를 나타내게 된다. 이러한 측면에서 20세기의 미국 중류층을 대상으로 설정된 해비거스트의 발달과업은 오늘날 우리나라에 적용하기에는 다소 부적절해 보인다. 그 한 예로, 해비거스트가 제안한 성인초기 발달과업 가운데 현재 대학생이 수행하기에는 다소 무리가 있는 직업, 결혼, 자녀양육 등과 관련된 과업들이 있으며, 최근에는 청년기에 해당되는 성인초기 전환기가 점점 길어지는 추세이므로 새롭게 변화하고 있는 생애 단계에 적합한 발달과업에 대한 재탐색이 요구된다(이한샘, 2014). 또한 해비거스트의 발달단계 가운데 현재 대학생 연령이 포함된 발달단계는 성인초기(19세~30세)이지만, 오늘날의 청년기는 성인기로 넘어가는 과도기의 단계이므로 그들이 달성해야 할 발달과업 중 상당수가 청소년기 발달과업에 해당되는 것을 알 수 있다(심은정 외, 2018).

〈표 1-1〉 청소년기와 성인초기의 발달과업(Harvighurst, 1972)

청소년기	성인초기
• 동성 또는 이성의 친구와 새롭고 보다 성숙한 관계를 형성한다. • 사회적 성역할을 습득한다. • 자신의 신체적 특징을 수용하고, 신체를 효과적으로 활용한다. • 부모와 다른 성인들로부터 정서적으로 독립한다. • 경제적 직업활동을 준비한다. • 결혼과 가정생활을 준비한다. • 행동지침이 되는 일련의 가치관과 윤리관을 습득한다. • 사회적으로 책임 있는 행동에 대한 기대를 가지고 이를 실천한다.	• 사회적 성역할을 수행한다. • 직업생활을 시작한다. • 시민으로서 의무를 수행한다. • 마음에 맞는 사회적 집단을 찾는다. • 배우자를 선택한다. • 가정을 꾸민다. • 배우자와 함께 생활하는 방법을 익힌다. • 가정을 관리한다. • 자녀를 양육한다.

출처: 심은정 외(2018) 재구성.

2) 한국의 청년 발달과업

해비거스트의 발달과업 개념을 전제로 하여 한국인에게 기대되는 발달과업의 내용을 도출한 연구가 있다(김종서 외, 1982). 이는 한국의 사회·문화적인 차이를 반영하고자 해비거스트의 발달단계를 좀 더 상세히 구분하였으며, 각 단계별 발달과업의 내용을 지적 영역, 정의적 영역, 사회적 영역 그리고 신체적 영역으로 구분하여 한국인의 발달과업을 제시하였다. 청년기의 발달과업에 해당되는 내용 가운데 가족역할과 관련된 과업이 다수 포함되어 있으며, 사회·문화에 대한 지식 관련 과업, 도덕성, 자연환경 보호 및 약물 남용 방지 등과 관련된 과업들이 제시되고 있어 이는 당시 우리나라 사회·문화적인 맥락을 고려한 결과이다.

〈표 1-2〉 청소년기와 성인초기의 발달과업(김종서 외, 1982)

지적 영역	정의적 영역
• 결혼과 가정생활에 대해 준비하기 • 출산과 육아에 대한 지식 습득하기 • 직업을 선택하고 취직 준비하기 • 민주 시민으로서 사회생활에 필요한 지식과 기능 익히기 • 국가 현실이나 국제관계에 대한 바른 지식 배우기 • 급변하는 사회에 적응하기 위하여 각종 최신 정보 알기 • 상식과 견문 넓히기 • 합리적인 준거에 비추어 판단하거나 할 수 있는 능력 갖추기	• 독립적으로 생활할 수 있는 태도와 자신감 갖기 • 여가를 유용하게 활용하기 • 건전한 생활관 활용하기 • 전통적인 가치관을 생활에 조화시키기 • 높은 수준의 도덕적 판단 능력과 이에 따라 행동할 수 있는 태도 기르기
사회적 영역	**신체적 영역**
• 적절한 결혼 대상을 찾고 원만하게 교제하기 • 자기 가정 문화와 다른 가정 문화의 차이 이해하기 • 사회적으로 요구되는 행동을 책임 있게 수행하기 • 민주 시민으로서 권리를 행사하고 의무 수행하기 • 가족 구성원으로서 책임과 역할 다하기 • 사회단체에 참여하여 적극적으로 활동하기 • 원만한 대인관계 맺기	• 체력과 건강 증진시키기 • 공해와 오염의 해독을 알고 이를 막아 내는 생활하기 • 의약품을 바로 알고 남용하지 않기 • 건강을 위하여 규칙적으로 생활하기 • 음주, 흡연에 대하여 올바르게 이해하기 • 성에 대한 바른 태도 갖기

출처: 이한샘(2014) 재구성.

3) 한국 대학생의 발달과업

대학생 시기에는 부모로부터 독립하기 시작하고, 타인과 원활한 관계를 유지해 나가야 하며, 사회에 진출하기 위한 진로를 결정하는 등의 중요한 과업들을 이행하여야 한다. 이와 같은 발달과업을 성취하는 과정 속에서 대학생들은 심리, 사회적 생활환경의 변화에 대한 적응을 필요로 하며, 진로선택이나 장래에 대한 불확실성으로 인해 심리적 부담감을 느끼게 된다(이한샘, 2014).

한 연구에서는 이와 같은 우리나라 대학생 집단이 보이는 특징에 대한 이해를 바탕으로 그들만의 독특한 발달과업을 제시하였다. 한국 대학생이 인식하는 대학생의 주요 발달과업으로는 사회생활영역(대인관계 및 도덕적 시민의식 관련), 개인생활영역 1(자기관리 및 인성 관련), 개인생활영역 2(자기조절 및 경제의식 관련), 가정생활 및 사회규범영역, 진로영역, 지적영역 1(사회, 문화 이해 관련), 지적영역 2(학업 관련), 기타요인으로, 총 8개의 요인과 41개의 문항으로 구성되어 있다.(이한샘, 2014).

〈표 1-3〉 **한국 대학생의 주요 발달과업**

요인		발달과업	
사회생활영역	대인관계 및 도덕적 시민의식	1	자격증 취득, 교양 지식 축적 등을 통한 자기 계발 활동에 힘쓴다.
		2	높은 단계의 도덕적 판단 능력을 갖추며, 이에 따른 도덕적 행동을 실천한다.
		3	온라인상에서의 불법행동(불법 업/다운로드, 악성댓글)을 하지 않는다.
		4	올바른 이성관계를 맺는다.
		5	교수, 선배 등 윗사람을 대하는 법을 익힌다.
		6	다른 사람과 원활한 상호작용을 해 나간다.
		7	성공적 대인관계에 필요한 사회적 예절이나 에티켓을 갖춘다.
		8	다양한 모임을 통해 사회활동에 참여한다.
		9	타인 및 사회 복지 증진을 위한 봉사활동에 적극적으로 참여한다.
		10	민주시민으로서의 역할과 책임을 다한다.
개인생활영역 1	자기관리 및 인성	11	정보화 기기를 활용한 문서작성, 정보검색 등의 작업을 성공적으로 수행한다.
		12	올바른 생활습관을 갖춘다.
		13	운동, 식생활 관리 등을 통해 건강을 관리한다.
		14	여가시간을 통해 건전한 취미활동을 한다.
		15	외모, 옷 스타일 등의 외양을 관리함으로써 좋은 이미지를 만든다.
		16	자신의 성격적 장 · 단점을 이해하고 받아들인다.
		17	올바른 성지식을 갖추고, 성에 대한 윤리의식과 책임의식을 가진다.

<table>
<tr><th colspan="2">요인</th><th colspan="2">발달과업</th></tr>
<tr><td rowspan="6">개인
생활
영역
2</td><td rowspan="6">자기조절
및
경제의식</td><td>18</td><td>시간 관리를 적절히 한다.</td></tr>
<tr><td>19</td><td>스트레스, 불안 등의 심리적 위기를 적절히 극복해 나간다.</td></tr>
<tr><td>20</td><td>도전정신을 가지고 새로운 모험에 부딪혀 본다.</td></tr>
<tr><td>21</td><td>삶의 가치관을 정립한다.</td></tr>
<tr><td>22</td><td>다른 사람들 앞에서 내 생각을 명확하고 논리적으로 전달한다.</td></tr>
<tr><td>23</td><td>아르바이트나 근로 장학생 활동 등을 통해 경제활동에 대하여 배워 나간다.</td></tr>
<tr><td colspan="2" rowspan="4">가정생활 및
사회규범 영역</td><td>24</td><td>법률 및 사회적 규범을 준수한다.</td></tr>
<tr><td>25</td><td>부모님으로부터 심리적, 경제적 독립을 준비한다.</td></tr>
<tr><td>26</td><td>가족들의 건강과 안녕에 관심을 갖는다.</td></tr>
<tr><td>27</td><td>가족 구성원으로서의 역할과 책임을 다한다.</td></tr>
<tr><td colspan="2" rowspan="3">진로 영역</td><td>28</td><td>나의 진로 및 적성을 파악하기 위해 노력한다.</td></tr>
<tr><td>29</td><td>나의 구체적인 직업 결정을 위해 관심분야에 대한 정보탐색을 한다.</td></tr>
<tr><td>30</td><td>앞으로의 인생에 대한 구체적 방향을 설정한다.</td></tr>
<tr><td rowspan="4">지적
영역
1</td><td rowspan="4">사회 · 문화
이해</td><td>31</td><td>우리나라의 역사, 전통 문화에 대한 이해를 바탕으로 역사의식을 갖춘다.</td></tr>
<tr><td>32</td><td>국제 정세에 대한 지식을 갖춘다.</td></tr>
<tr><td>33</td><td>여행, 독서 등을 통해 다른 나라 및 다른 문화권에 대한 견문을 넓힌다.</td></tr>
<tr><td>34</td><td>정치 · 경제 · 문화 등 사회 전반에 대한 기본적 시사 상식을 통해 비판적 안목을 갖춘다.</td></tr>
<tr><td rowspan="3">지적
영역
2</td><td rowspan="3">학업</td><td>35</td><td>전공분야 학습을 통한 전문적 지식을 갖춘다.</td></tr>
<tr><td>36</td><td>외국어 능력을 계발한다.</td></tr>
<tr><td>37</td><td>나의 진로에 필요한 실제적 경험으로 봉사, 인턴십을 한다.</td></tr>
<tr><td colspan="2" rowspan="4">기타 영역</td><td>38</td><td>다른 사람과의 팀 프로젝트, 스터디 모임 등의 협동활동을 효율적으로 수행한다.</td></tr>
<tr><td>39</td><td>건전한 경제관념을 바탕으로 바람직한 소비생활을 해 나간다.</td></tr>
<tr><td>40</td><td>부모님과의 대화를 통해 원활한 관계를 형성해 나간다.</td></tr>
<tr><td>41</td><td>군복무를 수행한다.</td></tr>
</table>

3. 대학생 시기의 진로

진로(Career)는 한 개인이 일생 동안 일과 관련하여 경험하고 거쳐 가는 모든 체험을 의미하며, 단순히 진학이나 취업에 국한되는 것이 아니고, 일 자체뿐 아니라 일과 관련된 태도, 동기, 행동이 모두 포함된 개념이다. 즉, 진로는 개인의 생애 동안 일과 관련하여 경험하게 되는 모든 생애사건들을 아우르기 때문에 과거의 의미뿐 아니라 앞으로 인생에서 만들어 나가야 할 '행로'라는 미래지향적 의미를 포함한다(김이준, 2020). 따라서 진로는 어떤 한 특정 시점에서의 선택의 문제가 아니라 일생에 걸친 지속적이며 발달적인 개념이기 때문에 누구에게나 필요하고, 어느 생애단계에서나 중요한 과제이다.

1) 대학생 시기의 진로발달과업

청년기에 속하는 대학생 시기는 독립성과 자율성 확립을 통하여 자아정체감을 재확립하고, 성인기의 새로운 미래의 인생을 준비하는 시기이다. 대학생들은 부모로부터 독립하기 시작하고, 타인과 원활한 관계를 유지해 나가야 하며, 사회에 진출하기 위한 진로를 결정하는 등의 중요한 과업들을 이행하여야 한다. 이와 같은 발달과업을 성취하는 과정 속에서 대학생들은 심리, 사회적 생활환경의 변화에 대한 적응을 필요로 한다. 특히 진로발달 측면에서 보면, 청년기는 직업생활을 준비하는 단계로, 직업은 경제적인 안정을 제공할 뿐 아니라 자기정체성 개발과 자기표현의 수단이 된다. 즉, 20대 청년들에게도 직업은 경제적 보상과 생계 유지의 외적인 차원을 뛰어넘어 자아성취와 자아실현 그리고 나아가 관계형성을 통한 소속감 등의 내적 차원의 정체성 형성과도 밀접하게 관련되어 있다(곽금주, 2010). 따라서 직업을 갖는다는 것은 경제적, 사회적 독립을 의미하므로 성인기의 진입을 위한 실질적인 지표가 된다.

진로를 생애 전반에 걸친 발달과정으로 보면, 학교에서 직업세계로의 이행(school to work transition)을 앞두고 있는 청년기의 대학생 시기는 진로와 관련하여 어느 발달단계보다 구체적이고 실제적인 준비가 요구되는 시기이다. 대학생들은 대학생활을 통해 자신의 진로에 대해 주도적인 결정을 하며, 이에 맞게 교과 또는 비교과 교육과정을 거치면서 진로나 취업 준비를 하게 된다. 대학생들은 자신의 미래를 위하여 학업과 진로라는 두 마리 토끼를 동시에 잡아야 하는 것이라 이 시기 동안에 그들은 학업을 통해 전문적 기능을 익히고 진로를 준비하며 결정해야 하는 등 부담감이 클 수밖에 없다. 청년기의 대학생들은 직업생활을 준비하는 단계에 있으므로 자신의 직업적 선호를 구체화하고, 특정한 직업을 선택하기 위하여 몰입하며, 진로 목표를 실현하기 위한 계획을 세우고, 취업 관련 네트워크를 형성하며, 이력서 작성이나 취업 면접 등 구체적인 실행이 필요하다(Gysbers et al., 2017).

2) 대학생 시기의 진로준비행동

청년기의 진로 관련 주요 과제는 직업선택, 취업, 취업 후 직장 초기 적응까지 포함하며, 이 시기에는 현실적인 취업대안의 선택, 취업준비, 취업을 위한 행동 실행 등이 중요하다(고홍월 외, 2020). 진로에 도움이 되는 행동을 분류한 개념인 진로준비행동(career preparation behavior)은 학자에 따라 다양한 정의를 내리지만 '준비'와 '행동'이라는 두 가지 요소를 공통적으로 포함한다. 즉, 진로준비행동은 자신의 진로와 관련한 인지나 태도적 차원이 아니라 실제적이고 구체적인 행위의 차원을 의미한다. 따라서 이는 합리적이고 올바른 진로선택을 위해 준비된 행동과 실천의 행동으로, 구체적이고 실제적인 형태의 진로준비 과정이다.

진로준비행동은 개인이 진로를 준비해 나가는 과정에 있어서 자신에 대한 이해와 자신에 대한 정보를 탐색하는 활동뿐 아니라 그에 대한 의사결정과 실천 행동 모두를 포함하는 개념이다. 어윤경 등(2011)은 취업준비행동의 요인을 살펴보면, 공식적 또는 비공식적 경로를 통한 진로탐색, 취업준비강도, 적극적 정보 탐색 및 공유 등의 취업준비를 위한 노력, 이력서에 기입할 구체적인 경력준비, 예비적 직업탐색, 학점 관리, 자격증 취득 등 그리고 채용과정에 지원, 면접대비 훈련, 면접 등의 취업에 직접 관련되는 직업탐색 등의 행동으로 보았다.

또한 대학에서의 진로상담/교육은 학생들의 자기이해, 진로탐색과 결정, 취업 지원, 고용 능력의 개발뿐 아니라 일 경험과 창업, 해외취업 등을 포함하고 있으며, 노동시장과 직업세계 변화에 따라 실질적인 취업분야에의 적응력과 경험까지를 강조하는 추세이다. 일반적으로 진로발달이란 자기이해, 진로설계, 취업 능력 함양, 진로 유지 발전단계 등의 과정을 거치는데, 대학생들은 결국 다음의 세 가지 질문을 출발점으로 하여 자신에게 적합한 진로를 찾아 나아가는 진로발달과정을 거치게 된다(이지연, 2002).

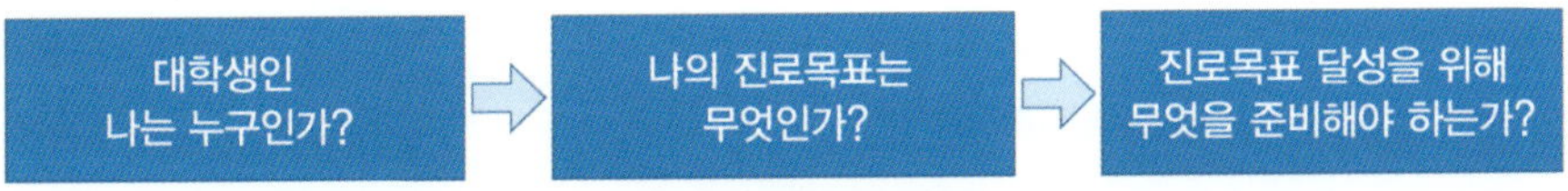

[그림 1-2] **대학생 진로발달과정에서의 세 가지 영역의 질문**

3) 대학생 시기의 진로교육

대학생 시기의 진로교육은 대학생의 각 학년별 진로발달 단계와 특징을 반영한 진로지도 방안으로 이루어져야 한다(김지영, 2014). 먼저, 1학년은 생애 역할 및 자기정체성을 이해하고, 진로목표에 적합한 계획을 수립하며, 진로개발의 필요역량을 파악하고 실행함으로써 자신의 생애와 진로에 대한 중요성을 인식할 수 있게 지원하여야 한다.

2학년은 자신의 진로 가능성에 대한 탐색의 단계이므로, 끊임없이 변화하는 자신에 대한 이해를 높이고, 1학년에 수립한 진로목표를 평가하고 수정함으로써 다양한 진로의 방향을 모색할 수 있도록 지원하는 것이 필요하다.

3학년의 경우는 자신의 진로 목표달성을 위한 준비단계로, 자신이 선택한 전공이나 부전공의 학문적 특성과 자신과의 관련성을 높이면서 구체적인 진로정보를 수집, 활용하고, 1, 2학년에 함양한 진로개발역량의 평가를 통해 실질적인 준비를 계획할 수 있도록 다양한 프로그램과 교과과정이 지원되어야 한다.

마지막으로, 4학년은 자신의 진로목표를 현실에 실행하는 단계이다. 따라서 학생들이 학교 졸업 후 근로자, 시민, 여가자, 소비자, 생산자, 가족의 구성원, 그리고 평생학습자로서의 다중 인생역할에 대한 스스로의 이해를 높이고, 효과적인 구직활동을 실행할 수 있도록 지원해야 한다. 주변의 인적관계망을 자신의 사회적 지지원(social support source)으로 활용하는 방법을 모색하고, 이전 학년에서 익힌 진로개발 역량을 실제 구직활동에 적용, 실행함으로써 스스로가 설계한 진로목표가 실제 자신의 삶 속에서 달성될 수 있도록 진로지도 및 상담서비스 관련 프로그램이 개발, 운영되어야 한다.

대학생의 학년별 진로발달단계의 특징에 따른 대학생의 학년별 진로지도 방안의 구체적인 내용은 다음과 같다.

〈표 1-4〉 대학생의 학년별 진로발달단계별 지도방안(김지영, 2014)

학년	학년 및 진로지도 방안
1학년	• 생애 역할 및 자기정체성 확립
	• 희망계열(학과) 특성에 적합한 자기이해
	• 심리검사 결과에 따른 자기이해
	• 전공(계열) 선택을 위한 정보 제공
	• 장, 단기 진로목표 수립
	• 진로개발역량 진단 및 평가
2학년	• 희망전공의 직업 전망, 향후 인력수요 등 정보 제공
	• 진로개발역량 개발 프로그램 선택
3학년	• 학부(전공, 부전공)에 소속된 자신의 이해와 변화
	• 희망전공, 부전공의 직업 전망, 향후 인력수요 등 정보 제공
	• 진로개발역량 개발 프로그램
4학년	• 진로변화(학생에서 다중생애자 역할변화)에 따른 자기이해
	• 취업, 대학원 진학 등 정보 제공
	• 진로개발역량 개발 프로그램
	• 장, 단기 진로목표에 따른 실행

활동지 1 '성인으로서의 나'의 완성도 점검표

■ 현재 '성인이 되어 가는 나'의 정도를 확인하기 위해 아래 각각의 영역에 대한 자신의 완성도 점수에 해당되는 칸에 색을 칠하고, 그 이유를 적어 주세요.

	성인으로서의 완성도										이유
	1	2	3	4	5	6	7	8	9	10	
1. 신체적 영역											
2. 지적 영역											
3. 법적인 영역											
4. 경제적 영역											
5. 정서적 영역											
6. 사회적 영역											
7. 기타											

'성인으로서의 나'의 완성도 점수는? (모든 영역 점수 합산/7)	

가장 완성도가 높은 영역은?	

가장 완성도가 낮은 영역은?	

가장 완성도가 낮은 영역을 보완하기 위한 방법은?	

출처: 심은정 외(2018).

활동지 2 나의 인생그래프

■ 나의 인생그래프를 작성해 보세요.

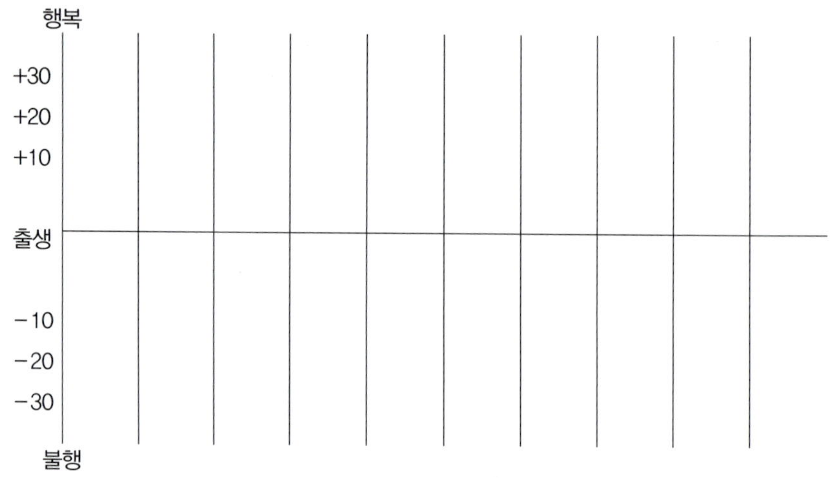

사건	감정/영향력 점수	구체적 내용, 느낌, 영향
1.		
2.		
3.		
4.		
5.		

TIPS

1. 가장 왼쪽 가운데 지점이 나의 출생 지점이다.
2. 나의 인생의 중요한 사건을 1~5년 단위로 5개를 적어 본다.
3. 왼쪽의 (−30) ~ (+30)은 그 사건에 대한 나의 감정이나 나에게 끼친 영향력의 정도를 나타낸다.
4. 각 사건의 구체적 내용, 느낌, 삶에 미친 영향을 적어 본다.

활동지 3 과거, 현재, 미래의 나의 위치를 찾아보자!

[그림 1-3] 나의 위치 찾기

	위치 번호	선택 이유
대학 입학 전 나의 모습		
최근 나의 모습		
대학 입학 후 나의 모습		

활동지 4 나의 발달과업 성취도

■ 발달과업 목록(교재 p.21~22) 중에서 가장 높은 성취를 이룬 항목들과 가장 낮은 성취를 이룬 항목들을 각각 5개를 고르세요. 그리고 그 이유를 적어 주세요.

	항목 번호	이유
가장 높은 성취 항목		
가장 낮은 성취 항목		

■ 위의 발달과업 목록 중에서 현재 발달 성취 수준을 높여야 하는 항목 3개를 고르고 그 이유를 적어 보세요.

	항목 번호	이유
가장 높은 성취 항목		

CHAPTER

02 자기분석을 통한 자기이해

대학생의 진로지도의 전체적인 과정은 자신에 대한 이해 그리고 직업세계에 대한 탐색을 통한 이해를 한 후 진로를 계획하고, 관리하는 과정으로 이루어진다. 자신을 이해한다는 것은 대학생 시기의 진로를 탐색하고 계획하는 과정에 있어 첫 단계로 매우 중요한 과정이다. 그럼에도 불구하고, 많은 대학생들이 진로와 관련하여 "내가 무엇을 좋아하는지 잘 모르겠다", "내가 무엇을 잘하는지 모르겠다."고 호소한다. 이것은 바로 대학생들이 자기자신에 대한 이해가 매우 부족할 뿐 아니라 이로 인해 혼란스러워 한다는 것을 보여 주는 결과이다.

실제 교육부와 한국직업능력개발원(2017)에서 조사한 '대학 진로교육 현황조사' 결과에 의하면 대학생들의 가장 큰 고민은 졸업 후 '진로(60%)'로 나타났다. 졸업 후 진로계획으로 '취업'이라고 응답한 학생의 비율이 62.4%로 가장 높았으며, '아직 잘 모르겠다'고 응답한 학생의 비율은 22%였다. '아직 잘 모르겠다'고 응답한 학생들의 진로 미결정 이유로, '장래희망이 뭔지 모르고, 아직 진로와 적성을 찾지 못해서'라고 응답한 학생의 비율이 48.4%로 가장 높아서 대학생의 진로에 대한 탐색과 결정에 대한 부분이 현실적으로 그들에게 가장 큰 고민으로 대두되고 있음을 알 수 있다(박현주, 2020).

특히 대학생들은 과도한 입시경쟁으로 자신의 흥미나 적성, 가치관, 진로 등에 대한 충분한 탐색의 시간이나 기회를 갖지 못한 채 대학생 시기를 맞이했기 때문에 여전히 성격, 적성, 흥미, 능력 등과 같은 자신에 대한 정확한 이해가 부족할 수 있다. 더욱이 직업의 구조가 날로 다양화, 세분화, 전문화되고, 그 변화의 속도가 가속화되는 등 불확실성의 시대를 살아가는 대학생들이 진로선택이나 취업에 대해 장기적인 전망을 하기는 어려울 수밖에 없다. 따라서 이러한 시대의 흐름 속에서 무엇보다도 중요한 것은 자신에 대해 명확히 알고, 변화하는 시대에 적응할 수 있는 역량을 갖추는 것이다. 그러므로 자신의 진로계획을 세울 때 가장 먼저 필요한 것은 자기자신에 대해 아는 것이므로, 진로지도에 있어서도 여러 측면에서의 자신을 있는 그대로 정확하게 인식할 수 있도록 자기탐색의 경험을 충분히 제공하는 것이 필요하다.

I. 나의 흥미와 진로

'나는 누구인가'를 설명하는 다양한 요인들 가운데 하나가 흥미이다. '흥미(interst)'는 어떤 활동이나 사물에 대해 특별한 관심이나 주의를 가지게 하는 정서적 특징을 의미한다. 일에 대한 능률이 인지적 요인이라면 일에 대해 흥미를 느끼거나 그 일에서 만족감, 즐거움, 행복감 등을 느끼는 것이 정의적 요인이다(김경진 외, 2019). 흥미는 특수화된 목표보다는 광범위한 목표와 관련된 특성을 의미하며, '무엇'을 하려고 하는 경향이지만 '어떻게' 또는 '얼마나' 잘하느냐를 결정짓는 요인은 아니다(교육과학기술부, 2010).

개인마다 각자가 가지고 있는 흥미는 매우 다양하다. 어떤 사람은 동식물을 보살

피는 활동에 흥미를 느끼는 반면, 어떤 사람은 기계를 다루고, 조작하는 것에 흥미를 느끼기도 한다. 또는 다른 사람들을 설득하여 제품을 파는 것을 선호하거나 아니면 예술적인 활동에 참여할 때 흥미를 느끼는 경우도 있다. 이와 같이 특정한 활동이나 직업과 관련된 일에 흥미를 느끼는 영역은 진로발달에 있어서 매우 중요한 변인이며, 직업선택이나 직업만족과도 밀접한 관계가 있다(이태현 외, 2018). 즉, 자신의 흥미에 맞는 직업을 선택하여 그 일을 하는 사람은 흥미 없는 일에 종사하는 사람에 비해 업무수행력도 뛰어나며, 일에서 느끼는 만족감 역시도 더 크다.

흥미이론의 대표적인 학자인 홀랜드(Holland, 1992)는 개인의 흥미를 뜻하는 직업성격을 RIASEC의 여섯 가지 유형으로 구분하고, 직업환경도 이와 마찬가지로 그 직업에서 일하는 사람들의 흥미 분포에 따라 RIASEC의 여섯 유형으로 구분하였다. 홀랜드는 개인의 특성과 직업환경의 특성을 파악하여 이 둘 사이의 특성이 일치하는 직업을 택하면 직업 만족도, 직업 유지기간이나 성취 수준이 높아질 것이라고 주장하였다(고홍월 외, 2020). RIASEC 모형으로 알려진 직업흥미는 현실형(Realistic type), 탐구형(Investigative type), 예술형(Artistic type), 사회형(Social type), 진취형(Enterprising type), 관습형(Conventional type)으로 구분되며, 이 모형은 개인의 성공적인 진로결정을 위해 효과적인 방법으로 활용되었다.

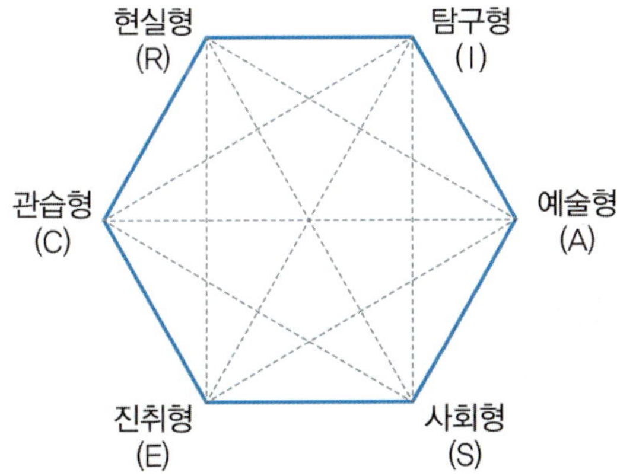

[그림 2-1] 홀랜드의 성격유형 여섯 가지 분류

1) 홀랜드 이론의 주요 전제

홀랜드 이론의 주요 전제 중 하나는 대부분의 사람들은 크게 여섯 가지의 유형 중 한 가지의 유형으로 분류될 수 있다는 것이다. 또한 작업환경도 여섯 가지 종류로 분류될 수 있으며, 각 환경에는 그 성격유형과 일치하는 사람들이 주로 일하게 된다. 예를 들어, 현실형(R) 환경에는 현실형(R) 유형의 사람들이 많으며, 예술형(A) 환경에는 예술형(A) 사람들이 많다는 것을 의미한다.

일반적으로 개인은 자신의 태도와 가치를 표현하고, 자신의 능력을 발휘하는 일을 할 수 있는 환경을 찾으며, 자신에게 맞는 역할과 그것을 수행할 수 있는 환경을 선호한다. 즉, 직업흥미란 개인이 특정 직종이나 직무에 대하여 가지는 호의적이고 수용적인 관심으로, 특정 직업이나 직업군에 대해 나타내는 반응 정도와 그 직업에서의 주된 활동을 취하려는 선택적 경향을 의미한다.

따라서 만약 누군가 자신이 가진 직업흥미를 정확히 이해하고, 이와 일치하는 환경에서 일하게 된다면 직업생활에서의 성과가 높아질 수 있다. 또한 개인의 행동은 개인의 흥미를 포함한 성격과 환경 간의 상호작용에 의해서 결정되기 때문에 개인의 성격과 그들의 직업 환경에 대한 지식은 진로선택이나 직업성취, 직업변경 그리고 개인의 유능성 등의 결과를 예측할 수 있다(김봉환 외, 2006).

2) RIASEC 모형의 특징

홀랜드는 직업흥미이론에 근거하여 RIASEC(Realistic, Investigavie, Artistic, Social, Enterprising, Conventional) 유형으로 분류한 육각형 모형을 개발하였으며, 이 유형별 특징을 구체적으로 살펴보면 다음과 같다(오세린, 2016).

(1) 현실형(Realistic)

일반적으로 기계, 도구, 동물에 대한 체계적인 조작활동을 선호하는 반면에 인간 친화적이거나 예술성이 요구되는 분야나 관련 직업을 피하려는 성향을 지닌다. 이 유형은 전통적인 가치를 고집하며, 제도적으로 제한된 환경에서 일하기를 좋아하고, 실질적인 사고를 선호한다. 일반적으로 부여된 사실이나 실제적인 것에 가치를 부여하는 유형으로, 자신의 신념이나 행동을 변화하지 않는 폐쇄적인 가치세계를 가지고 있다.

R	현실형(Realistic type)
성격적 특성	물질적, 현실적, 독단적, 동조적인, 자연적, 내성적, 실제적, 정상적인, 건장한, 완고한, 순수한, 융통성 없는
흥미	기계, 컴퓨터, 네트워크, 육상, 야외활동
직업활동	기구 조작, 도구 사용, 건축, 수리, 안전 제공
잠재능력	기계 발명, 신체조정 능력
가치	전통, 실용성, 상식, 자기통제, 온순, 자유, 지성
특기적성 개발	기술교육, 운동
여가선호	신체활동, 운동
대표적 직업	경찰관, 경호원, 공작기계조작원, 과수작물재배자, 국제긴급구호요원, 귀금속 및 보석세공원, 동물조련사, 비행기조종사, 선장 및 항해사, 소방관, 스턴트맨, 스포츠강사, 스포츠트레이너, 어부, 운동 경기심판, 운동선수, 응급구조사, 의료장비기사, 자동차정비원, 재활승마운동사, 제과제빵사, 조경원, 조리사 및 주방장, 직업군인, 철도 및 지하철 기관사, 촬영기사, 치과 기공사, 컴퓨터 공학 기술사, 컴퓨터프로그래머, 프로게이머

(2) 탐구형(Investigative type)

눈앞에 놓인 현상에 대해 비판적이고 분석적으로 관찰하며, 창조적이고 체계적으로 탐구하는 것을 좋아하는 특성을 보인다. 그러나 반복적이고 규칙적인 활동이나 무리 내에서 리더십을 발휘해야 하는 일을 싫어하는 경향이 있으며, 인간적인 감정이나 사회적인 환경에 대한 민감성이나 적응력은 둔감한 편이다. 탐구형은 과학적이고 탐구적인 활동과 그 활동을 통해 성취해 나가는 것을 가치 있게 생각한다. 그들은 지적이고, 논리적이며, 호기심이 많은 성격으로, 자유로운 목표와 가치를 선호하며, 새로운 아이디어와 경험에 대해 개방적이므로 흥미나 관심의 영역이 폭넓고 다양하다.

I	탐구형(investigative type)
성격적 특성	분석적, 독립적, 비판적, 복합적인, 합리적, 내성적, 이지적, 조심성 있는, 비판적, 정확한, 은둔적, 호기심 많은
흥미	과학, 의학, 수학, 연구
직업활동	연구실 작업, 연구활동, 추상적인 문제해결
잠재능력	수학적, 분석적, 연구, 집필 능력
가치	지성, 논리, 야망, 지혜, 독립성, 호기심, 학습
특기적성 개발	과학, 어학, 독서, 탐구활동
여가선호	바둑, 책읽기
대표적 직업	의학연구원, 인문사회계열교수, 지질학연구원, 천문학연구원, 철학연구원, 컴퓨터하드웨어 기술자 및 연구자, 한의사, 행정학 연구원, 약사, 수의사, 화학연구원, 경제학연구원, 교육학연구원, 가상연구원, 대체에너지개발 연구원, 로봇연구원, 물리학연구원, 사회학연구원, 생물학연구원, 수학연구원, 심리학연구원, 언어학연구원

(3) 예술형(Artistic type)

창의적이며 심미적인 활동과 영역에 대한 선호도가 높은 유형이다. 그러나 이 유형은 관습에 의한 일 처리나 순서에 의한 체계적인 활동 등에는 취약하거나 관심이 없는 편이다. 또한 이들이 사물이나 사건을 인지하는 방식에 있어서는 상상력이 풍부하고 독창적이며 획일적이지 않은 경향이 있다. 여섯 가지 유형 가운데 가장 개방적인 신념체제를 가진 유형으로, 사고, 감정 또는 기타 현상에 대해 가장 수용적이며, 자유로운 목표와 가치를 지닌다.

A	예술형(Artistic type)
성격적 특성	직관적, 충동적, 독창적, 상상력이 풍부한, 정서적, 개방적, 독립적, 표현을 잘하는, 이상적, 감각적, 비동조적, 비실용적인
흥미	자기표현, 예술감상, 커뮤니케이션, 문화
직업활동	작곡, 공연, 작문, 시각예술 창조
잠재능력	창의성, 음악성, 예술표현
가치	상상력, 용기, 아름다움, 독창성, 독립성, 평등
특기적성 개발	예술, 예능, 디자인, 무용
여가선호	여행, 변화
대표적 직업	가수, 개그맨, 국악인, 극작가, 드라마작가, 마술사, 만화가, 모델, 소설가, 방송연출자, 시인, 아나운서, 애니매이션 작가, 연주가, 연기자, 영화감독, 화가, 웹디자이너, 인테리어디자이너, 작곡가, 지휘자, 일러스트레이터, 제품 디자이너, 패션디자이너, 폴리아티스트(음향효과맨)

(4) 사회형(Social type)

사람들 간의 관계를 중시하는 유형으로, 다른 사람들의 문제에 관심이 많고, 그것에 대해 공감하거나 도와주는 성향을 보인다. 이들은 사람을 상대하는 활동에 능숙하며 사람들 사이의 관계를 선호하는 흥미유형이다. 일반적으로 이 유형은 사물보다는 사람들 간의 관계를 지향하는 경향이 강해 기계나 도구 등을 활용한 업무에 대해서는 관심이 적다. 사회형은 사회적, 윤리적인 활동이나 성취를 중요한 가치로 생각하여 모든 사람이 평등하게 살고, 서로 도움을 주고 받을 수 있으며, 용서할 수 있는 세상을 원한다. 이 유형은 전반적으로는 개방적인 신념체제를 가지고 있으나 다소 전통적이고 관습적인 가치를 고수하기도 한다.

S	사회형(social type)
성격적 특성	사교적, 관대한, 친절한, 이해심 많은, 이상적, 협력적, 온정적, 공감적인, 책임감 있는, 참을성 있는, 설득력 있는, 상냥한
흥미	사람, 공동작업, 봉사, 공동체 서비스
직업활동	교육, 상담, 직업훈련, 간호
잠재능력	대인 간 능력, 언어능력, 청취 및 관심표현
가치	평등, 자기존중, 협동, 관대, 봉사, 도움, 용서
특기적성 개발	사회와 교육, 대인관계
여가선호	사회성, 돌보는 일, 잡담
대표적 직업	간호사, 관광가이드, 다문화가정상담전문가, 비행기 승무원, 교사, 유치원 교사, 사회복지사, 상담가, 서비스강사, 시니어컨설턴트, U-learning 교수설계자

(5) 진취형(Enterprising type)

주로 마케팅이나 홍보, 경영 등과 같이 자신이 기획하거나 지향하는 바를 성취하고, 실행하는데 뛰어난 능력을 보인다. 이 유형은 사람들을 지도, 관리하여 주어진 과제를 성취해 내는 성향을 지닌다. 또한 타인을 통제할 수 있는 능력을 가치 있게 생각하며, 남을 돕는 일에 대한 수행력은 떨어지는 편이다.

특히 탐구적이고 과학적인 일을 좋아하지 않는 등의 특성 때문에 탐구형과는 가장 대칭적인 성향을 보이는 유형이다. 이들은 주로 기업, 조직이나 사회에서 지도자가 되거나 대중적 업무를 수행할 때에 있어서 영향력을 미칠 수 있는 사람이 되기를 바란다. 진취형은 다소 폐쇄적인 신념체계를 지니고 있어 신념, 가치 또는 행동을 쉽게 바꾸려지 않는 면에서 현실형과 유사하다.

E	진취형(Enterprising type)
성격적 특성	정력적, 진취적, 낙관적, 자신이 있는, 야심적, 독단적, 외향적, 욕심 많은, 오만한, 열광적, 과시적, 자극 추구적인
흥미	경영, 정치, 리더십, 창업
직업활동	판매, 경영, 설득, 마케팅
잠재능력	언어 능력, 지시 능력, 동기부여 능력
가치	자유, 야망, 모험, 지위, 경쟁, 영향력
특기적성 개발	리더십과 세일즈, 경제학습, 지도성 훈련, 모의재판, 인권문제 재연
여가선호	경쟁, 수익성, 지도성
대표적 직업	검사, 경영컨설턴트, 교장, 국회의원, 기업고위임원, 기자, 판사, 변호사, 외교관, 부동산중개인, 쇼핑호스트, 스포츠해설가, 외환딜러, 자동차영업원, 판매원, 행정부고위공무원, 호텔지배인

(6) 관습형(Conventional type)

체계적이며 조직적이며 이미 오랜 습관이 된 관습적인 일을 선호한다. 재정, 경제 또는 복지와 관련된 분야에서 전문가가 되고 싶어 하며, 방대한 양의 일을 해내는 것을 중요시한다. 체계적인 조직 안에서 일하는 것을 선호하며, 전통적인 가치를 추구하는 유형이다. 반면, 이 유형은 애매하거나 낯설고 불확실한 문제나 혹은 창의성이 필요한 과제의 수행에 대해서는 회피하거나 부적응적인 경향이 있다. 이들은 자신을 평가할 때 사무적인 능력을 가지고 있으며, 질서정연한 것을 선호한다고 본다. 따라서 기존에 정착 수립된 체계에 적응하고 순응하여 이미 수립되어 있는 규칙에 따르거나 이전 사례를 통해 확인된 체계적이고 분명한 일을 선호하는 유형이다.

C	관습형(Conventional type)
성격적 특성	실용적, 효율적, 철저한, 조심성 깊은, 동조적, 양심적, 검소한, 상상력이 없는, 순종적, 조직적, 규칙적, 질서정연한
흥미	구성, 자료관리, 회계조사, 정보시스템
직업활동	절차 구조 설정, 구성, 자료 기록, 컴퓨터 응용 개발
잠재능력	숫자 능력, 자료 분석 능력, 금융, 세부내용 다루기
가치	정확성, 안정성, 효율성
특기적성 개발	실무와 사무직, 모의은행, 부기, 학습, 컴퓨터학습
여가선호	수집, 정리정돈
대표적 직업	사서, 세무사, 신용조사원, 은행출납사무원, 일반공무원, 회계사, 전문비서, 큐레이터, 회계사무원

3) 직업선호도 검사

직업흥미(vocational interest)는 특정한 직업이나 직업군 또는 해당 직업에서의 전형적 경향을 가리키는 개념으로 직업선택에 있어 주요한 특성으로 활용되었다. 홀랜드에 의해 처음 제작된 직업선호도 검사는 여덟 차례의 개정을 거쳐 진로탐색 검사로 발전되었다. 이 검사는 신뢰도와 타당도가 높은 검사로, 실시가 간편하고, 스스로 채점할 수 있어서 사용하기에 편리하다는 이점이 있다. 또한 장래의 진로탐색을 하거나 특별한 점수 패턴을 가진 사람에게 적합한 직업을 안내하는데 있어 필요한 광범위한 정보를 제공하기 때문에 오늘날 널리 사용되는 검사 중 하나이다(김봉환 외, 2013).

우리나라에서 개발된 대표적인 직업흥미검사에는 고용노동부가 홀랜드 이론을 토대로 개발한 '직업선호도 검사'가 있다. 이 직업선호도 검사는 홀랜드의 직업성격유형이론에 기초한 흥미검사를 포함하는 컴퓨터용 검사로, 워크넷 웹사이트(http://www.work.go.kr)를 통해 실시가 가능하다. '직업선호도 검사'의 결과는 흥미유형별 점수와 흥미코드로 구성되며, 각 흥미유형별로 흥미 특성, 자기와 타인평가, 선호활동과 회피활동, 적성, 성격, 가치 등 개인적 특징에 대한 유용한 자료를 제공한다. 특히 이 검사는 피검자의 흥미코드에 적합한 직업과 직업 훈련 직종을 제시하고 있으므로, 이를 토대로 해당 직업에서 수행해야 할 직무의 특성에 대해 파악이 용이하며, 개인이 자신의 진로를 어떻게 설정할 것인가에 대한 유용한 정보를 얻을 수 있다.

(1) 검사 실시 방법

• 해당 사이트	고용노동부 워크넷, http://www.work.go.kr/
• 검사실시 절차	회원가입 → 직업 · 진로 → 직업심리검사 → 성인대상 심리검사 → 직업선호도 검사 S형 (소요시간: 25분)
• 검사 결과	검사 직후 '검사결과 보기'를 통해 확인

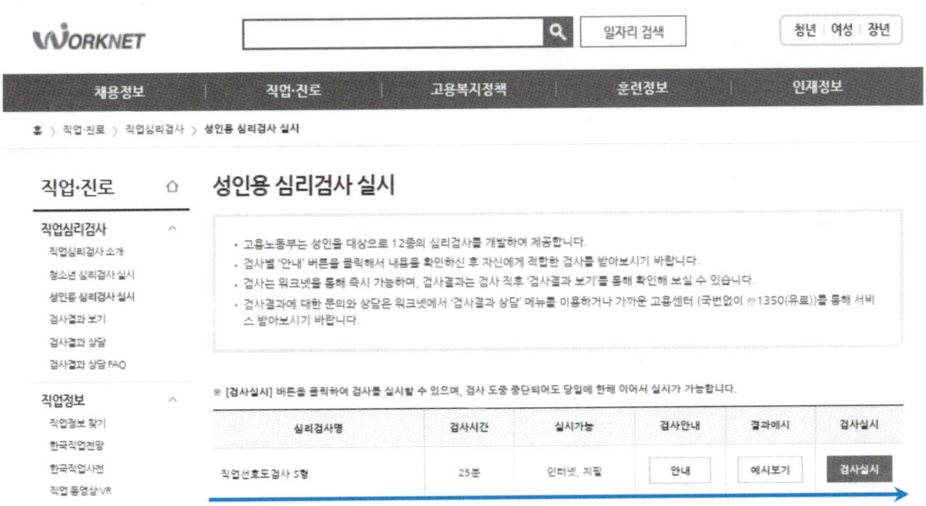

(2) 직업선호도 검사 결과 예시

개인별 흥미코드, 흥미유형별 원점수, 표준점수, 흥미의 육각모형이 제공된다.

① 흥미의 육각형 모형

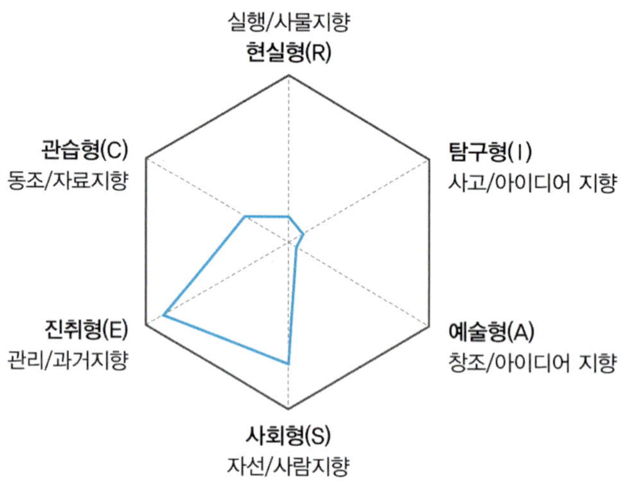

② 직업흥미 유형별 점수와 코드

■ 직업흥미 유형별 점수

당신의 흥미코드: ES (진취형/사회형)						
구분	현실형(R)	탐구형(I)	예술형(A)	사회형(S)	진취형(E)	관습형(C)
원점수	9	5	3	23	30	15
표준점수	45	45	41	63	74	54

■ 원점수

원점수는 스스로가 좋아하거나 싫어한다고 주관적으로 여기는 흥미 정도이다.

■ 표준점수

표준점수는 타인과 비교하였을 때의 흥미 수준을 말하며 보조적으로 활용할 수 있다.

출처: 고용노동부 워크넷 사이트(http://www.work.go.kr).

③ 흥미검사 결과 해석

흥미의 육각모형과 흥미유형, 여섯 가지 흥미유형별 특성, 나에게 적합한 직업, 직업정보 탐색, 자격 및 훈련정보 탐색, 그리고 일자리 정보와 기업 정보를 제공한다. 해당 검사는 개인의 직업선택을 위한 유일한 자료는 아니기 때문에 진로선택이나 결정에 있어 직업선호도검사의 결과에 전적으로 의존하기보다는 검사결과와 함께 자신의 능력, 희망직업, 현 직업, 인적사항 등을 고려하여 종합적인 직업탐색이나 직업선택이 이루어지는 것이 바람직하다.

2. 나의 가치와 진로

사람들은 누구나 자신의 삶의 방향을 유지하는 데 필요한 어떤 기준점을 가지고 있으며, 이를 유지하고 싶어 한다. 그 기준점들 중의 하나가 '가치(value)'로, 이의 사전적 의미는 '어느 누군가가 어떤 사물이나 현상 그리고 행위 등이 의미 있고 바람직하다고 생각하는 기초적 신념'을 말한다. 이는 무엇이 옳으며, 무엇이 바람직한지에 대한 개인적인 판단적 요인을 포함하고 있다. 따라서 우리는 누구나 자신에게 잠재적으로 가치 있다고 생각하는 것에 주의를 기울이고 그것을 향해서 나아가려는 경향이 있다. 가치에는 '내용'과 '강도'라는 두 가지 속성이 있는데, 먼저 '가치의 내용'은 그 사물, 현상이나 행위가 왜 중요한지를 알려 주는 지표가 되며, '가치의 강도'는 그것이 얼마나 중요한지를 알려 주는 지표가 된다.

또한 무엇이 옳고 그른가에 대한 고유하고 일관된 관점을 의미하는 가치관은 사람들의 행동과 포부를 결정하며, 그들의 지각과 혜택을 좌우하는 특성이 있다. 가치관은 사람들이 어디에서 만족을 얻으며, 무엇에 의미를 두는지와 직접적으로 관련될 뿐 아니라 여러 가지 평가와 기준을 제시하므로 공동의식 형성에 있어 필수불가결한 요인이다. 따라서 가치관은 '신념'으로 표현되는 인지적, 정서적 그리고 행동적 요인으로서 개인의 행동에 대한 동기나 포부를 결정하며, 세계를 바라보고 해석하며 이를 이해하는 데 있어서 선택적인 영향을 미친다(이은진, 2001).

1) 직업가치관

한 개인이 지니고 있는 '가치관'은 진로와 관련하여 중요한 영향을 주는 요인으로 알려져 있는데, 직업을 선택할 때 중요하게 생각하는 가치가 바로 '직업가치(work values)'이다. 수퍼(Super, 1957)는 진로상담에 있어서 직업흥미 요인이 더 흔히 적용되지만 흥미보다는 가치가 더 본질적인 것으로, 직업선택에 있어 매우 주요한 결정요인으로 보았다.

직업가치란 개인이 직업과 진로에 대해 가지는 일반적인 가치로, 개인이 직업을 통해 무엇을 얻고, 실현하고자 하며, 직업에 대해 어떤 가치를 부여하는지에 대한 중요성을 의미한다. 수퍼는 '만족의 관점'에서 직업가치를 내재적 영역, 외재적 영역, 병재적(부수적) 영역의 세 가지로 구분하였다. 내재적 직업가치는 일 자체가 갖는 특정한 흥미나 그 일이 사회에 기여하는 것 등 직업활동 자체와 관련된 만족을 의미하며, 외재적 가치는 보수, 근무환경 등 직업활동에 따른 물질적 보상이나 조건 등으로 직업 활동의 결과로서의 만족을 의미한다.

〈표 2-1〉 세 가지 직업가치(Super, 1970)

내재적 가치	외재적 가치	부수적 가치
기여 창의성 독립성 지적자극 심미성 성취 관리	생활방식 안정 지위 보수	환경 경영주와의 관계 동료와의 관계 다양성

일반적으로 직업가치관은 어떠한 일이나 직업에 대하여 어떠한 생각을 가지고 있으며, 이를 어떠한 관념으로 대하는가, 그리고 이에 대해서 어떠한 가치를 부여하며, 선택의 기회가 주어졌을 때 어떤 기준을 가지고 무엇을 선호하는가 등을 포괄하는 개념이다. 바람직한 직업가치관이란 직업의 선택이 자유롭고, 직업의 기회가 공평하게 주어지며, 개인의 적성, 흥미, 능력, 인성과 희망에 따라 선택되어야 한다. 직업에는 귀천이 없으며 직업은 생활 유지수단을 넘어 자기실현이나 행복을 추구할 수 있도록 보다 높은 차원에서의 동기유발을 꾀하는 것이 필요하다. 이와 함께 일할 의사와 능력을 갖춘 사람이 직장을 얻지 못하여 만약 실업자가 되었을 때에는 국가는 보다 적극적으로 그들의 취업기회를 창출하기 위하여 노력하여야 한다.

직업가치관은 특정 직업에 국한된 것이 아닌 일반화된 개념으로서 직업에 대한 개인의 태도를 의미한다. 따라서 직업가치관은 그 사람의 흥미나 욕구와 밀접한 관련성이 있으며, 직업선택에도 결정적인 영향을 미칠 뿐 아니라 직업만족, 직업흥미, 직업적응 등 직업적 행동과도 밀접한 연관이 있다. 따라서 한 개인이 직업을 통해서 추구하고자 하는 가치를 탐색하고, 명료화 하는 것이 바로 현명한 진로결정의 시작점이다.

2) 대학생의 직업가치관

대학생 시기는 진로발달 단계상 탐색기와 확립기에 걸쳐 있는 시기로, 자신의 진로를 현실적으로 구체화하고 준비하여 학교에서 직업세계로의 전환을 준비하는 단계이다. 이 시기에는 자신이 선택한 직업을 획득하기 위해서는 관련된 훈련이나 교육이 필요하고, 현실적인 요인을 고려하여 의사결정을 하게 된다. 즉, 자신의 진로목표를 달성하기 위한 준비가 필요한데, 이때 자신이 지닌 직업에 관한 가치관을 이해하는 과정이 반드시 포함되어야 한다. 다시 말해, 진로는 일생을 통한 장기적이고 발달적인 접근으로, 진로결정을 하기 위해서는 개인의 직업적 가치를 먼저 파악하는 것이 중요하다.

최근 대학생 시기의 진로선택이나 진로결정의 중요성이 더욱 부각되면서 직업가치에 대한 관심이 높아지기 시작하였다. 대학생 시기는 자신의 진로를 결정하고 직업을 선택하는 시기로서 직업개념에 대한 인식을 새롭게 형성하고, 직업의 가치에 대한 주관을 가지게 되므로 자신이 어떤 직업가치를 가지고 있으며, 이에 부합되는 진로가 어떤 것인지에 대한 탐색이 요구된다. 대학생 시기의 직업가치관은 학생들의 전공선택이나 직업포부 또는 직업선택에 큰 영향을 미치며, 진로준비행동이나 학생들의 전공만족도에도 영향을 미치는 중요한 변인으로, 전공과 관련된 직업교육에서도 기본적으로 검토되어야 할 중요한 요소이다.

다시 말해, 한 개인의 직업가치관은 직업포부, 직업 선호도, 직업선택과 관련된 의사결정과 관련성을 가지고 있으며, 현재 가지고 있는 가치관은 미래의 직업만족도 또는 직업적 적응력을 예측할 수 있는 주요한 지표가 된다. 따라서 이 시기의 올바른 진로발달은 성인 이후의 안정적인 진로 유지 발달 단계로의 이행을 이끌 수 있기 때문에 자신이 선호하는 직업세계에 대해 구체적인 선택을 수행할 수 있도록 올바른 직업가치관 형성과 함께 이에 대한 충분한 인식이 필요하다.

3) 직업가치관 검사

대학생의 직업가치관을 알아보기 위한 객관적 검사로는 고용노동부의 워크넷에서 제공하는 성인용 '직업가치관 검사'가 있다. 이 검사를 통해 피검자는 자신이 직업을 선택할 때 중요하게 생각하는 가치가 무엇인가를 확인할 수 있다. 본 검사에서는 직업가치 요인을 성취, 봉사, 개별활동, 직업안정, 변화지향, 몸과 마음의 여유, 영향력 발휘, 지식추구, 애국, 자율, 금전적 보상, 인정, 실내활동으로 분류하고, 이 가운데 어떤 것을 더 중요하게 생각하는지에 대한 결과를 제시할 뿐 아니라, 진로선택에 있어 반드시 고려해야 할 가장 높은 세 가지 가치를 제시해 준다. 또한 이를 바탕으로 하여 직업가치관에 적합한 직업분야에 대한 정보를 안내해 준다. 앞서 살펴본 직업선호도 검사와 마찬가지로 직업가치관 검사결과는 진로와 관련된 자기이해의 주요한 요인 가운데 하나이다. 따라서 진로 의사결정에 있어 이 검사 결과 외에도 해당 분야에 대한 자신의 흥미, 능력, 적성 등 다른 내재적 요인과 함께 학력 수준, 직업 전망, 경제적 여건 등의 외적 요인까지도 총체적으로 고려되어야 한다.

(1) 검사 실시 방법

• 해당 사이트	고용노동부 워크넷, http://www.work.go.kr/
• 검사실시 절차	회원가입 → 직업 · 진로 → 직업심리검사 → 성인대상 심리검사 → 직업가치관 검사 (소요시간: 20분)
• 검사 결과	검사 직후 '검사결과 보기'를 통해 확인

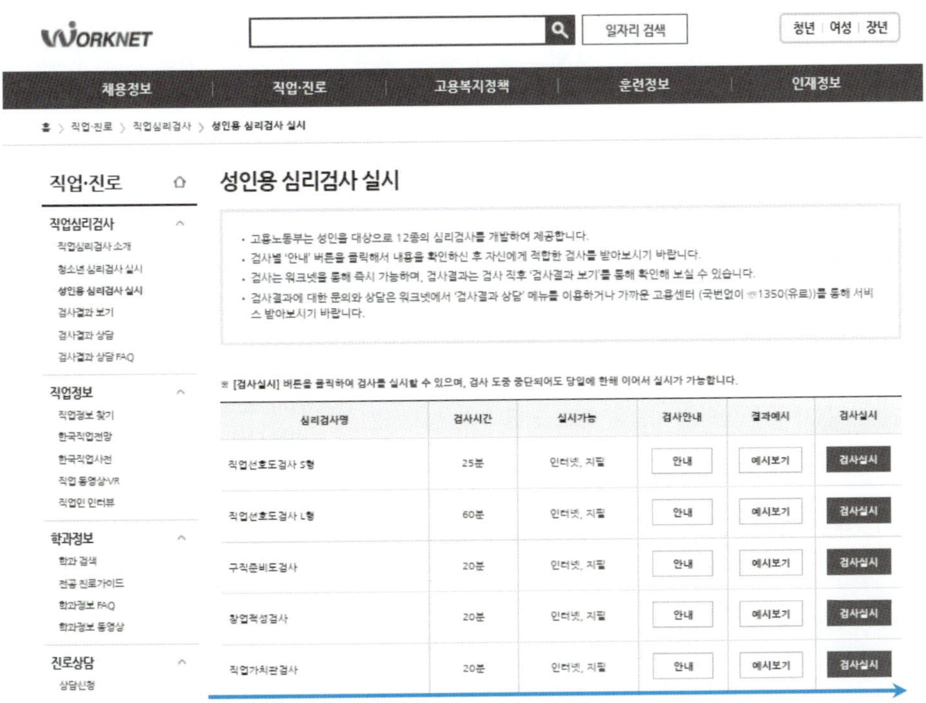

(2) 직업가치관 검사 결과 예시

① 검사점수의 해석

직업가치관 검사에서 측정한 13개 가치요인에서 해당되는 피검자의 점수모양을 나타내는 그래프가 아래처럼 제시된다. 이 결과를 통해 피검자는 자신이 중요하게 생각하는 가치와 상대적으로 중요하게 생각하지 않는 가치를 파악할 수 있다.

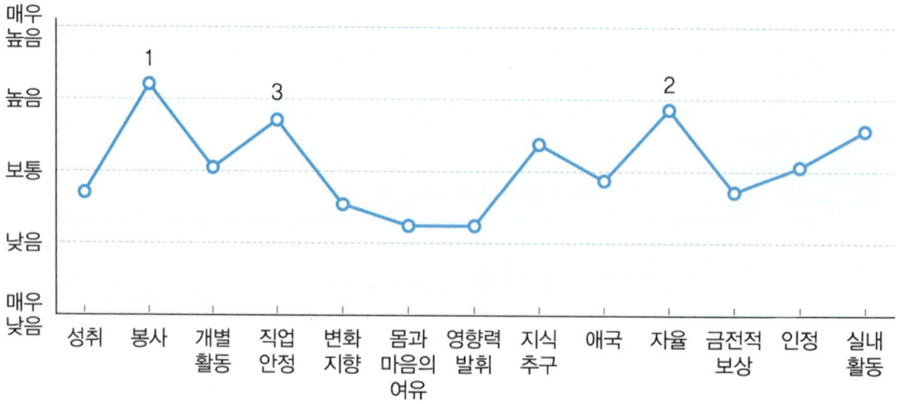

② 13개의 직업가치

	요인	가치 설명	관련 직업
1	성취	스스로 달성하기 어려운 목표를 세우고, 이를 달성하여 성취감을 맛보는 것을 중시함	대학교수, 연구원, 프로운동선수, 연구가, 관리자 등
2	봉사	자신의 이익보다는 사회의 이익을 고려하며, 어려운 사람을 돕고, 남을 위해 봉사하는 것을 중시함	판사, 소방관, 성직자, 경찰관, 사회복지사 등
3	개별활동	여러 사람과 어울려 일하기보다 자신만의 시간과 공간을 가지고 혼자 일하는 것을 중시함	디자이너, 화가, 운전사, 교수, 연주가 등
4	직업안정	해고나 조기퇴직의 걱정 없이 오랫동안 안정적으로 일하며 안정적인 수입을 중시함	연주가, 미용사, 교사, 약사, 변호사, 기술자 등
5	변화지향	일이 반복적이거나 정형화되어 있지 않으며 다양하고 새로운 것을 경험할 수 있는지를 중시함	연구원, 컨설턴트, 소프트웨어개발자, 광고 및 홍보전문가, 메이크업아티스트 등

요인		가치 설명	관련 직업
6	몸과 마음의 여유	건강을 유지할 수 있으며, 스트레스를 적게 받고 마음과 몸의 여유를 가질 수 있는 업무나 직업을 중시함	레크리에이션 진행자, 교사, 대학교수, 화가, 조경기술자 등
7	영향력 발휘	타인에게 영향력을 행사하고 일을 자신의 뜻대로 진행할 수 있는지를 중시함	감독, 코치, 관리자, 성직자, 변호사 등
8	지식추구	일에서 새로운 지식과 기술을 얻을 수 있고 새로운 지식을 발견할 수 있는지를 중시함	판사, 연구원, 경영컨설턴트, 소프트웨어개발자, 디자이너 등
9	애국	국가의 장래나 발전을 위하여 기여하는 것을 중시함	군인, 경찰관, 검사, 소방관, 사회단체활동가 등
10	자율	다른 사람들에게 지시나 통제를 받지 않고 자율적으로 업무를 해 나가는 것을 중시함	연구원, 자동차영업원, 예술가, 레크리에이션 진행자, 광고 전문가 등
11	금전적 보상	생활하는 데 경제적인 어려움이 없고 돈을 많이 벌 수 있는지를 중시함	프로운동선수, 증권 및 투자 중개인, 공인회계사, 금융 자산운용가, 기업고위임원 등
12	인정	자신의 일이 다른 사람들로부터 인정받고 존경받을 수 있는지를 중시함	항공기조종사, 판사, 교수, 운동선수, 연주가 등
13	실내활동	주로 사무실에서 일할 수 있으며, 신체활동을 적게 요구하는 업무나 직업을 중시함	번역사, 관리자, 상담원, 연구원, 법무사 등

③ 피검자에게 적합한 직업 추천

가치점수 적합도와 가치프로파일 적합도를 고려하여 피검자가 만족할 가능성이 높은 직업들을 직업분류표 순서에 따라 제시한다.

④ 피검자의 가치점수와 추천 직업의 가치점수 비교

피검자의 가치점수와 우선 추천 직업들 중 가장 적합한 직업의 가치점수를 비교하여 어떤 가치가 유사하고, 또 차이가 나는지에 대한 정보를 제공한다.

⑤ 피검자의 가치점수와 희망 직업의 가치점수 비교

피검자가 희망하는 직업에서 요구되는 가치점수와 피검자의 가치점수를 비교하여 어떠한 가치가 유사하고, 또 차이가 나는지에 대한 정보를 제공한다.

출처: 고용노동부 워크넷 사이트(http://www.work.go.kr).

3. 나의 성격강점과 진로

최근 인간의 역기능과 부정적 심리상태가 아닌 긍정적인 정서에 초점을 맞춘 심리학의 새로운 패러다임으로 부상한 '긍정심리학'에서는 인간이 지닌 약점보다는 각자의 강점에 주목하기 시작하였다. 긍정심리학은 각 개인이 지닌 강점과 재능을 함양하여 행복을 증진시키고자 하며, 개인의 긍정적인 특질에 대한 강화나 개인 내부의 긍정적인 변화를 통해 최상의 기능 상태로의 성장과 발전을 목표로 한다(권석만, 2008). 이런 관점에서 출발한 긍정심리학의 역사는 20년이 조금 넘은 정도로 그리 길지 않지만 이미 다양한 분야에서 빠른 속도로 확산되고 있다. 진로 관련해서도 성격강점은 매우 중요한 자원으로, 자신의 성격강점을 탐색하고, 이해하는 과정이 필요하다. 성격강점은 개인의 학습 또는 성취도를 예측 가능하게 하는 중요한 요인이자 잠재력에 대한 핵심자원이다.

1) 성격강점의 중요성

성격강점(character strengths)은 인간의 사고, 정서 및 행동에 반영되어 있는 긍정적 특질을 의미하며, 행복한 삶의 영위와 최적 기능의 발현이라는 긍정심리학의 목적달성에 있어서 중요한 역할을 하는 특성 가운데 하나이다. 누구든지 자신의 대표강점을 발견하여 일상생활 속에서 이를 발휘해 나갈 때 큰 만족과 함께 진정한 행복을 경험할 수 있으며, 지니고 있는 강점 그 자체만으로도 긍정적인 평가를 받을 수 있다.

강점은 가치 있는 성과를 이루기 위하여 최적의 기능을 할 수 있도록 느끼고, 생각하고 행동하는 역량이다. 이처럼 성격강점이 삶의 전반적인 영역에 중요한 영향을 미친다는 점을 고려할 때 대학생들이 자신의 성격강점을 인식하고 이를 활용할 수 있도록 돕는 일은 각자가 지닌 잠재력을 충분히 발휘하고 행복한 삶을 영위하도록 하는 데 있어 필수적이다.

특히 대학생 시기는 사회적, 심리적, 경제적으로 아직은 미성숙한 시기로, 대학 입학 전에 비해 자율과 책임을 강조하는 대학 생활에 적응하느라 학생들의 심리적인 부담이 가중될 수밖에 없다. 따라서 이러한 시기에 대학생들이 독립된 성인으로 성장하기 위해서는 구체적이고 깊이 있게 자신의 성격강점을 파악함으로써 긍정적인 자아개념을 형성하고, 자기존중감을 향상시켜야 한다. 또한 대학생 시기에 중요한 발달과업 중 하나가 진로탐색과 준비로, 이때 각자 자신의 긍적적인 특성인 성격강점을 인식함으로써 자신의 성장지향적인 진로선택이나 진로발달을 이루어낼 수 있으며, 이를 통해 보다 더 자기실현적이고 만족한 삶을 살아갈 수 있다.

2) VIA 강점 분류체계

VIA(Value in Action, 2004) 강점 분류체계는 대표적인 성격강점 검사로, 피터슨(Peterson)과 셀리그만(Seligman)에 의해 제안되었다. 그들의 주장에 따르면, 모든 사람은 그 나름의 다양한 성격적 강점과 재능을 지니고 있으며, 그 강점들 가운데 각 개인의 독특성을 가장 잘 나타내는 성격적 강점이 바로 '대표강점(signature strength)'이다. 각 개인은 자신의 대표강점을 발견하고, 계발하여 일상생활에서 잘 활용하게 될 때 자신의 긍정 정서, 몰입, 안녕감 등이 높아질 뿐 아니라 결과적으로 진정한 행복을 달성할 수 있다.

VIA 분류체계에 포함된 덕성과 강점은 여섯 개 핵심 덕목인 지혜 및 지식(wisdom), 인간애(humanity), 용기(courage), 절제(temperance), 정의(justice), 초월(transcedence)로 되어 있으며, 핵심 덕목에 속한 하위개념은 각각 3개~5개로 구성되어 있고, 그 분류체계와 구체적인 내용은 다음과 같다.

〈표 2-2〉 6개의 핵심 덕목과 24개 성격강점(Peterson & Seligman, 2004)

VIA 강점 분류체계	지혜 · 지식	창의성, 호기심, 개방성, 학구열, 통찰
	인간애	사랑, 친절성, 사회성
	용기	용감성, 인내, 진실성, 활력
	절제	용서 · 자비, 겸손, 신중성, 자기조절
	정의	시민의식, 공정함, 지도력
	초월	심미안, 감사, 희망, 유머, 영성

(1) 지혜 및 지식 관련 강점

지식을 습득하거나 활용하는 것과 관련된 인지적인 강점이다. 이는 삶에서의 지혜로운 판단과 지적인 성취를 돕는 강점으로, 창의성, 호기심, 개방성, 학구열, 통찰이 포함된다.

1	창의성	새롭고 생산적인 방식으로 생각하고 행동하는 능력
2	호기심	현재 주변에서 일어나고 있는 다양한 경험 그 자체에 흥미를 가지고 탐구하는 성향
3	개방성	결정을 내릴 때 그 사안과 관련된 정보와 증거들을 가능한 모든 측면에서 검토하고 생각하는 능력
4	학구열	새로운 기술, 지식, 정보 등을 배우려는 동기와 능력
5	통찰	사물이나 현상을 전체적인 관점에서 생각하고, 삶을 바라보는 방식에 있어 자신과 타인 모두에게 긍정적인 영향을 끼칠 수 있는 안목을 지니며, 타인에게 현명한 조언을 해 줄 수 있는 능력

(2) 인간애 관련 강점

다른 사람을 보살피고, 친밀해지는 것과 관련된 대인 관계적 강점으로, 따뜻한 대인관계를 형성하고 심화하는 데 기여하는 강점이다. 관련 하위요인으로는 사랑, 친절성, 사회성이 이에 속한다.

6	사랑	다른 사람과의 친밀한 관계를 소중히 여기고 깊이 있는 애정을 주고받는 능력
7	친절성	다른 사람에게 도움을 베풀고 친절한 행동을 하려는 선한 동기와 실천능력
8	사회성	다른 사람의 동기와 감정을 예민하게 잘 포착하여 다양한 대인관계 상황에 효과적으로 대응하는 사회적 능력

(3) 용기 관련 강점

내면적 또는 외부적 난관에 직면하더라도 자신의 목표와 가치를 추구하는 강력한 의지와 관련된 강점이다. 하위 개념으로는 용감성, 인내, 진실성, 활력이 이에 속한다.

9	용감성	위험, 도전, 난관에 위축되지 않고 자신의 신념에 따라 용기 있게 행동하는 능력
10	인내	근면하게 노력하여 시작한 일을 완성하고 난관에 봉착하더라도 계획된 행동을 인내심 있게 지속하는 능력
11	진실성	자신을 거짓 없이 드러내고 솔직하게 행동하며 자신의 감정과 행동에 책임을 지는 태도
12	활력	어떤 일이든 활기차고 열정적으로 추진하는 의욕적이고 적극적인 태도

(4) 절제 관련 강점

지나침으로부터 우리를 보호하는 중용적 강점으로, 절제를 통해 우리가 극단에 빠지지 않도록 도울 수 있는 강점이다. 이 강점의 하위 개념에는 용서 및 자비, 겸손, 신중성, 자기조절이 있다.

13	용서 및 자비	미움과 증오로부터 우리를 보호하며 잘못을 행한 사람을 용서하고 다시 기회를 주며 앙심을 품지 않는 너그럽고 관대한 태도
14	겸손	교만으로부터 지켜 주며, 자신이 이룬 성취에 대해서 불필요하게 과장된 허세를 부리지 않고 다른 사람의 주목을 구하지 않는 겸허한 태도
15	신중성	단기적 쾌락으로부터 지켜 주며, 조심스럽게 행동함으로써 불필요한 위험이나 후회할 일을 초래하지 않는 능력
16	자기조절	모든 극단적인 감정적 동요로부터 지켜 주는 역할로, 자신의 다양한 충동, 욕구, 감정, 행동을 적절하게 조절하고 통제하는 능력

(5) 정의 관련 강점

효과적인 집단 활동에 기여하는 사회적 강점으로, 개인과 집단 간의 건강한 상호 작용을 돕는 강점이다. 정의 관련 강점의 하위 요인으로는 시민의식, 공정성, 지도력이 있다.

17	시민의식	사회나 조직 속에서 자신에게 주어진 임무와 역할을 인식하고, 책임감 있게 행동하는 능력과 자세
18	공정성	편향된 개인적 강점의 개입 없이 모든 사람을 동등하게 대하며 공평한 기회를 부여하는 태도
19	지도력	집단 활동을 조직화하고 효과적으로 지휘하며 관리하는 능력

(6) 초월 관련 강점

인생과 세상을 대하는 초월적인 태도와 관련된 것으로, 우리의 삶을 긍정적이고 낙관적으로 바라보게 함으로써 삶에 대한 의미와 희망을 갖도록 도움을 준다. 심미안, 감사, 희망, 유머, 영성이 초월 관련 강점의 하위 요인이다.

20	심미안	세상의 다양한 영역으로부터 아름다움과 탁월함을 섬세하게 인식하고 체감하는 능력
21	감사	자신의 삶에 대해서 긍정적인 면을 잘 알아차리고 감사함과 축복감을 느끼고 표현하는 능력과 태도
22	희망	미래를 긍정적으로 바라보고 희망 속에서 최선을 예상하며 그것을 성취하기 위해 노력하는 태도
23	유머	인생의 역설적인 측면을 예리하게 포착하여 유쾌한 즐거움으로 전환시키는 능력
24	영성	인생의 궁극적 의미와 목적을 추구하며 일관된 종교적 신념을 가지고 살아가는 태도

누구나 자신의 강점을 잘 알게 된다면 그것은 바로 자신의 재능에 대해 보다 깊게 인식하는 것으로 자신감과 성취동기가 높아질 수 있다. 이는 자신을 소중히 여기고, 보다 더 진실해져 심리·사회적으로 성숙해지는 결과로 나타난다. 따라서 우리는 자신이 보다 더 잘하는 것 그리고 열정을 가지고 우선시하는 것에 대해 충분히 이해하고, 이를 활용해 나가는 과정을 통해 보다 더 나은 삶의 방향으로 나아갈 수 있다.

활동지 1 나의 직업흥미 유형은? _ 풍차날개 1

■ 진로검사 해당사이트에서 직업선호도 검사를 실시해 보세요.

• 해당 사이트	고용노동부 워크넷, http://www.work.go.kr/
• 검사실시 절차	회원가입 → 직업 · 진로 → 직업심리검사 → 성인대상 심리검사 → 직업선호도 검사 S형 (소요시간: 25분)
• 검사 결과	검사 직후 '검사결과 보기'를 통해 확인

■ 검사결과를 아래에 정리해서 작성해 보세요.

• 나의 직업흥미 유형은?

• 나의 직업흥미 유형에 대한 나의 의견은?

• 나의 직업흥미 유형에 적합한 직업은?

• 나의 직업흥미 유형과 관련된 훈련 직종은?

활동지 2 내가 좋아하는 사람과 환경 유형은?_ 풍차날개 1

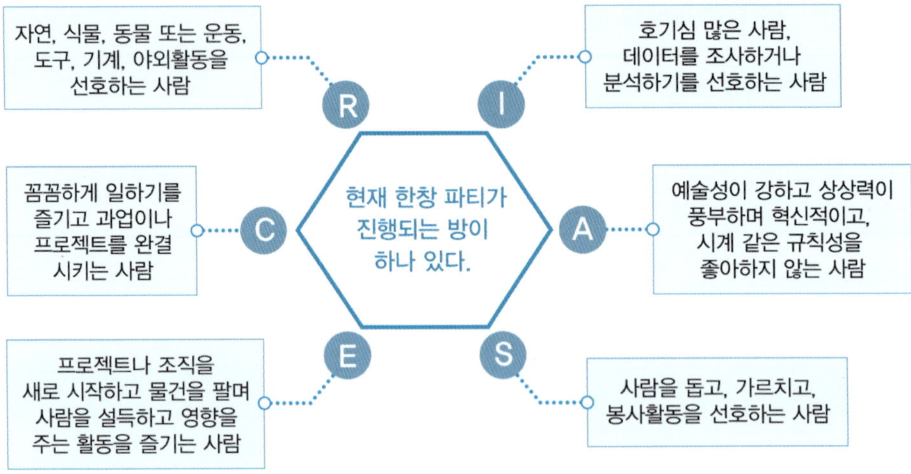

현재 파티에 참석하고 있는 사람들은 각자의 관심과 흥미에 이끌려 각각 6곳에 모여 대화를 나누고 있는데, 각 코너에 모인 사람들은 비슷한 관심사를 가지고 있어요.

1. 당신은 본능적으로 어느 코너로 가고 싶은가? 가서 오랫동안 이야기를 나누고 싶다면 어느 코너가 좋겠는가? 자연스럽게 끌리는 코너의 기호를 적어 보세요.
   (　　　　　　　　)

2. 10분이 지나 이 코너에 있던 사람들이 모두 다 떠나 버려서 당신만 홀로 남는 처지가 되었다. 이때 당신은 자연스럽게 어느 코너의 사람들과 오랫동안 이야기를 나누고 싶은가? 자연스럽게 끌리는 코너의 기호를 적어 보세요.
   (　　　　　　　　)

3. 다시 또 10분이 지나 이 코너에 있던 사람들도 모두 다 떠나 버려서 당신만 홀로 남는 처지가 되었다. 이때 당신은 자연스럽게 어느 코너의 사람들과 오랫동안 이야기를 나누고 싶은가? 자연스럽게 끌리는 코너의 기호를 적어 보세요.
   (　　　　　　　　)

위의 작성한 3개의 기호가 바로 당신의 직업흥미유형입니다.

출처: 조병주 역(2013).

활동지 3 나의 가치관 알아보기 _ 풍차날개 2

성취	봉사	개별활동
변화지향	몸과 마음의 여유	영향력 발휘
애국	자율	금전적 보상
실내활동	직업안정	지식추구
인정	추가:	추가:

• 내가 가장 중요하게 생각하는 가치관은?

• 나에게 가장 중요하지 않게 생각되는 가치관은?

• 내가 가장 중요하게 여기는 가치관과 조화를 이루는 직업은?

• 나에게 중요하지 않은 가치관과 관련 있는 직업 중 내가 관심을 가지고 있는 직업이 있는가?

활동지 4 가치 방패 _ 풍차날개 2

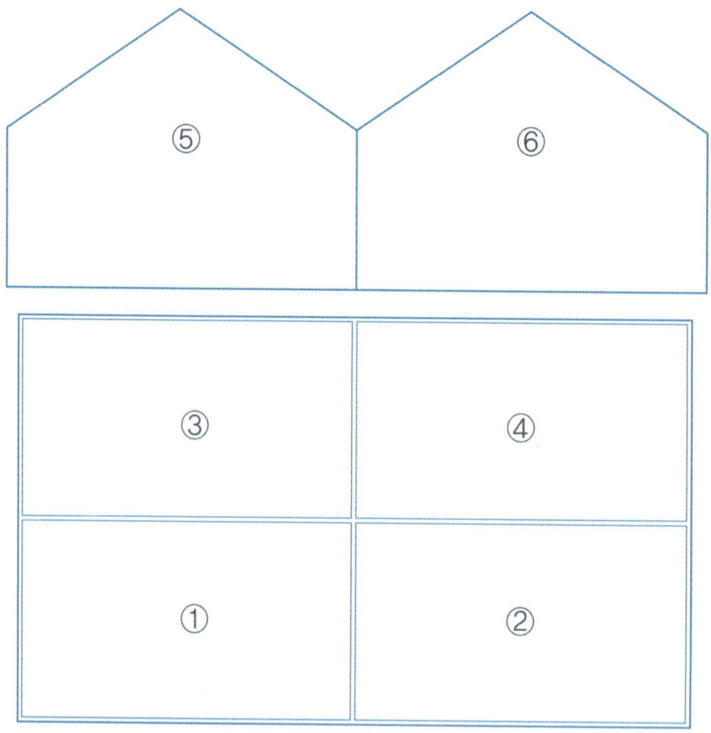

① 개인적인 삶의 목표는 무엇인가?	
② 당신이 가장 좋아하는 자신의 장점은 무엇인가?	
③ 당신이 어쩔 수 없이 꼭 해야만 하는 일은 무엇인가?	
④ 65세까지 가장 성취하기를 원하는 일은 무엇인가?	
⑤ 구체적으로 기억하는 가장 큰 성취 경험은 무엇인가?	
⑥ 만약 당신이 1년만 더 살 수 있고, 1년 내에 성공이 보장된다면 무엇을 하겠는가?	

출처: 이은진(2001).

활동지 5 나의 성격강점 찾기 _ 풍차날개 3

■ 성격강점 리스트

유머감각 있는	끈기 있는	관대한	활동적인
섬세한	인내심 있는	낙천적인	성실한
신중한	독립심 강한	재치 있는	감성적인
솔직한	애교 있는	독창적인	얌전한
빈틈없는	책임감 강한	박학다식한	재미있는
눈치가 빠른	추진력 있는	강인한	결단력 있는
자발적인	느긋한	불의를 못참는	내성적인
침착한	개성적인	꼼꼼한	융통성 있는
예술적인	꾸밈없는	의욕적인	다정한
논리적인	상냥한	양심적인	붙임성 있는
호기심 강한	진지한	절제하는	열정적인
겸손한	믿음직한	자신 있는	정직한
예의바른	동정심 있는	독서하는	문서정리 잘하는
즐거운	상담하는	체계적인	타협하는
정리정돈 잘하는	가르치는	계획적인	깨끗한

■ 위의 성격강점 리스트 중에서 나를 표현하는 단어 10개를 고르세요.

• 나를 표현하는 단어찾기

• 해당 단어들로 나를 표현하는 문장 만들기

활동지 6 나의 단점을 강점으로 _ 풍차날개 3

■ 나의 단점으로 인한 부정적 경험을 떠올려 보고, 그 단점을 반대로 생각해 보세요.

• 나의 단점	• 나의 단점으로 인한 부정적 경험

↷ 뒤바꾸어 생각해 보기

■ 나의 약점을 반대로 생각했을 때 나의 어떤 강점과 연결되는지 찾아보고, 새로운 실천 계획을 세워 보세요.

• 뒤바꾸어 봤을 때의 연결되는 나의 강점	
• 실천 계획	
• 소감	

출처: 박정희(2018).

CHAPTER

03 자기성찰을 통한 자기이해

어느 발달단계에서든 진로지도나 상담에 있어 가장 기본이 되는 과정이 바로 자신에 대한 이해이다. 우리는 내가 진짜 누구인지, 추구하는 가치는 무엇인지, 그리고 이루고 싶은 비전은 무엇인지를 알고 싶어 한다. 또한 행동하고 싶고, 변화하고 싶으나 이를 방해하는 다양한 요인이 무엇인지에 대해서도 궁금해한다. 이러한 궁금증에 대한 해답을 발견해 나가는 과정이 바로 진로탐색의 과정이다.

진로탐색 과정에서 자기자신을 알기 위한 방법으로는 앞서 살펴본 심리검사를 포함한 다양한 객관적 검사가 있다. 심리검사는 진로지도나 상담에 사용되는 중요한 도구로 적절한 시기에 적합한 검사를 실시한다면 자기자신을 돌아보는 데에 도움이 될 수 있다. 이는 비교적 짧은 시간에 자신에 대한 유용한 정보를 얻을 수 있기 때문이다. 그러나 객관적 심리검사를 통한 결과는 자기이해나 진로 의사결정에 있어서의 보조자료로, 개인에 대한 정보의 일부분이다. 따라서 심리검사는 자신을 이해하기 위한 하나의 도구이므로 그 결과를 지나치게 맹신하거나 이에 자기자신을 끼워 맞추지 않도록 유의할 필요가 있다.

또한 검사를 통해 얻어진 정보에 대해 단지 아는 수준에서의 이해만으로는 진로 탐색 과정에서 추구하는 자기이해의 수준에 도달하기는 어렵다. 즉, 진정한 자기이해란 현실에 기초하여 객관적으로 이루어져야 하며, 자신의 장점뿐 아니라 단점까지 수용하는 균형 있는 자세가 수반되어야 하기 때문이다. 이러한 자신에 대한 객관화와 자기수용의 바탕에서 성찰적인 태도로 자신의 다양한 측면을 탐색해 나갈 때 비로소 자신에 대한 이해가 확장되며, 심리 · 사회적으로 성숙해질 수 있다.

특히 대학생 시기는 구체적인 탐색을 기반으로 세부적인 계획을 세우고, 구체적인 진로 성과를 도출해 내기 위한 실천이 중요한 단계로, 자신의 일과 삶의 의미에 대해 깊게 고민하는 성찰적 태도가 필요하다. 자기(自己)의 마음을 반성(反省)하여 살피며, 스스로를 돌아본다는 의미의 '성찰'은 단순히 회상하는 것이 아닌 자신을 깊게 돌아보며, 나 스스로를 분석하는 것을 말한다. 즉, 자기비난이 아닌 자기비판적인 태도로 그리고 자발적으로 이루어지는 자기성찰은 자신의 내면을 심도 있게 관찰하고, 삶의 목적이나 일의 의미를 탐색하게 함으로써 새로운 발전과 변화의 기회를 제공할 수 있다.

1. 나의 진로정체감

자신에 대해 성찰한다는 것은 바로 자신을 반성하고, 본연의 자신을 바라본다는 것으로, 결국에는 '내가 누구인가'에 대해 정확히 알기 위한 노력의 일환이다. 이 성찰의 과정을 통해 자신을 되돌아보게 되고, 당면한 문제 해결을 위하여 자신이 내린 선택과 결정들이 적절했는지 그리고 자신이 어떤 마음으로 어떤 노력을 기울였는가를 되뇌어 봄으로써 이를 성장의 기초로 삼을 수 있다. 즉, 성찰은 자신을 잘 알게 되고, 자신을 다스릴 수 있으며, 자신의 잠재능력을 계발하고, 자신의 성품이나 인격을 향상, 발전시키는 과정이라 할 수 있다. 성찰의 주요한 내용이자 그

출발점은 바로 '나는 누구인가'라는 자아정체감에 대한 지속적인 질문으로, 이를 통해 자신에 대한 보다 깊은 이해와 수용이 이루어질 수 있다.

1) 자아정체감

청년기는 청소년기를 끝내고, 성인기로 진입하는 시기로, '나는 누구인가'에 대하여 총체적인 생각을 하며, 자신에 대한 일관적인 믿음과 느낌들이 점차 생겨나는 시기이다. 이와 같은 자신에 대한 연속적이고 동일한 개념을 가리켜 자아정체감(ego identity)이라 한다. 자아정체감 이론을 확립한 에릭슨은 자아정체감을 연속성 있는 자기자신에 대한 지각이며, 자신의 신념, 역할, 존재방식 등에서 '나는 누구인가'에 대한 답을 구할 수 있는 개념으로 정의하였다.

대학생 시기는 바로 자신에 대한 탐색기로, 중 · 고등학교 시기에 비해 정체감의 위기를 더욱 절실히 인식하게 되고, 이를 해결하기 위하여 노력하는 시기이다. 즉, 대학생들은 적극적으로 자아탐색에 몰입하고 정체성 형성을 위하여 고군분투하는데, 대학생 시기 중 2학년 학생들이 정체성과 관련된 위기감을 가장 많이 경험한다고 한다(김애순, 2005). 대학생 시기 동안의 자아정체감의 확립만큼이나 정체성의 위기를 어떻게 다루는가가 중요한데, 이는 이후 성인기의 건강한 정체감 발달에 미치는 영향이 크기 때문이다. 따라서 대학생 시기에는 이와 같은 위기감을 극복하기 위하여 학생들은 다양한 도전과 시도를 하게 되고, 이런 경험을 통해 점차 정체감을 확립해 나가게 된다.

대학생들은 이 시기 동안에 '나는 누구인가', '무엇을 할 것인가', '미래의 나는 어떻게 될 것인가' 등에 대한 해답을 얻고자 한다. 이들은 직업, 우정, 결혼, 종교, 가치관 등 다양한 측면에서 자신의 정체성을 탐색하고 확립하는 과정을 겪는다. 특히 청년기의 주요한 발달과업이 자아정체감의 성취로, 이 시기에 확립된 자아정체감은 이후 다른 생애단계의 과업을 성취하는 데에 지속적으로 영향을 미칠 수 있다. 따라서 자아정체감의 확립이란 미래에 대한 기대감과 함께 과거 또는 현재의 경험들을 응집력 있는 자아감으로 통합하여 자신의 위치나 역할을 정확히 인식하고 책임지고자 노력하는 과정이다(최보아, 2010).

2) 진로정체감

대학 시기의 또 다른 주요한 과업 가운데 하나는 진로의 결정으로, 직업선택을 명료화 하고, 구체화하며, 실행하는 것이다. 진로는 근본적으로 자아정체감과 연결되어 있는데, 직업 영역에 한정된 자아정체감이 바로 진로정체감(career identity)이다. 진로정체감을 형성하기 위해서는 일관된 진로 계획을 수립할 수 있는 정도의 구체화된 자기개념이나 정체감 형성이 수반되어야 한다. 즉, 자신이 무엇을 원하는지를 알기 위해서는 자신이 무엇에 재능이 있고, 무엇에 대해 흥미를 느끼는지를 확신할 수 있는 자아탐색이 우선 이루어져야 하며, 자신이 왜 그 일을 하고자 하고, 어떤 일에서 자신이 지닌 의미나 가치를 추구하게 되는가에 대한 탐색이 바로 진로정체감과 관련된 탐색 과정이다.

진로정체감은 크게 두 가지 맥락으로 폭넓게 활용되고 있다. 대표적으로 성격이론에 근거한 진로정체감은 개인의 직업적 흥미, 목표, 가치, 능력에 대한 명확하고, 일관되며, 비교적 안정적인 진로에 대한 그림이다(Holland, 1985). 즉, 진로정체감은 자신의 현재와 미래 목표의 확실성과 안정성을 의미하며, 직업에 대한 자신의 목표, 흥미, 능력에 대한 명확하고 안정된 상(picture)인 것이다. 따라서 진로정체감이 높은 사람은 낮은 사람에 비해 자신의 흥미, 능력, 가치 등에 대한 보다 더 명확하고 안정된 상을 가지게 되며, 진로를 계획하고, 진로 관련 행동을 실천하는 데에 있어서도 더욱 적극적이다.

또한 진로정체감의 특성은 진로 관련 의사결정에 있어서 문제가 발생되지 않도록 하며, 피할 수 없는 모호함에 직면했을 때 적절한 결정을 내릴 수 있는 자신의 능력에 대한 확신과도 관련성이 높다. 따라서 진로정체감을 통해 확인할 수 있는 핵심요소는 자신의 이해와 직업세계의 이해 그리고 자신의 능력에 대한 확신이다.

또 다른 하나는 발달적 접근에 근거를 둔 관점으로, 진로정체감은 '자신의 과거부터 현재 그리고 미래를 잇는 일관성 있고, 연속성 있는 직업적 존재로서의 자신에 대한 통합된 지각'으로 정의된다(Erikson, 1963). 진로정체감은 생애발달단계마다 성취해야 할 발달과업을 이루어 나가면서 형성하게 되는데, 생애의 중요한 시기에 발생하는 변화나 위기에 대한 조정과 적응을 거치면서 전 생애 동안 지속적으로 발달한다.

즉, 진로정체감의 발달은 성인의 과제나 발달과업으로 볼 수 있는 직업인으로서의 역할, 사회의 한 시민으로서의 역할, 결혼, 가정에 대해 고민하고 계획하는 모습 등을 수행해 나가는 성숙의 과정이며, 어른이 되어 가는 과정이다. 결국 진로발달이란 진로정체감을 형성해 가는 과정으로, 진로정체감은 자기자신에 대한 제반 특성을 정확히 이해하고, 자아를 실현할 수 있는 일이 무엇인가에 대한 인식과 생각을 의미한다.

진로정체감은 전문 직업인으로서 사회진출 전부터 형성되기 시작하여 직업영역으로의 진출에 중요한 가교역할을 한다. 따라서 대학생 시기에 진로정체감을 탐색하고 확립해 나가는 것은 매우 중요한 과제이다. 앞서 살펴본 바와 같이 우리는 다양한 국면의 위기와 갈등을 겪으면서 이를 해결하고자 타협과 조율을 시도하게 되는데, 이 과정을 통해 진로정체감은 보다 더 분명해지고, 자신에 대한 이해 역시도 높아지게 된다. 따라서 진로정체감을 높이기 위해서는 다양한 경험을 시도하는 것이 중요하며, 그 과정에서 겪을 수밖에 없는 시행 착오나 실수 등을 깊이 있게 성찰하면서 자신에 대해 그리고 자신의 진로에 대해 새롭게 학습하고자 하는 태도와 용기가 필요하다.

2. 나의 진로장벽

1) 진로장벽

자기자신과 자신을 둘러싼 환경에 대한 정보를 모으고, 이를 바탕으로 진로계획을 세우며, 의사결정을 하는 이 일련의 과정이 바로 진로탐색의 과정이다. 초기 진로이론에서는 체계적인 탐색 과정을 거친 후 일정한 시도를 통해 자신에게 적합한 일을 찾아 안정적인 진로를 형성해 나간다고 보았다(김이준, 2020). 그러나 우리는 실제로 진로를 수행해 나가는 과정에서 예기치 못한 다양한 어려움과 고민에 맞닥뜨리게 된다. 때로는 흥미 상실, 자신감 부족이나 자책감, 무기력 등과 같은 내적인 어려움을 겪기도 하고, 또 한편으로는 전공이나 학벌의 문제, 가족들과의 갈등 등과 같은 외부적 요인으로 인한 어려움에 봉착하게 된다. 이와 같이 진로선택이나 진로결정 등의 진로를 수행해 나가는 과정에서 걸림돌이 되는 개인 내적 또는 외적 장애 요인을 일컬어 진로장벽(career barriers)이라고 한다.

대학생 시기는 진로발달단계상 탐색기로, 지금까지의 학업과 경험을 바탕으로 진로 관련 행동을 적극적으로 준비하는 시기이다. 특히 이 시기에는 각자 자신의 내적세계와 외적환경을 탐색하면서 이후 삶에 영향을 줄 수 있는 직업을 선택하는 매우 중요한 시기이다. 그러나 학벌주의와 입시위주의 교육으로 인하여 성적에 맞추어 대학에 진학하는 경향이 강한 우리나라 대학생들은 중·고교 시절 자신의 진로에 대해 고민하고 탐색할 여유와 기회를 제공받지 못하는 것이 현실이다. 특히 대학 진학 시 자신의 흥미나 적성을 고려하기보다는 성적 또는 부모의 권유 등의 외적 요인에 의해 선택했을 경우, 입학 후 전공 적응에 있어서 더 큰 어려움을 겪으며, 이로 인하여 전과를 고민하는 경우도 많다.

이와 같이 진로발달이 충분히 이루어지지 못한 상태에서 대학 입학 후 학생들은 본격적인 진로탐색의 시기를 보내면서 실제적인 진로에 대한 고민과 갈등을 경험한다. 그들은 자신에게 맞는 진로나 직업을 탐색하기 위해서 자신이 원하는 직업에 대한 정보를 수집하고, 자신의 적성, 흥미나 성격 등을 알아보기 위해 관련 검사를 받기도 하고, 필요한 자격증을 취득하는 등 시간과 노력을 기울인다. 이처럼 올바른 진로결정을 위하여 또는 결정된 진로목표를 달성하기 위하여 충실하게 행동적으로 노력하는 것을 진로준비행동이라고 한다(김봉환, 1997).

그러나 진로발달과정에서 진로의 선택, 계획, 수행 등을 어렵고 복잡하게 만드는 진로장벽이 개인의 진로준비행동에 미치는 영향은 부정적일 수밖에 없다. 실제로 개인이 인식하는 진로장벽의 수준에 따라서 진로장벽은 그 사람의 진로결정에 대한 통제감을 약화시킬 뿐 아니라 자신감마저도 떨어뜨림으로써 취업의 질을 낮추게 되는 결과로 이어진다.

2) 대학생의 진로장벽 요인

다양한 학자들에 의해 진로장벽 요인에 대한 분류가 이루어졌다. 그 가운데 대표적인 진로 이론인 사회인지모델(SCCT)에서는 진로장벽으로 불리는 모든 유형의 해로운 사건이나 조건들을 개인 내적인 것과 외적인 것으로 분류하면서 이런 영향들이 종종 발생하며, 서로 밀접하게 관련되어 있다고 보았다. 또한 진로발달을 방해하는 요인을 낮은 자기 효능감과 같은 개인적 요인과 중요한 타인의 불승인과 같은 외적인 것으로 구별하여 각각의 영향의 정도를 파악하는 것이 중요하다고 강조하였다.

우리나라 대학생들을 대상으로 하여 대학생이 경험하는 진로장벽의 요인을 추출한 연구(김은영, 2001)에 따르면 그 요인들 역시 심리적 장애요인과 환경적 장애요인으로 구분된다. 구체적인 진로장벽 요인으로는 자기명확성 부족, 직업적 정보부족, 흥미부족, 미래불안, 대인관계 어려움, 중요한 타인과의 갈등, 경제적 어려움, 신체적 열등감, 나이 문제의 9가지 요인과 18가지 세부사항으로 분류되었다.

〈표 3-1〉 대학생의 진로장벽 요인(김은영, 2001)

요인		세부내용
자기명확성 부족	1	자기자신과 자신의 능력에 대한 자신감 부족
	2	만성적인 미결정과 빈약한 의사결정기술 등으로 우유부단하고, 결단성이 부족한 특성
직업적 정보 부족	3	진로결정과정에 대한 지식의 부족
	4	자신에 대한 정보의 부족
	5	직업에 대한 정보의 부족
	6	추가적인 정보를 얻는 방법에 대한 정보의 부족
흥미 부족	7	자신이 어떤 일에 흥미와 관심이 있는지에 대해 잘 모름
	8	일에 대한 흥미가 없음
미래불안	9	자기자신에 대한 걱정과 불안이 높음
	10	진로에 대한 걱정과 불안이 높음
대인관계 어려움	11	원만한 대인관계를 위해 요구되는 사교성, 적극성 등의 성격적 특성의 부족
	12	대인관계 기술의 부족
중요한 타인과의 갈등	13	부모, 장래 배우자, 이성친구가 자신의 진로를 인정하지 않거나 반대, 간섭으로 인하여 겪는 어려움
	14	부모, 장래 배우자, 이성친구의 기대가 너무 커서 겪는 어려움
경제적 어려움	15	진로 선택이나 계획을 수행하는 데 있어서 장애가 됨
신체적 열등감	16	건강이 나쁘거나 체력의 열세, 피로 등으로 인한 어려움
	17	신체적 열등감으로 인한 어려움
나이 문제	18	나이가 많거나 적어서 겪는 어려움

앞서 살펴본 바와 같이 진로장벽은 개인의 진로발달을 방해하는 내적, 외적 요인으로 구분되는데, 심리적, 환경적 요인에 대해 각자 다르게 느끼는 주관적인 것으로, 개인이 처한 상황, 환경, 사실들에 대해 어떻게 지각하는가가 주요한 요인이 된다. 즉, 진로장벽은 그 객관적인 조건이나 상태도 중요하지만 그 장벽에 대한 개인의 인식이 더 중요한 문제가 된다. 따라서 동일한 진로장벽이라 할지라도 각자 지각하는 정도가 다르며, 아무리 심각한 진로장벽이라 하더라도 그 심각성을 지각하지 못한다면 자신의 진로선택이나 진로행동에 큰 영향을 미치지는 못한다. 특히

대학생 시기는 진로를 결정하고 준비하는 시기이므로 학생들이 진로 결정에 어려움을 느끼거나 갈등을 겪고 있다면 그 요인을 파악하여 해결할 수 있도록 적절한 도움을 제공하는 것이 필요하다.

또한 개인이 진로장벽을 인식하는 정도에 따라서 다른 양상으로 나타날 수도 있다. 진로장벽에 대한 과도한 인식은 진로발달에 있어 부정적 영향을 미치는 반면, 적절한 인식은 오히려 현실적인 진로발달을 가능하게 하고, 이를 극복한 경험이 앞으로의 진로장벽에 대한 대처능력을 향상시키는 긍정적인 결과를 불러오기도 한다(이성식, 2007). 따라서 대학생 시기에 자신이 어떤 진로장벽을 가지고 있으며, 이를 어떻게 인식하고 있는지, 그리고 이에 적절하게 대처하고 있는지에 대한 성찰적 태도가 궁극적으로는 자신의 진로준비행동이나 진로발달에 긍정적인 영향을 미칠 것이다.

3. 나의 진로비전

'비전(vision)'은 보는 것, 즉 시각적인 것을 뜻하는 라틴어에서 유래된 말로, 막연한 꿈이나 소망이 아닌 실제로 실현 가능한 결과를 그리고, 이를 이루어 나가는 것을 의미한다. 비전은 내가 누구이며, 어디로 가는지 그리고 나를 이끄는 것이 무엇인지를 알게 한다. 또한 에너지를 집중시켜서 앞으로 나아갈 방향을 제시하며, 잠재된 힘을 발휘할 수 있게 하고, 자신이 원하는 모습으로 나아가게 하는 원동력이 된다(장경은, 2017). 다시 말해, 비전은 자신의 바람직한 미래의 삶을 그려 봄으로써 현재 내가 지닌 잠재력을 극대화시킬 수 있는 촉매제 역할을 하는 '인생 여정', '내적 청사진' 또는 '기대되는 마음의 그림'인 것이다.

1) 진로비전

개인이 비전을 형성한다는 것은 미래에 대한 인식과 설계를 목표로 미래상을 제시한다는 점에서 진로와 관련이 깊다. 즉, 비전이란 '미래에 대한 구상이자 미래상'으로, 개인의 비전은 '나는 누구인가'라는 물음에 대한 답변의 기반 위에 세워져야 한다. 따라서 자아정체감은 자신의 비전과 사명을 세우기 위한 주요한 토대가 된다.

수퍼가 주장한 진로발달에서의 자아개념과 에릭슨의 성격발달에서의 자아정체감은 맞닿아 있는 개념으로, 진로발달 영역에서는 그 자아개념의 의미가 바로 진로정체감이다. 즉, 일생을 통해 개인이 갖는 직업은 일의 세계에서 표출된 자아개념의 발달로, 결국 일은 자아의 표현이자 생계의 수단이며, 생활양식 그 자체인 것이다(이재창, 1994).

진로비전이란 개인이 미래에 이루고자 하는 일과 관련된 꿈과 자아상이다. 진로비전 수립은 인기 있는 직업을 찾는 과정이 아닌 자신과 가장 어울리고, 그 일을 잘할 수 있으며, 자신의 삶에 의미를 주는 무엇인가를 찾는 과정이 되어야 한다. 따라서 최근 진로와 관련하여 이 과정을 수행하기 위한 개인의 내적 특성을 파악하는 활동과 함께 자신에게 바람직한 미래의 삶을 구체화시키는 작업인 비전을 수립하는 활동들이 강조되는 추세이다(장경은, 2017).

2) 진로비전의 요인

일반적으로 '비전'은 미래에 바라는 '꿈(dream)'이나 '목적(purpose)' 또는 '목표(goal)'와 유사한 개념으로 사용된다. 그러나 명확한 기한과 구체적인 모습을 의미하는 비전은 막연한 꿈과는 구별되는 개념이다. 또한 상대적으로 단기적인 의미로 사용되는 개념이 목적과 목표라면, 비전은 궁극적으로 도달해야 할 목적과 목표를 의미한다.

비전은 현실의 삶에 추진력을 불어넣어 주는 꿈을 단계적으로 성취해 나가는 구체적인 과정이다. 비전을 수립한다는 것은 내면의 성찰을 통해 정체감을 확립하며, 개인적으로나 사회적으로 의미 있는 일을 이루기 위하여 열정과 목적의식을 갖는 것이다. 따라서 진로비전에 있어 목적이란 '왜'에 대한 답변이며, 가치는 '어떻게'에 대한 방향을 제시하는 개념으로, 이를 통해 실제로 이루어질 결과를 눈앞에 그려 보며, 최종적인 결과에 초점을 두게 된다.

이런 개념들을 포함한 비전은 개인이 추구하는 미래에 대한 통찰력 있고, 바람직한 구체적인 모습으로 궁극적으로는 자신의 잠재력을 극대화시켜 앞으로 나아갈 수 있도록 방향을 제시해 주는 등대와 같은 역할을 하는 것이다(장경은, 2017). 블렌차드(Blanchard, 2006)는 비전의 특징을 '비전의 세 가지 요소'로 정리하였는데, 그 구성요소는 의미 있는 목적, 뚜렷한 가치, 미래에 대한 청사진이며, 주요 내용은 다음과 같다.

〈표 3-2〉 **비전의 구성요소(Blanchard, 2006)**

구성요소	내용
의미 있는 목적	• 자신의 존재 이유 • 미래에 이루고 싶은 목표에 대한 궁극적인 이유를 탐색하는 것 • 이와 같은 탐색을 통해 자신이 원하는 일이 무엇인지를 명확하게 해 주어 비전을 향한 흥미와 명확한 동기를 불러일으킴
뚜렷한 가치	• 가치는 스스로가 무엇이 중요하며, 바람직한지를 규명해 주는 것으로, 인생의 지침이 되는 것 • 인생의 의미 있는 목적을 어떻게 진행해 나갈지에 대한 폭넓은 기준을 제공함
미래의 청사진	• 비전은 존재하고 있지 않지만, 이미 존재한 듯 미래의 생생한 이미지를 앞서서 보는 것 • 막연한 생각이 아닌 실제의 결과를 눈앞에 그려 봄으로써 성취동기를 명확히 하여 개인의 숨어 있는 잠재력을 끌어낼 수 있음 • 현재와 미래의 차이를 인식시켜 목표를 향한 실행력을 높여 줌

출처: 정보현(2013) 재구성.

앞서 살펴본 비전의 세 가지 구성요인을 토대로 하여 수립된 비전은 개인이 자신의 존재에 대한 그리고 가치관에 대한 탐색을 통하여 자신의 꿈을 생생한 이미지로 그려 봄으로써 현실의 삶에 있어 추진력을 주는 활동으로, 의미성, 가치성 그리고 명확한 이미지 설정에 보다 중점을 두어야 한다(정보현, 2013). 사회 진출을 앞둔 예비 사회인인 대학생들은 청소년들과 다르게 미래의 구체적인 모습뿐 아니라 세부적인 실천 계획을 세울 때만이 실제적으로 필요한 진로준비행동을 실천할 수 있다. 따라서, 진로비전을 수립하는 것은 진로결정 단계에 있는 대학생들에게 필수적으로 요구되는 주요한 활동 가운데 하나이다.

3) 진로비전의 역할

비전은 성찰의 기회를 제공하며, 지속적인 변화를 창출하고, 인생의 의미를 발견하는 역할을 하는 것으로 알려져 있는데, 이러한 비전의 역할을 크게 세 가지로 분류할 수 있다(장경은, 2017).

(1) 비전은 삶의 의미를 발견하게 해 준다.

비전에 대한 성찰은 개인이 스스로에게 의미를 주는 과정으로, 목적달성을 위한 방향성을 명확하게 해 주어서 성취 의지를 높여 준다. 비전을 통해 삶의 의미를 발견한다는 것은 삶에 대한 동기를 제공하며, 성공적인 인생을 추구해 가는 과정에서 요구되는 기준점을 제공한다.

(2) 비전은 개인의 변화를 창출시키는 역할을 한다.

비전의 결과가 자아실현으로 연결될 때 개인은 자신만의 탁월한 기술과 재능을 가지게 된다. 즉, 비전은 실제 자아에서 이상의 자아로의 변화가 가능하도록 개입하여 보다 능동적인 삶을 살게 하며, 이 과정을 수행하는 데 필요한 에너지를 제공한다.

(3) 비전은 달성할 목표에 대한 기대감을 제공해 준다.

비전은 자신의 삶에 달성할 최종 목적지가 무엇인지에 대한 명확한 초점을 제공함으로써 비전 성취에 대한 기대감을 갖도록 한다. 이러한 기대감은 목적을 달성하는 과정에서 겪게 되는 수많은 다양한 고난을 이겨 내는 힘이 될 수 있으며, 결국 변화를 만들어 내는 원동력으로 작용한다.

활동지 1 나는 누구인가?

■ 현재 '나는 누구인가?'에 대한 질문에 떠오르는 이미지와 생각을 적어 보세요. 아래 질문에 대한 답변 이외에 떠오르는 단어, 이미지, 느낌을 자유롭게 적어 보세요.

나는 누구인가	

출처: 박미애(2013).

활동지 2 나의 진로걸림돌

	진로걸림돌 리스트
1	자기자신과 자신의 능력에 대한 자신감 부족
2	만성적인 미결정과 빈약한 의사결정기술 등으로 우유부단하고 결단성이 부족한 특성
3	진로결정과정에 대한 지식의 부족
4	자신에 대한 정보의 부족
5	직업에 대한 정보의 부족
6	추가적인 정보를 얻는 방법에 대한 정보의 부족
7	자신이 어떤 일에 흥미와 관심이 있는지에 대해 잘 모름
8	일에 대한 흥미가 없음
9	자기자신에 대한 걱정과 불안이 높음
10	진로에 대한 걱정과 불안이 높음
11	원만한 대인관계를 위해 요구되는 사교성, 적극성 등의 성격적 특성의 부족
12	대인관계 기술의 부족
13	부모, 장래 배우자, 이성친구가 자신의 진로를 인정하지 않거나 반대, 간섭으로 인하여 겪는 어려움
14	부모, 장래 배우자, 이성친구의 기대가 너무 커서 겪는 어려움
15	진로 선택이나 계획을 수행하는 데 있어서 장애가 됨
16	건강이 나쁘거나 체력의 열세, 피로 등으로 인한 어려움
17	신체적 열등감으로 인한 어려움
18	나이가 많거나 적어서 겪는 어려움

나의 진로 걸림돌 순위		해결방법
1		
2		
3		

활동지 3 나의 미래 스케치 _ 풍차날개 4

■ 나의 꿈, 나의 미래

나의 꿈, 나의 미래

미래의 ____________________ __________

TIPS

1. 나의 꿈/비전을 이루어 나가는 장면을 영화처럼 표현하기
2. 그림을 그리거나 신문/잡지 등에서 스크랩 하기
3. 성공이미지를 구체화하기

출처: 이준(2010).

활동지 4 꿈꾸는 사회인 _ 풍차날개 4

■ 자신의 이름 뒤에 원하는 직업명을 붙여 보고, 그 모습을 상상해 보자.

■ 미래의 명함 만들기

활동지 5 나의 진로 풍차 채우기

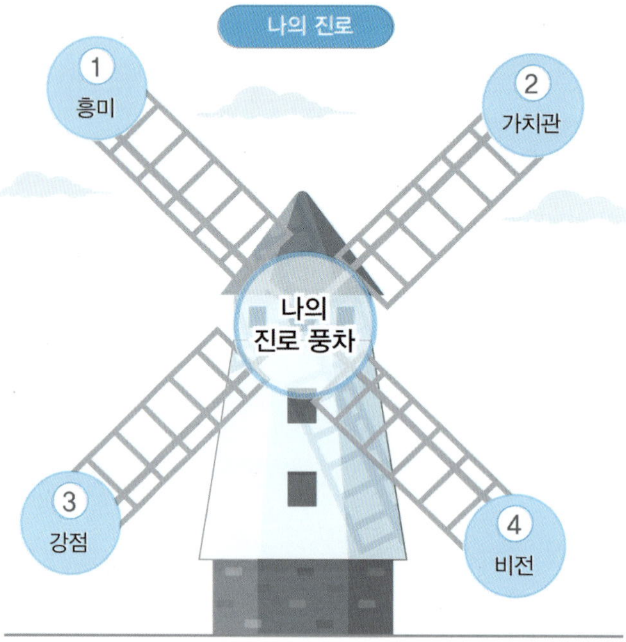

나의 특성		정보의 내용		관련된 직업
		두드러진 점	보완할 점	
흥미	날개 1			
가치관	날개 2			
강점	날개 3			
비전	날개 4			

활동지 6 미래 설계하기

■ 자신이 바라는 직업(진학)을 위해서 내가 계획하고 실천해야 할 계획을 세워 보자.

장기목표(직업/진학)	
중간목표(향후 3~10년) ( )세 ~ ( )세	
단기목표(향후 1~3년) ( )세 ~ ( )세	
올해의 목표	
이달의 목표	
금주의 목표	
오늘의 목표	
지금 나의 마음	

활동지 7 내 인생의 도전

■ 인생의 도전 !

<table>
<tr><td rowspan="4">
</td><td>어린 시절부터 지금까지 경험 중에서 가장 힘들었던 기억 혹은 가장 도전적이었던 일은? (도전적인 사건, 환경, 장애물)</td></tr>
<tr><td>그 상황을 어떻게 이겨 낼 수 있었을까?
(극복할 수 있었던 요인, 자원 등)</td></tr>
<tr><td>이 도전을 겪은 후 나는 어떻게 바뀌었을까?</td></tr>
<tr><td>다시 이런 일을 겪는다면, 그때는 어떻게 하고 싶을까?</td></tr>
</table>

CHAPTER

04 직업세계의 이해(I)

우리는 학교를 졸업하면 사회에 진출하여 경제적 주체로 주도적 삶을 영위해야 한다. 지금까지 학교에서의 다양한 수업과 학습활동은 사회에 진출하기 위한 역량 개발 과정으로 볼 수 있다. 우리 사회는 수많은 직업과 직종, 분업화가 이루어져 있으며 진출 분야도 취업뿐 아니라 창직, 창업 등 다양한 분야에서 개인의 역량을 발휘하면서 건전하고 건강한 사회로 발전시키는 주역으로 생활하게 될 것이다. 따라서 이번 장에서는 일과 직업의 의의, 직업의 중요성을 이해하고 기업경영 프로세스와 업무를 이해하게 될 것이다. 내 전공은 무엇이며, 나는 어떤 업무에 관심이 있고, 어떤 일을 하고 싶은지 생각해 보도록 하자.

I. 일과 직업 이해하기

1) 일이란 무엇일까

① 일은 정신적 또는 육체적 노동을 통해 가치를 만들어 내는 가장 기본적인 사회 활동이다.

② 일은 크게 수입을 목적으로 하는 일과 취미나 가사 노동과 같이 금전적인 이익을 목적으로 하지 않는 일로 구분할 수 있다.

2) 직업이란 무엇일까?

① 직업은 일의 범위에 포함되며, 수입을 목적으로 수행하는 경제적 사회적 활동을 직업이라고 한다.

② 우리는 직업을 통하여 생계를 유지하고 자신의 꿈을 펼치며, 사회적 역할을 하면서 자아를 실현하고 있다.

3) 일과 직업을 구분하는 기준

① 일은 수입을 목적으로 하는 일과 취미나 가사 노동과 같이 금전적인 이익을 목적으로 하지 않는 일로 나뉜다.

② 수입을 목적으로 수행하는 경제적, 사회적 활동을 직업이라 한다.

③ 직업은 일의 범위에 속하며 금전적 수입을 목적으로 한다.

[직업으로 보지 않는 활동]

- 이자, 주식, 배당, 임대료(전세금, 월세금), 소작료, 권리금 등의 재산 수입을 얻는 경우
- 연금이나 사회 보장에 의한 수입을 얻는 경우
- 경마 등에 의한 배당금의 수입을 얻는 경우
- 보험금 수취, 자기 소유의 토지/주권을 매각하여 수입을 얻은 경우
- 자기 집에서의 가사 활동
- 법률 위반 행위나 법률에 의한 강제 노동을 하는 경우
- 정규 주간 교육 기관에 재학하고 있는 경우
- 학교에 다니는 것
- 각종 사회단체에서 봉사활동을 하는 경우

4) 좋은 직업의 조건

① 노동을 제공한 결과 생계유지에 필요한 충분한 수입(보상)이 주어진다.
경제적으로 적정 수입이 확보되고 안정적 생활이 가능한 일

② 지속가능한 발전이 기대되고 안정적이며 지속성이 있다.
대기업, 공기업, 공무원 및 전문직(의사, 교사, 변호사) 등

③ 내가 제공하는 노동이 다른 사람에게 도움이 된다.
국가, 사회, 시민에게 공공 또는 공익을 제공하여 자긍심이 갖게 하는 일

④ 나만의 능력과 역량을 바탕으로 창의적이고 개성적인 일의 추진이 가능하다.
개인별 역량과 흥미를 직업을 통해 발휘할 수 있는 일

⑤ 업무가 과도하게 종속적이지 않고 자유가 보장되며 의사결정 폭이 넓다.
주요 의사결정에 대한 영향력이 크고 자율성이 보장되는 일

⑥ 나의 업무가 사회적으로 책임감이 주어지고 높은 역량을 요구한다.
나의 의사결정이 경제 사회적 영향을 미치고 책임과 권한이 따르는 업무

⑦ 성취감, 도달감 등을 느낄 수 있다.
일을 통해 성취감을 느끼고 노력에 따라 목표(승진, 성과, 보상 등) 달성이 가능한 일

⑧ 신기술을 수시로 받아들여 적용할 수 있다.
새로운 기술변화를 수용하고 응용하여 새로운 가치를 만들어 나가는 일

학생에게 공부란 무엇인지 생각해 봅시다.

우리는 부모님들로부터 "공부 열심히 해라"라는 말씀을 늘 듣고 자랐습니다.
왜? 무엇 때문에 공부를 강요하는 것일까요?
결론은 열심히 공부하면 소위 좋은 직업을 갖게 되고 성공 확률이 높아지기 때문입니다.
그래서 대학에서의 기간이 중요하고 가치 있는 시간들이라 생각됩니다.

2. 직업의 의의

1) 직업을 통해 가치, 보람, 행복을 실현

① 사람은 직업을 통해 가치와 보람을 느끼고 삶의 동력이 된다.

② 직장에서의 일은 노력과 도전이 필요하며 성취감과 행복을 얻을 수 있다.

2) 직업은 생계유지를 위한 경제적 활동

① 직업이 없이는 생계유지가 매우 어렵다.

② 경제 활동을 통한 소득은 삶을 윤택하게 하고 의식주 생활을 해결해 준다.

3) 직업은 개성발휘 및 자아실현을 위한 활동

① 직업을 통해 일하는 보람을 느끼며 자아실현을 할 수 있다.

② 직업은 개인의 개성을 발휘하는 장소와 기회를 제공한다.

③ 자신의 목표를 이루고 행복한 삶을 누리는 원동력이 된다.

④ 현대 사회에서 직업은 자아실현의 수단으로 더욱 중요하다.

4) 직업은 사회적 역할을 분담하는 활동

① 현대 사회에서 직업 없이는 사회생활이 거의 불가능하다.

② 사람은 직업 활동을 통해 다른 사람과 다양한 관계를 맺고 사회생활에 참여하

므로 직장에서 인간관계는 중요하다.

③ 직업은 사회봉사 수단이기도 하며 서로의 필요를 충족시켜 주는 의존적 분업을 형성하고 있다.

5) 직업가치관 및 직업이 주는 긍정적 가치

① 직업가치관

직업에 대한 생각, 태도, 가치 등을 직업가치관이라 하며 성취, 봉사, 직업 안정, 금전적 보상, 변화 지향, 지식 추구, 인정, 가정과 일의 균형, 몸과 마음의 여유 등 사람마다 추구하는 가치가 다양하다.
나의 삶은 가치관의 영향을 받으므로 확고한 직업가치관을 수립한 후 진로를 결정하는 것이 필요하다.

② 직업이 주는 긍정적 가치

직업은 경제활동의 대가로 일정한 보수를 받거나 수익이 발생하는 것으로 생계유지와 더불어 사회구성원으로써의 역할을 통해 사회발전에 기여하고 긍정적 가치인 보람을 느끼고 자아를 실현하는 계기가 된다.

6) 직업윤리

① 직업을 갖고 생활하면서 지켜야 할 행동규범과 도덕적 원리이다.

② 직업에 대한 올바른 가치관과 태도는 개인의 행복한 삶과 직업생활에 영향을 미치며 사회발전에도 중요 요소가 된다.

③ 직업윤리에는 소명의식, 봉사의식, 책임의식, 전문가의식 등이 있으며 도덕적 윤리와 규범을 지키고 실천하는 태도가 필요하다.

7) 직업의 편견과 고정관념 극복

① 직업에는 귀천이 없고 직업인으로서 존중받아야 한다.

② 직업에 대한 편견과 고정관념은 합리적 직업선택에 장애가 되며 해당 종사자들의 차별은 사회적 갈등 원인이 된다.

③ 직업에 대한 편견과 고정관념을 극복해야 하고 내 생각이 옳은지 성찰하는 자세가 요구된다.

3. 기업경영 Process 및 직무 이해

기업경영은 최적의 Resource를 이용하여 최대의 경영성과를 창출하기 위한 활동으로 글로벌기업들은 지속적인 경영혁신을 통한 기업경쟁력 확보에 사활을 걸고 있다.

기업경영은 7대 Process(마케팅, 개발, 구매, 제조, 품질, 판매, 서비스)와 이를 지원하는 경영지원(인사, 관리/경리, 기획, 홍보, 법무, 감사, IR, 경영혁신 등) 업무로 구분할 수 있다. 그리고 기업경영 Process는 제조, 금융, 서비스 업종 및 B2B, B2C 등의 비즈니스 형태에 따라 상이할 수 있으나 기본원칙은 유사하므로 여기서는 가장 기본적 운영형태를 설명하고자 한다.

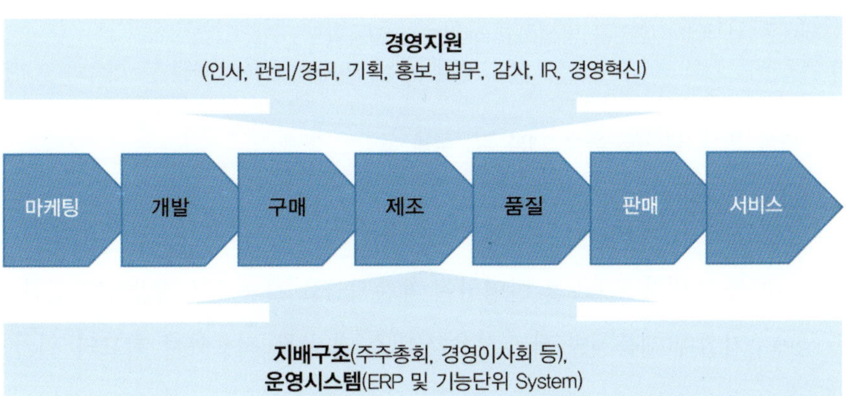

1) 마케팅

① 상품 또는 서비스를 소비자에게 성공적으로 유통시키기 위한 경영 활동
② 개인 및 조직의 목표를 만족시키는 아이디어나 상품 및 서비스를 정립
③ 4P(Product, Price, Place, Promotion) 전략을 반영

생산자가 상품 혹은 용역을 소비자에게 유통시키기 위해 소비자의 Needs를 파악하고 고객을 감동시킬 수 있는 상품을 기획하며, 가격 결정, 유통 및 프로모션을 계획하여 최고의 상품과 서비스를 유통시키기 위한 경영활동을 말한다.

2) 개발

① 새로운 지식이나 원리를 탐색하고 해명해서 실용화
② 기초연구, 제품아이디어 탐색, 평가, 결정, 생산, 판매에 이르는 과정 등 제품의 全과정(생애주기)를 고려한 설계
③ 신뢰성, 원가, 생산성, 품질, 제품 경쟁력을 고려한 설계

시장조사 등 소비자 Needs를 반영하여 제품사양을 결정하고 개발하는 일련의 행위로 생애주기설계(제품개발-제조-사용-서비스-폐기)를 적용하여 최고의 원가경쟁

력, 품질, 성능의 제품을 구현하는 업무를 말한다. 개발자는 제품 또는 서비스에 적합한 최적의 상품을 개발해야 하며 원가, 납기, 생산성, 품질, 고객만족도, 서비스성, 사용성, 폐기에 이르는 전 과정을 고려하여 개발해야 한다.

개발부문에서는 PLM(Product Lifecycle Management) 시스템을 활용하는 등 기준정보(Bill of Material: BOM)뿐 아니라 개발효율 향상과 개발 Lead Time 혁신 등을 추진하며 개발은 기업경영에서 가장 중요한 기능 중 하나이다.

3) 구매

> ① 구매는 적절한 품질, 가격, 수량을 적정한 시기에 공급받는 것
> ② 어떤 제품(부품)을 구매하는가에 따라 기업 경쟁력과 직결
> ③ 제품(부품)을 싸고 좋고 빠르게 공급받을 수 있도록 SCM(Supply Chain Management) 차원에서 관리가 중요

구매란 자재를 단순히 구입하는 것만이 아니고, 적정품질(Quality) · 적정수량을 적정시기(Speed, Lead Time)에 경쟁력 있는 가격(Cost)으로 구입하는 것이 핵심이다. 따라서 우수기업 발굴 및 품질, 가격 경쟁력을 확보할 수 있는 과학적인 구매활동이 기업경쟁력을 좌우하게 된다. 적재 · 적시에 자재를 조달하고 재고비용을 최소화하는 것이 Cash Flow를 원활하게 하는 등 원가경쟁력의 기본으로 작용한다.

글로벌기업의 구매시스템은 모든 부품에 Code Number를 부여하고 품명, 규격,

단가, 공급업체 기준정보를 바탕으로 전세계 공급자(Supplier)의 특성을 고려한 구매, 조달체계가 중요하며 구매의 예술화를 실천하는 업무이다. 또한 구매는 SCM(Supply Chain Management), CRM(Customer Relationship Management) 시스템을 통해 대중소 상생 및 동반성장에도 기여해야 한다.

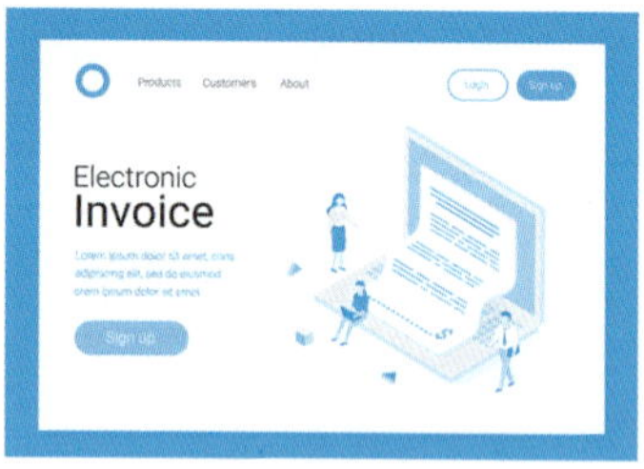

4) 제조 및 기술

① 정신적 · 육체적 노동을 직간접으로 투입하여 유용한 재화나 서비스를 만들어 내는 일
② 생산성, 품질을 향상하고 제조 Cost를 낮추는 것이 중요
③ Loss 없는 생산 공정, 효율성 있는 제조 Process를 구축하는 업무
④ 생산 설비가 문제없이 작동하도록 유지보수 하고 가동율을 높이는 업무
⑤ 최적 수율(생산성)이 가능한 공정을 설계하고 최고의 경쟁력을 확보하는 업무

제조는 원재료의 가공 · 조립 및 제품을 생산하는 것으로 생산성과 품질 경쟁력, 제조원가를 낮추고 기업의 수익을 극대화하는 업무이다. 제조, 기술부문은 작업공수, 실동공수 효율을 극대화하고 유실을 방지하며 Zero Defect를 구현하는 최적화된 스마트생산 공정 구축이 중요하며 다품종 소량 생산(multi-item small sized production), MES(Manufacturing Execution System) 및 PCS(Physical Cyber System) 등 최적화된 운영시스템을 통해 빠른 의사결정과 운영 효율을 극대화한 자동화된 스마트공장을 구축하여야 한다.

[설비기술]

가) 설비 유지 보전 및 예방조치

- PM(Preventive Maintenance)를 통한 설비가동률 및 성능향상
- BM(Break Maintenance)를 통한 설비 고장 분석 및 개선
- 설비부품 관리 및 정비를 통한 원가 절감 및 생산성 향상

나) 설비 문제 분석 및 자동화 System 구현

- 분석 Tool을 활용한 설비 문제 원인 분석 및 해결
- 빅데이터 분석을 통한 설비 자동화 시스템 구축 및 최적화

다) 신설비 도입 및 응용기술 개발

- 설비 최적화를 위한 조건 확보 및 기술 개발
- 차세대 제품 공정 대응을 위한 설비 응용기술 개발 및 적용
- 차세대 설비 및 부품 연구를 통한 설비기술 로드맵 수립

[공정기술]

가) 제조공정의 문제점과 개선방법을 조사 · 평가하고 공정기술과 공정장비에 수정 · 적용시킨다.

나) 새로운 공정기술의 도입 시 신소재 및 기술내용을 검토하고 공정장비를 시험 가동하여 양산성 평가를 실시한다.

다) 공정효율을 극대화하고 생산성 및 품질을 혁신한다.

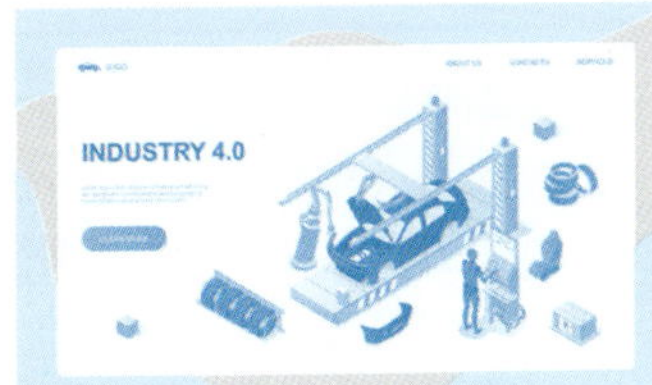

5) 품질

① 고객 또는 사용자의 요구를 만족시키는 고유의 성질 및 성능을 관리
② 부품, 공정, 출하, 시장품질로 구분하여 지속적인 개선활동을 추진
③ 기능, 성능 관련 품질과, 고객의 감성에 부응하는 품위품질로 구분
④ 충성고객을 확보하고 이탈고객을 방지하는 업무이기도 함

품질경영(Quality management)은 기업의 존립에 영향을 미치는 인자로 충성고객을 확보하고 이탈고객을 예방하는 효과로 이어지며 고객만족에 가장 영향을 주는 업무이다. 품질은 수입(부품)품질, 공정품질, 출하품질, 시장품질, 신뢰성 및 내구수명 등 통계적 기법에 의해 품질관리를 하고 실패비용(내, 외부) 관리를 통해 기업경쟁력을 확보해야 한다. 특히 품질관리는 QMS(Qualit Management System)시스템을 통해 체계적으로 관리하고 SPC(통계적 품질관리: Statistical Process Control) 기법 적용 등을 통해 경쟁력을 확보하는 업무이다.

6) 판매

① 상품 또는 서비스를 판매하여 매출을 발생시키는 업무
② 판매 활성화를 위해 4P(Product, Price, Promotion, Place) 전략을 수행
③ 상품 판매는 재래시장, 백화점, 대형마트, 인터넷 쇼핑몰, 서점 등 제품 및 서비스에 따라 다양함

판매정책(Sales Policy)은 기업의 마케팅 정책이나 경영의 기초를 이루는 활동으로 판매예측, 판매계획, 판매형태, 판매할당 등을 판매관리시스템을 통해 경영성과 극대화를 추진하는 경영활동이다.

- 판매예측(sales forecast): 판매계획 수립에 있어 달성 가능 매출 또는 판매량을 예측하는 것
- 판매계획(Sales Planning): 장기 · 단기 판매 계획을 수립하고 이행하는 것
- 판매형태(Type of Sales): 오프라인(점포, 방문, 옥외판매) 판매와 온라인 판매 전략을 수립하고 이행하는 것
- 판매방법(Sales System): 현금, 신용, 할부, 티켓, 선금판매 등의 대금결재 방법을 결정하는 것
- 판매분석(Sales Analysis): 판매수량, 매출액, 판매관리비, 판매이익을 제품별, 판매지역별, 판매부문별, 판매원별, 기간별 · 판매방법별, 지불조건별로 분석하여 항목별 지표 및 순이익 등 여러 관점에서 분석하는 것

[물류]

① 물류(物流)는 특정한 재화(Goods)나 용역(Services)을 적절하게 이동, 위치시키는 업무
② 효율적 자원활용으로 물자를 효율적으로 적재적소에 이동, 배치시키는 업무
③ 물류는 Delivery, Cost가 중요하고 SCM(supply chain management)와 밀접한 관련이 있음

물적유통(Physical Distribution)을 줄인 말로 생산자로부터 소비자까지의 재화의 흐름을 가리킨다. 물류는 생산된 상품을 수송 · 하역 · 보관 · 포장하는 과정과 유통 등 물자유통 과정을 모두 포함한다. 따라서 출하에서부터 소비자에게 제품을 인도하기까지 Lead Time을 단축하고 물류 Cost를 최적화한 운반방법, 창고운영 등 수송, 보관, 하역, 포장, 유통, 가공, 정보기능을 경쟁력 있는 체제로 운영할 수 있도록 혁신하는 업무이다.

7) 서비스

① 고객의 Needs에 부응하여 가치를 제공하고 욕구를 충족시키는 업무
② 기업이 판매한 제품에 대한 고객불만을 해결하기 위한 업무
③ 고객만족도(CSI: Customer Satisfaction Index) 등을 측정, 개선하는 업무

서비스는 업종별 기업별 다양한 고객이 원하는 가치를 제공하고 고객을 만족시키기 위한 업무이다. 제조기업의 경우 해당 기업이 판매한 제품의 품질과 성능에 문제가 발생한 경우 고객 불편을 제거하고 고객의 문의사항 또는 Needs를 해결하기 위한 제반활동이 해당되며 기업들은 서비스센터나 콜센터(Call-Center) 등을 통해 각종 서비스를 제공하기도 한다. 서비스 업종은 산업에서 차지하는 비중도 크며 호텔, 관광, 식음료, 제조, 유통, 운송 등 다양한 형태로 이루어지고 인간의 욕망을 충족시키는 일련의 활동으로써 기업의 매출과 성장을 견인하는 중요한 경영활동이다.

8) 경영지원(인사, 관리/경리, 기획, 홍보, 법무, IR, 감사)

(1) 인사

가) 신입사원, 경력사원 채용 업무
나) 인사관리(평가, 승진, 인사발령, 임원인사) 업무
다) 급여, 복리후생, 교육 (HRD) 관련 업무
라) 「근로기준법」 및 노사 관련 업무

기업 및 단위조직의 구성원들이 능력을 최대로 발휘하여 성과를 거둘 수 있도록 조직/인사를 관리하는 일로 채용 · 배치 · 교육훈련 · 승진 · 퇴직 · 임금 · 안전 · 위생 · 근로시간 등으로 구분한다. 승진, 급여, 상여, 인센티브 등은 능력과 업적 중심의 보상으로 확대되고 있다. 또한 각종 인사제도의 정비뿐 아니라, 적재적소에 유능한 인재를 배치하고 적절한 보상과 동기부여, 노사협력을 통해 경영성과를 극대화하도록 지원하는 업무이다.

(2) 재무

가) 재무분석: 회사경영에 필요한 재무정보 분석 및 관리 및 신규사업, 투자 타당성 분석, 각종 Issue 대응
나) 관리회계: 본사/연결 재무목표, 예산편성 및 운영, 성과분석, 대응방안 수립, 사업 부문별 원가/수익성 분석
다) 세무: 세금 및 세무사 관련 업무

인적 · 물적 여러 요소를 적절히 결합하여 경영전반을 지도 · 조정하는 기능과 계획 · 조직 · 통제를 통한 경영성과 극대화를 추진하며 경영계획, 사업계획, 손익/매출계획, 계획대비 실적 평가, Risk 분석, 투자타당성 분석 등을 추진하는 업무이다. 또한 손익계산서, 재무제표, 회계감사 및 결산, 세무(부가가치세, 법인세, 소득세), 기업 신용평가 등 다양한 업무를 수행한다.

(3) 기획

가) 기업 전체~사업부 등의 전략 목표를 세우고 실천 상황을 점검
나) 단기 · 장기적 계획을 수립하고 매출, 이익, 시장점유율(M/S) 등을 검토한다.
다) 사업규모가 방대한 기업의 경우 사업부나 기능부서들을 묶는 등 기업성과 극대화를 위한 업무를 한다.

경영과 관련된 기술 · 시장 · 경제 현황을 파악하고 미래 예측 및 대비책을 강구하는 미래지향적 활동으로 기업 경영을 보다 경쟁력 있게 변화시키기 위한 구체적 목표를 설정하고 달성하기 위한 활동이다. 대표적인 업무로는 단기 · 중기 · 장기 경영계획을 주기적으로 수립하고 주요 Issue에 대한 프로젝트성 기획을 통해 회사가 가야 할 방향을 점검하고 제시하는 업무이다.

Strategy And Planning

Business Strategy

Statistical Interpretation

(4) 홍보

가) 홍보는 기업이미지 및 커뮤니케이션 활성화를 통한 경쟁력을 확보한다.
나) 홍보 대상에게 인지도 및 우호적인 관계를 유지하고 우군을 만드는 것을 그 목적으로 한다.
다) 주요 Contact Point는 언론기자, 임직원 및 이해관계자이며 위기관리 상황에서 역할을 하는 조직이다.

기업 경영상 발생하는 각종 Issue 발생 시 언론 대응 및 기업의 홍보, 광고 등 이해관계자와의 Communication을 강화하고 내부적으로는 임직원 간 소통 활성화를 위한 Tool을 개발하여 운영함으로써 경영성과를 극대화하는 업무이다.

회사의 중요사항이나 기술개발내용, 기업홍보내용을 중심으로 언론기관(신문, 방송)과 소통하고, 고객 대상 홍보 Web, App의 운영관리 및 SNS 소통을 통한 기업홍보를 실시하고 임직원 대상 Communication 활성화를 통해 임직원의 소통을 활성화하고 촉진함으로써 기업경영성과를 극대화하는 업무이다.

(5) 법무

가) 경영 시 발생하는 제반 법적 Issue에 대한 대응
나) 각 부서의 진행 업무 중 법률 관련 Risk에 대한 사전 검토 및 문제 예방
다) 신규 사업 등 위법 Risk 검토 및 대응 방안 자문
라) 임직원 개인의 법적사항 상담 지원
   * 특허 관련 업무는 변리사가 대응

기업경영 시 발생하는 각종 소송에 대응하고, 업무수행 과정에서 발생 가능한 각종 법적문제를 예방하는 업무로 구분할 수 있다. 또한 글로벌기업의 경우 해외 소송을 담당하는 국제변호사와 국내 소송을 담당하는 국내변호사를 운영한다. 그리고 해외 거점(법인)별 담당변호사를 선임하여 법적문제를 예방하고 해결하는 업무를 수행한다.

(6) IR(Investment Relationship)

가) 기업경영과 미래 전망 등 포괄적인 기업 정보를 투자자들에게 제공하고 자금 조달과 기업경영을 원활하게 지원하는 활동
나) 분기별 실적발표 및 정기공시(분기/반기/사업보고서), 지분공시(임원, 5% 소유 등), 공정공시(실적발표 등) 실시
다) 이사회 결의사항(주식매수선택권, 유상증자/무상증자, 감자, 합병 등) 수행 및 주요 정보를 경영진에 보고

IR은 투자자들에게 경영활동, 경영 정보, 회사의 Issue 등을 제공하고 투자자들의 이해도를 높임으로써 더 많은 투자를 유치하고 원활한 자금조달을 유도하는 업무

이다. 또한 기관투자자, 대주주를 대상으로 신속·정확한 정보 제공을 통해 신뢰관계를 구축해야 한다. 이와 같은 활동은 주주총회 등 회사경영의 주요 의결안건을 원활히 처리하게 될 뿐 아니라 경영의 효율을 높이게 된다.

(7) 감사

가) 임직원의 부정을 색출하고 일벌백계하며 재발방지대책을 수립한다.
나) 문제가 발생했거나 업무 강화가 필요한 조직 및 해당 업무를 대상으로 경영진단을 실시하고 경영 견실화를 추진

* 기업경영에서의 감사 기능 2가지(여기서는"가"항에 대해 논함)
- 기업 운영 시 발생 가능한 부정색출과 재발방지 및 경영진단 업무
- 법인의 재산 및 이사의 업무 상태를 감독하는 기능

기업경영에서 부정(금전수수, 횡령, 배임, 착복, 업체폐해, 사리도모, 업무태만)이 만연하는 경우 경영실적 악화 및 기업 이미지 하락으로 이어지게 된다. 따라서 부정을 색출하여 일벌백계하고 재발방지대책을 수립하여 깨끗하고 투명한 경영을 정착시키는 업무이다. 또한 경영성과 극대화를 위해 사업단위 조직, 단위 업무 및 해외지법인의 경연진단을 통해 경쟁력을 확보하는 활동이 감사 업무이다.

CHAPTER

05 직업세계의 이해(II)

대학을 졸업한 후 사회에 내딛는 첫발의 중요성을 강조할 수 있다. 즉, 우리가 어떤 직장에 정착하는가가 매우 중요한데 어느 기업에 입사하느냐에 따라 직업의 안정성, 성장성, 연봉, 복리후생 등이 다르기 때문이다. 예를 들면, 대기업, 중견기업, 중소기업 그리고 공기업, 공무원 등의 진로 중 내가 내딛는 첫걸음이 내 인생의 많은 부분에 영향을 줄 수 있기 때문이다. 따라서 우리는 진로에 대해 심사숙고할 필요가 있으며 진로(기업)목표 달성을 위해 계획적이고 치밀한 준비가 요구된다. 예를 들면, 진로포트폴리오를 작성하고 계획적으로 역량을 개발하는 것도 목표 달성의 지름길이라 생각하며 특히 대학에서의 시간이 향후 30~40년을 좌우하게 된다면 지금 이 시간을 어떻게 활용할 것인지 의지를 다지는 중요한 시간으로 활용해야 한다.

I. 취업 동향

1) 정기 공채 및 수시 채용 제도

정기 공채는 1957년 삼성물산이 최초로 시작하여 대기업들의 채용 형태로 자리 잡았고 그룹 차원에서 채용과 교육을 통해 그룹에 적합한 인재를 육성할 수 있었다. 그러나 최근 주요 대기업들은 공채 제도를 폐지하고 상시, 수시 채용제도를 확대하고 있으며 한국의 4대그룹 중 삼성을 제외한 현대자동차, SK, LG그룹이 신입사원을 연중 수시로 채용하고 있다. 이와 같은 수시 채용 확대는 취업기회가 줄어들 수 있다는 우려뿐 아니라 취업준비생의 입장에서는 기업별 채용형태 파악 및 대응이 복잡하게 되었다. 따라서 관심 있는 기업의 채용 사이트를 주기적으로 확인해야 하고 취업전문 사이트(App, Web, 블로그)에서 제공하는 정보 활용뿐 아니라 내가 필요로 하는 각종 정보(채용 기업, 업종, 직무, 모집기간)를 자동적으로 피드백 받을 수 있도록 하는 것도 필요하다. 또한, 채용 연계형 인턴십과 채용 시 가점을 주는 인턴십 등 다양한 제도를 잘 활용하는 것이 중요하게 되었다.

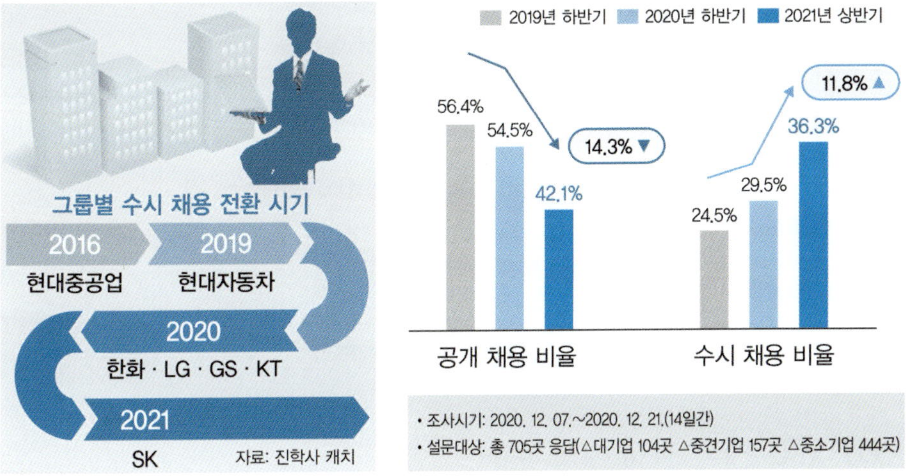

[그림 5-1] **대기업 채용방식 변화**

2) 수시 채용을 우려하는 이유 및 성공 요소

첫째, 신입사원 관련 일자리가 줄어들 수 있다는 점이다. 정기 채용은 더 많은 일자리를 공급하기 위해 도입한 측면도 있으나 수시 채용은 각 계열사의 직무에 필요한 인재를 필요시 충원하므로 청년 실업에 좋지 않은 영향을 미칠 수 있다.

둘째, 정기 공채는 단일화된 가이드라인, 엄격한 면접과정, 체계적인 프로세스를 실행하여 왔다면 수시 채용은 직무 적합성 중심의 채용 프로세스 간소화로 그룹 문화에 적합한 인재 선발에 취약한 구조를 지니고 있다.

셋째, 수시 채용 성공의 핵심은 공정성이다. 필요한 인재를 수시로 채용하는 것이 정기 공채 대비 간소화 진행으로 공정하고 엄격한 채용에 제약이 있을 수 있다.

공개 채용과 수시 채용은 각각의 장단점이 존재하고 인재의 채용과 육성은 기업이 선택할 사항이지만 수시 채용 확대가 청년실업 악화로 연결되지 않도록 기업이 사회적 책임을 다해야 하고 정부도 이와 같은 현상이 발생하지 않도록 지원하는 자세가 필요한 상황이다.

[재계 주요그룹 채용방식]

- 정기 공채(상반기, 하반기): 삼성, 롯데, 포스코 등
- 정기 공채(매년 10월경): CJ 등
- 연중 수시 채용: 현대자동차, SK, LG, 한화, GS, 현대중공업

3) 취업시장 동향 및 특이사항

(1) 인턴 제도 확대

기업들은 인재의 사전 검증이 가능한 인턴 채용 제도를 확대하고 있다. 취업 정보사이트 사람인에 따르면 2020년 386개 기업 중 인턴 제도를 도입한 기업은 54.9%로, 2019년(47.2%)보다 7.7%포인트 늘었고 2021년도 비중도 확대하는 추이이다.

인턴 제도는 한때 비정규직 양산의 주범으로 인식하여 기피했으나 최근 다양한 인턴 제도가 시행되고 있으므로 취업준비생의 경우 체험형, 취업형 인턴 제도에 적극 참여하는 것이 취업에 대응하는 좋은 전략이다. 참고적으로 정부도 예년 1만 6,000명 수준이었던 청년 인턴(체험형 인턴)을 올해 2만 2,000명 규모로 늘리기로 했다.

(2) AI 면접 · 역량검사 확산

랜선을 통한 비대면 면접과 채용이 뉴 노멀로 자리 잡으면서 AI(인공지능)를 이용한 AI 면접, AI 역량 검사도 증가하는 추세다. 2020년 AI 역량 검사 도입 기업은 450개로, 1년만에 50% 증가했고 테스트 방식도 다양하다. AI 시스템으로 지원 서류의 표절과 오탈자 등을 체크하는 '서류 검사형', AI에 말하는 내용과 방식을 평가하는 '대화형', AI와 대화 시 표정이나 심장 박동 등을 확인하는 '생체 반응형' 등이 있다. 따라서 많은 대학들은 취업센터에선 AI를 통한 모의 면접을 지원하고 있다. 또한 모의 면접 프로그램을 무료로 제공하는 업체도 증가하고 있다.

4) 대기업과 스타트업의 ‘구인 경쟁’

ICT 기반의 스타트업 기업 중 카카오, 네이버, 라임, 쿠팡, 배달의 민족 등 플랫폼 기업들은 기업 규모 확대 및 인력 수요 증가 등의 영향으로 대기업과 우수 인재확보 경쟁을 벌이고 있으며 유망 스타트업들은 ‘기존 연봉 1.5배 이상’ 같은 당근을 제시하는 등 과열 현상도 나타나고 있다.

2. 취업 절차 및 취업 정보 수집

1) 기업의 채용경로 및 절차

채용절차는 일반적으로 서류 → 인적성 → 면접 → 신체검사의 절차로 진행되는데 필기시험이 사라지고 인적성검사로 대체하고 있다. 예전에는 서류심사가 스펙위주(성적, 학별, 영어성적 등)라 말할 수도 있었으나 현재는 스펙뿐 아니라 자기소개서 등을 통해 개인의 역량을 중점적으로 파악하는 형태로 바뀌어 가고 있다.

① 서류전형은 대학생활을 충실히 수행했고(학점), 모집부문에 적합한 전문지식(전공과목), 어학능력(오픽, 토스 등), 자격증, 수상내역, 봉사활동 등을 종합적으로 평가하고 있다. 특히 자기소개서는 대학생활 중 체험한 각종 활동(인턴, 봉사활동, 프로젝트, 공모전, 동아리, 논문 등)을 포함한 개인의 역량을 논리적으로 표현하여 회사가 필요로 하는 준비된 인재임을 잘 나타내야 한다.

② 대기업들은 서류전형을 통과하면 직무적성검사를 보게 되며 삼성그룹의 경우 GSAT(직무적성검사: 언어, 수리, 추리, 시각적 사고)를 통과해야 면접을 볼 수 있다. 직무적성검사는 일반적으로 문제풀이 시간도 부족하고 시험유형을 익혀 둘 필요가 있으며 시험 전 예상문제 풀이 등 철저히 준비하는 것이 유리하다.

③ 직무적성검사를 통과하면 실질적 마지막 관문인 면접이 기다린다. 면접은 일반적으로 기술 면접, 인성 면접, 창의성 면접으로 구성되나 각 회사별 적합한 인재확보를 위해 발표, 개인/그룹 토론 등 다양한 방식으로 면접을 채택하기도 한다.

④ 신체검사는 전염병 등 특이사항이 없는 경우 문제되지 않는다. 따라서 실질적인 마지막 입사 관문은 면접으로 봐야 할 것이다.

〈표 5-1〉 삼성그룹의 채용 Process

단계		세부 내용
1	서류 전형	그룹/사별 채용 사이트에 입력 • 학점, 어학, 이수 과목(세부), 자기소개, 자격증, 해외경험, 인턴, 수상내역, 봉사
2	GSAT 시험	서류 합격자 대상 • 언어논리, 수리논리, 추리논리, 시각적 사고, 상식
3	면접 전형	창의성 면접: 면접관(과장급 3~4명, 30분) • 사례 제시, 약 1시간 검토 후 질의 응답 실시 기술 면접: 면접관(부장급 3~4명, 30분) • 문제 제시(선택), 1시간 동안 자료 작성, 면접관 앞에서 PT 및 질의 응답 실시 인성 면접: 면접관(임원 3~4명, 30분) • 인성, 조직적 응력, 대인관계, 성격(품), 협조성, 사회성, 기타 특이사항
4	신체검사	건강검진 • 합격에 큰 영향을 주지 않으나 전염병 및 고질적 질환에 유의
5	연수	그룹연수(3~4주 실시)

2) 기업이 요구하는 역량

직무에 적합한 인재, 조직 적응 역량, 팀워크와 소통능력 등 우수 인재 확보를 위해 채용방식이 고도화되고 있으므로, 기업이 요구하는 기본역량은 무엇이고 무엇을 준비해야 하는지 생각해 보자.

(1) 학점

대학생활 중 얼마나 성실히 생활했는지와 전공 관련 지식을 확인할 수 있는 것이 학점이므로 학교생활을 충실히 하여 상대적으로 높은 학점을 확보하는 것이 좋다. 서류전형에서 학점에 대한 평가기준이 기업별로 상이하나 대기업 입사자들의 평균 학점은 약 3.7수준임을 참고할 필요가 있다.

(2) 어학

영어의 경우 오픽, 토익스피킹, 토익 등의 공인시험이 있으며 대기업 입사자들의 평균점수는 토익 830점, 토익스피킹 레벨6, OPiC IM3 수준이다. 해외영업 등의 직무 지원자는 상대적으로 높은 점수를 요구하기도 하며 중국어, 일본어, 스페인어 등의 어학 능력을 필요로 하는 기업도 있다.

(3) 자격증

한국사, 한자, 컴퓨터 활용능력 등의 자격뿐 아니라 전공 관련된 각종 자격들이 해당된다. 공기업의 경우 자격증에 따른 가점제도가 운영되므로 잘 파악하고 준비하는 것이 중요하며 대기업 입사자들의 자격증 보유 개수는 약 2개이다.

(4) 인턴

인턴활동은 직무역량 및 조직적응력, 업무추진력을 배양하는 기회이며 최근 많은 학생들이 참여하고 있다. 또한 인턴활동은 기업 입사 시 제출하는 자기소개서에 포함할 수 있는 중요한 내용이 되기도 하며 인턴을 통해 "어려움은 무엇이었는지?", "그것을 어떻게 극복했는지?" "그래서 어떤 역량을 쌓을 수 있었는지?" 등을 경험하는 등 직장인으로써의 역량을 배양하게 된다. 참고적으로 대기업 입사자들의 경우 평균 1.2회의 인턴을 경험하였다. 최근 수시 채용 확대와 더불어 채용형 인턴이 증가하고 있어 적극적 대응이 필요하다.

(5) 봉사활동

봉사활동을 통해 무엇을 느꼈느냐가 중요하며 성숙한 기업인, 사회인으로써의 역량을 쌓는 기회로 활용해야 한다. 대기업 입사자들의 경우 평균 1.4회의 봉사활동을 경험하였다.

(6) 수상

대학생활 중 공모전 및 프로젝트 등에 적극 참여를 권장하며 수상이 중요하다기보다 공모전 및 프로젝트 등을 통해 역량을 배양하는 기회로 활용하는 것이 필요하다. 대기업 입사자들의 경우 평균 1.6회 수상 경험을 갖고 있다.

결론적으로 대학생활 동안 수업뿐 아니라 다양한 활동을 통해 역량개발이 필요하며 특히 학점, 어학능력, 인턴, 봉사활동, 공모전 및 프로젝트 참여 등은 계획을 수립하고 목표를 채워 나가는 치밀함이 요구된다.

〈표 5-2〉 10대그룹 합격자 평균

구분	학점	어학(영어)			자격증	해외 경험	인턴	수상 내역	봉사 활동
		토익	토익 스피킹	OPIC					
평균	3.70	830점	LV6	IM3	2.1	1.2	1.2	1.6	1.4

3) 직업정보의 중요성 및 수집방법

직업에 대한 정보는 내가 선호하는 직업에 대한 전망과 예측을 할 수 있고 수행업무와 인재상, 요구역량 등을 파악하기 위해 필요하다.

정보를 쉽게 찾아볼 수 있는 방법은 직업정보사이트를 활용하는 것으로 대표적인 사이트로 워크넷, 잡코리아, 인쿠르트, 사람인 등의 취업 전문 사이트에서 많은 직업정보와 자료를 제공하고 있다. 또한, 각 기업의 사이트에 접속하여 채용정보,

사업현황 및 경영철학, 제품과 기술 등을 파악하는 것도 중요하다.

마지막으로 구글, 네이버 등에서 해당산업의 시장, 기술, 경쟁사 동향 및 애널리스트 분석자료 등의 관련 자료를 조사하는 것도 매우 중요한 정보수집 방법이다.

〈표 5-3〉 직업 및 취업정보

구분	취업 관련 정보 조회
취업정보 찾기	민간) • 잡코리아: www.jobkorea.co.kr • 사람인: www.saramin.co.kr • 인쿠르트: www.incruit.com • 커리어: www.career.co.kr
	공공) • 워크넷: www.work.go.kr • 잡알리오: www.jobalio.go.kr • NCS: www.ncs.go.kr • 월드잡플러스: www.worldjob.or.kr
취업 관련 커뮤니티	취업뽀개기, 독취사, 스펙업, 닥치고 취업, 코멘토 등
기업정보 찾기	금융감독원, 대한성공회의소, 나이스, 한국신용평가정보 등

4) 4차 산업혁명 5대 영역 및 주요기술

4차 산업혁명 시대는 IoT, Big Data, Cloud Computing, AI 및 자율자동차, 3D프린팅, 드론 등 ICT기술과 Bio, 유전자조작기술(CRISPR-CAS9), Nano기술, Green Technology(에너지혁신, CCS, 신재생에너지), 우주개발(로켓재활용), 공유경제 등 융복합 초연결 사회로의 전환이 가속화되고 있다. Amazon, Google, Facebook, Uber 등 신개념의 비즈니스와 서비스가 급격히 확대되고 실리콘밸리의 플랫폼기업들이 Global Top 기업으로 성장했으며 향후 더 많은 혁신기업들이 등장할 것으로 예상된다. 이와 같은 상황에서 기업들의 인재관은 창의적이고 융복합된 사고와 위기를 극복하고 성과를 낼 수 있는 도전적 인재를 선호하게 될 것이다.

〈표 5-4〉 4차 산업혁명 기술혁신 5대 영역

분야	주요 기술
정보통신분야 (Information Technology)	IoT, Big Data, Cloud Computing, AI, CBI, 무인 자동차, Drone, 3D Printer
생명공학분야 (Bio Technology)	유전자 편집(CRISPR Cas-9) 기술, RNA 기초치료, 면역공학, 게놈 편집
환경공학분야 (Environmental Technology)	지구온난화, CCS(Carbon Capture & Storage), ESS(Energy Storage System), 신재생에너지지(태양광 등)
초정밀 원자분야 (Nano Technology)	Nano 기술, 초경량자동차, 탄소나노기술 등
우주항공분야 (Space Technology)	우주개발(재활용 로켓 Space-X)

3. 대, 중, 소기업 분류 및 이해

1) 기업의 분류

우리나라는 기업의 규모에 따라 대기업(「독점규제 및 공정거래에 관한 법률」), 중견기업(「중견기업법」), 중소기업(「중소기업기본법」)으로 구분하며 공정거래위원회는 자산규모가 10조 원 이상인 대기업 집단을 대기업, 5조 원 이상 10조 원 이하 규모의 기업은 준대기업으로 분류하고 있다.

〈표 5-5〉 기업규모에 따른 관련 법령

기업분류	대기업	준대기업	중견기업	중소기업
법령	「독점규제 및 공정거래에 관한 법률」		「중견기업법」	「중소기업기본법」
해당 기업	약 2,600개사(71개 그룹)		약 5,000개사	약 745,000개사

출처: 통계청 통계자료(https://kostat.go.kr/).

한국의 대기업, 중견기업, 중소기업의 수는 약 753,000개, 매출 4,988조 원 규모이며 대기업의 집중도가 높은 구조로 되어 있음을 알 수 있다.

① 대기업: 기업 수 약 2,600개(점유율 0.3%), 매출액 2,388조 원(점유율 48%)
② 중견기업: 기업 수 약 5,000개(점유율 0.7%), 매출액 782조 원(점유율 16%)
③ 중소기업: 기업 수 약 745천 개(점유율 99%), 매출액 1,818조 원(점유율 36%)

대학생들의 취업선호도는 대기업 〉 중견기업 〉 중소기업 순이며 그 사유는 고용 안정성, 성장성, 급여 및 복리후생 등을 고려했을 것으로 판단된다. 그러나 4차 산업혁명시대의 특징은 미국실리콘밸리의 벤처기업들이 유니콘기업으로 성장하고 글로벌 Top Tier에 급속히 편입되었고 한국의 경우도 네이버, 카카오, 라인, 쿠팡, 배달의민족 등 ICT기반 플랫폼 기업들이 중소기업에서, 중견기업, 유니콘 기업을 거쳐 대기업군으로 급성장하고 있음을 고려하면 중소, 중견기업에 입사하여 회사와 함께 성장하는 것도 의미 있는 일이 될 것이다.

2) 대기업

자본금이나 종업원 수의 규모가 큰 기업으로, 경제력뿐만 아니라 정치, 경제, 사회, 문화적으로 영향력을 미치는 대규모 기업으로 공정거래위원회에서는 매년 4월 「독점규제법」에 의해 지정된, 자산총액이 10조 원 이상인 '상호출자제한 기업집단'과 자산총액이 5조 원 이상인 '공시대상 기업집단'을 지정하여 대기업 집단을 정의하고 있다.

대기업에 해당하는 기업집단은 71개이며 계열사 포함 기업 수는 약 2,600개사로 구성되어 있다. 대기업 취업을 준비하는 학생의 경우 취업대상 기업의 기업분석, 직무분석을 철저히 하고 기업이 원하는 역량을 확인하고 개발하면 좋은 결과로 연결될 것이다.

〈표 5-6〉 대기업(상호출자제한기업)

대기업(자산 10조 원 이상) 상호출자제한기업		준대기업(자산 5~10조 원) 공시대상기업	
1. 삼성	21. 현대백화점	41. 한국타이어	61. 애경
2. 현대자동차그룹	22. 금호아시아나	42. 대우건설	62. 반도홀딩스
3. SK	23. S-오일	43. OCI	63. 유진
4. LG	24. 셀트리온	44. 태영	64. 하이트진로
5. 롯데	25. 한국투자금융	45. 이랜드	65. 삼양
6. 포스코	26. 교보생명보험	46. 세아	66. 대방건설
7. 한화	27. 네이버	47. 중흥건설	67. 현대해상화재보험
8. GS	28. HDC	48. HMM	68. 한국항공우주산업
9. 현대중공업	29. 효성	49. 태광	68. 엠디엠
10. 농협	30. 영풍	50. 동원	70. 아이에스지주
11. 신세계	31. 하림	51. 한라	71. 중앙
12. KT	32. KT&G	52. 아모레퍼시픽	
13. CJ	33. KCC	53. IMM인베스트먼트	
14. 한진	34. 넥슨	54. 삼천리	
15. 두산	35. 대우조선해양	55. 금호석유화학	
16. LS	36. 넷마블	56. 다우키움	
17. 부영	37. 호반건설	57. 한국GM	
18. 카카오	38. SM	58. 장금상선	
19. DL	39. DB	59. 동국제강	
20. 미래에셋	40 코오롱	60. 쿠팡	

출처: https://www.ftc.go.kr/(공정거래위원회 공시기업).

3) 중견기업

중견기업은 대기업(상호출자제한기업)과 중소기업의 중간에 위치하는 기업으로 업종별 규모는 매출이 400억~1,500억 원 이상이거나 자산규모가 5,000억 원 이상 10조 원 미만인 경우 중견기업에 해당한다. 또한 자산총액 5천억 원 이상 10조 원 미만인 법인이 주식 등을 직·간접적으로 30% 이상 소유하면서 최다출자자인 경우 업종에 상관없이 중견기업 기준을 충족한다.

2019년 기준 적정 규모의 규모를 지닌 중견기업은 약 5,007천개사이며 종업원 148만 명, 매출은 782조 원으로 대중소기업 전체 매출의 약 16%를 점유한다.

〈표 5-7〉 중견기업의 범위

「중견기업법」 제2조

- 「중소기업기본법」 제2조에 따른 중소기업이 아닐 것
- 「공공기관 운영에 관한 법률」 제4조에 따른 공공기관 및 지방공기업이 아닐 것

「중견기업법 시행령」 제2조

- 「독점규제 및 공정거래에 관한 법률」 제14조제1항에 따른 상호출자제한기업집단 또는 채무보증제한기업집단에 속하는 기업이 아닐 것
- 자산총액 10조 원 이상인 기업(외국법인 포함)이 해당 기업의 주식 등을 30% 이상 직/간접 소유하면서 최다출자자인 기업이 아닐 것
- 「통계법」 제22조에 따라 통계청장이 고시하는 한국표준산업분류상의 금융업(64), 보험 및 연금업(65), 금융 및 보험 관련 서비스업(66)을 영위하는 기업이 아닐 것
- 「민법」 제32조에 따라 설립된 비영리 법인이 아닐 것

출처: 중견기업정보마당(https://www.mme.or.kr/).

〈표 5-8〉 년도별 중견기업 현황

구 분	2012년	2013년	2014년	2015년*	2016년	2017년	2018년	2019년
중견기업 수(개)	3,436	3,846	2,979	3,558	4,014	4,468	4,635	5,007
종사자 수(천 명)	1,067	1,161	898	1,153	–	1,360	1,413	1,486
매출액(조 원)	595	629.4	483.6	620.4	639	738	767	782

* 2016년 9월 상호출자제한기업집단 기준 변경에 따라 중견기업으로 편입된 기업 수 반영
* 출처: 국가통계포털(KOSIS).
출처: 중견기업정보마당(https://www.mme.or.kr/).

[중견기업 분류 기준]

- 중견기업은 규모, 상한, 독립성 등을 기준으로 구분하며 이 중 하나라도 기준을 초과할 경우 중소기업이 아닌 중견기업으로 분류한다. 매출규모의 경우 3년 평균 매출액이 기준을 초과하는 기업이 중견기업에 해당되며 매출 규모기준을 충족한 사업 년도의 다음 사업 년도부터 3년간은 중소기업과 동등한 지원을 받을 수 있도록 유예기간(중소기업으로 보는 기간)을 부여한다.

[그림 5-2] 중견기업 신규채용 인원과 신입사원 연봉

출처: 2020년 중견기업 실태조사 결과(산업통상자원부, 한국중견기업연합회 주관).

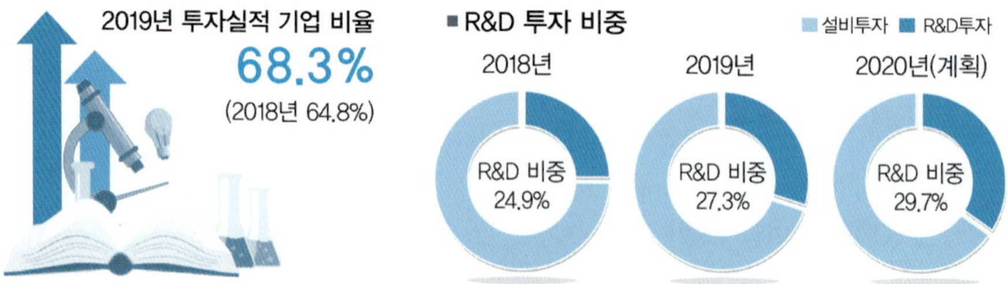

[그림 5-3] 중견기업 투자여부와 R&D 투자 비중

출처: 2020년 중견기업 실태조사 결과(산업통상자원부, 한국중견기업연합회 주관).

4) 중소기업

규모가 상대적으로 작은 기업으로, 각국의 경제 상황이나 여건 등에 따라 그 범위에는 차이가 있다. 우리나라는 「중소기업기본법」에 중소기업의 범위, 육성에 필요한 시책에 관한 사항 등을 규정해 놓고 있다. 「중소기업기본법」에 따르면 중소기업은 중소기업시책의 대상이 되는 기업 또는 조합 등으로 일정한 규모기준 및 독립성 기준을 모두 갖추고 영리를 목적으로 사업을 하는 기업과, 「사회적 기업 육성법」에 따른 비영리 사회적 기업으로 구분할 수 있다.

「중소기업기본법 시행령」은 평균매출액이 400~1500억 원 이하이면서 자산총액이 5000억 원 미만인 기업을 중소기업으로 분류하며 2019년 중소기업은 약 745천 개사, 종업원 677만 명, 매출은 1,818조 원으로 대중소기업 전체 매출의 약 36%를 점유한다.

4. 공기업의 분류 및 이해

공기업은 중앙정부 또는 지방정부가 출자하여 설립되었거나 지분이 대부분 정부에게 속해 있는 기업이다. 각자에게 고유한 사업영역을 부여하고 경영에 대한 책임은 스스로 지게 하는 기업이다.

2021년 기준 중앙정부가 출자한 공기업은 총 350개사이고 근무인원은 약 156천 명이다. 공기업 취업을 희망하는 학생은 350개사의 업무특성 및 직원규모가 상이하므로, 채용인원의 경우 일반적으로 직원 수와 비례한다는 것을 고려해야 하며 또한 나의 전공, 공기업의 업무특성 등을 분석한 후 지원해야 한다.

공기업은 시장형 공기업과 준시장형 공기업으로 나뉘며 전체 공공기관 중에서 직원 정원이 50명 이상인 경우에만 공기업과 준정부기관으로 구분한다. 준정부기관은 기금관리형 준정부기관과 위탁집행형 준정부기관으로 구분하며 나머지는 기타공공기관으로 분류한다.

시장형 공기업과 준시장형 공기업을 구분하는 기준은 자산규모와 총 수입액 중 자체수입액이다. 자산규모가 2조 원 이상이고, 총 수입액 중 자체수입액이 85% 이상인 공기업은 시장형 공기업이 되며, 그 나머지는 준시장형 공기업이 된다.

한편 준정부기관은 대체적으로 돈을 쓰기만 하거나 돈을 벌기 위한 사업이 아닌 공공복리에 관한 사업을 하는 공공기관들이며 다시 기금을 관리하느냐의 여부에 따라 기금관리형과 위탁집행형으로 나누기도 한다.

2021년 우리나라의 공기업은 시장형공기업(16개), 준시장형공기업(20개), 기금관리형 준정부기관(13개), 위탁집행형 준정부기관(83개), 기타공공기관(218개) 등 350개로 구성되어 있다. 공기업으로 진출을 희망하는 학생은 공공기관 경영정보공개시스템(www.alio.kr)에 접속하여 공기업 현황을 파악하는 것도 필요하다.

〈표 5-9〉 주요 공기업(기타공공기관 218개사 제외)

구 분	(주무기관) 기관명
시장형 공기업(16)	**(국토부)** 인천국제공항공사, 한국공항공사 **(해수부)** 부산항만공사, 인천항만공사
준시장형 공기업 (20)	**(기재부)** 한국조폐공사 **(문체부)** 그랜드코리아레저㈜ **(농식품부)** 한국마사회 **(산업부)** ㈜한국가스기술공사, 대한석탄공사, 한국전력기술㈜, 한전KDN㈜, 한전KPS㈜ **(국토부)** 주택도시보증공사, 제주국제자유도시개발센터, 한국도로공사, 한국부동산원, 한국철도공사, 한국토지주택공사, 주식회사 에스알 **(해수부)** 여수광양항만공사, 울산항만공사, 해양환경공단 **(방통위)** 한국방송광고진흥공사 **(환경부)** 한국수자원공사
기금관리형 준정부기관 (13)	**(교육부)** 사립학교교직원연금공단 **(산업부)** 한국무역보험공사 **(복지부)** 국민연금공단 **(문체부)** 국민체육진흥공단, 한국언론진흥재단 **(고용부)** 근로복지공단 **(중기부)** 기술보증기금, 중소기업진흥공단 **(금융위)** 신용보증기금, 예금보험공사, 한국자산관리공사, 한국주택금융공사 **(인사처)** 공무원연금공단
위탁집행형 준정부기관 (83)	**(기재부)** 한국재정정보원 **(교육부)** 한국교육학술정보원, 한국장학재단 **(과기부)** (재)우체국금융개발원, (재)한국우편사업진흥원, 우체국물류지원단, 정보통신산업진흥원, 한국과학창의재단, 한국방송통신전파진흥원, 한국연구재단, 한국인터넷진흥원, 한국정보화진흥원, 재단법인 연구개발특구진흥재단 **(외교부)** 한국국제협력단 **(문체부)** 국제방송교류재단, 한국콘텐츠진흥원, 아시아문화원, 한국관광공사 **(농식품부)** 농림수산식품교육문화정보원, 농림식품기술기획평가원, 축산물품질평가원, 한국농수산식품유통공사, 한국농어촌공사 **(산업부)** 대한무역투자진흥공사, 한국가스안전공사, 한국광해관리공단, 한국디자인진흥원, 한국산업기술진흥원, 한국산업기술평가관리원, 한국산업단지공단, 한국석유관리원, 한국에너지공단, 한국원자력환경공단, 한국에너지기술평가원, 한국전기안전공사, 한국전력거래소 **(복지부)** 건강보험심사평가원, 국민건강보험공단, 한국사회보장정보원, 한국노인인력개발원, 한국보건복지인력개발원, 한국보건산업진흥원, (재)한국보육진흥원, 한국건강증진개발원 **(환경부)** 국립공원공단, 국립생태원, 한국환경공단, 한국환경산업기술원 **(고용부)** 한국고용정보원, 한국산업안전보건공단, 한국산업인력공단, 한국장애인고용공단 **(여가부)** 한국건강가정진흥원, 한국청소년상담복지개발원, 한국청소년활동진흥원 **(국토부)** 국가철도공단, 국토교통과학기술진흥원, 국토안전관리원, 한국국토정보공사, 한국교통안전공단, 재단법인 대한건설기계안전관리원, **(해수부)** 선박안전기술공단, 한국수산자원관리공단, 해양수산과학기술진흥원, 한국해양수산연수원 **(행안부)** 한국승강기안전공단 **(중기부)** 중소기업기술정보진흥원, 소상공인시장진흥공단, 창업진흥원 **(금융위)** 서민금융진흥원 **(공정위)** 한국소비자원 **(방통위)** 시청자미디어재단 **(보훈처)** 독립기념관, 한국보훈복지의료공단 **(식약처)** 한국식품안전관리인증원 **(경찰청)** 도로교통공단 **(소방청)** 한국소방산업기술원 **(산림청)** 한국임업진흥원, 한국산림복지진흥원, 한국수목원관리원 **(농진청)** 농업기술실용화재단 **(특허청)** 재단법인 한국특허전략개발원 **(기상청)** 한국기상산업기술원

출처: www.alio.go.kr(공공기관 경영정보공개시스템).

[지방공기업]

공기업 중 지방자치단체가 직접 설치 · 경영하거나, 법인을 설립하여 경영하는 기업을 말하며 「지방공기업법」에 따라 지정, 관리된다. 지방공기업은 수도사업(마을상수도사업은 제외), 공업용수도사업, 궤도사업(도시철도사업 포함), 자동차운송사업, 지방도로사업(유료도로사업만 해당), 하수도사업, 주택사업, 토지개발사업을 하는 기업이어야 하며 민간인의 경영 참여가 어려운 사업으로서 주민복리의 증진에 이바지할 수 있고, 지역경제의 활성화나 지역개발의 촉진에 이바지할 수 있다고 인정되는 사업이어야 한다.

지방공기업을 총괄 감독하는 정부부처는 행정안전부이나 설치 주체가 지자체이므로 직속상관의 최고점은 지자체장이다. 그 예로, 서울교통공사의 경우 서울특별시장이 인사권, 예산권 등을 갖는다.

채용은 보통 지방공기업의 경우 해당 지역 거주민을 상대로 채용한다. 채용 공고일 전일 기준으로 해당 지자체에 전입신고가 되어 있거나 이전 거주 기간이 3년 이상인 경우 채용에 응시할 수 있다. 이 때문에 지방공기업에 취업하려고 위장전입을 하는 경우도 있다.

5. 공무원의 분류 및 이해

국가공무원은 국가 기관에서 일하는 공무원이다. 정부종합청사, 국회사무처, 대법원, 공립학교, 경찰서, 소방서, 군부대, 교도소, 우체국, 세무서 등에서 일하는 대부분이 국가공무원에 해당하며 국가공무원은 국가직, 지방공무원은 지방직이라고 구분하기도 한다.

한국의 공무원은 약 161만 명이며, 그중 약 119만 4천 명이 정부소속 정규직 공무원이다. 국가공무원 및 지방공무원(경찰공무원, 소방공무원도 포함)이 98만 명, 직업군인 및 군무원 21만 명, 사회보장 기금에 2만 명, 기타 비영리 공공기관에 약

7만 명이 속해 있다. 여기에 비정규직 공무원 32만 5천 명이 더해진다. 이는 전체 경제활동인구의 6.5%에 해당하는 숫자이다.

이처럼 공무원은 광의로 본다면 특정직 공무원으로 분류되는 경찰관, 소방관, 직업군인, 교도관이나 (국공립학교의) 교사, (국공립대학의) 교수, 판사, 검사, 의사, 간호사, 국정원 직원 등도 포함된다. 특정직들은 공무원이라기보다는 교사, 교수 등 구체적인 직종으로 통하며, 일반적인 의미로서의 (협의의) '공무원'은 국가행정조직에서 일하는 공무원을 의미하며, 흔히 말하는 처우적 의미에서의 공무원은 「공직자윤리법」에 직접 저촉되거나 혹은 이를 준수하는 조직의 구성원으로 구분할 수 있다. 공무원 채용은 각종 고시(행정, 외무, 법무, 기술)를 통해 5급 공무원 채용부터 9급 시험까지 각종 국가고시를 통하여 채용하거나 3군 사관학교 및 경찰대학 등 다양한 채널을 통해 공직에 입문하게 된다.

[정부 조직도]

구분				
대통령	청와대	대통령경호처	국가인권위원회	감사원
	국가정보원	방송통신위원회		
국무총리	인사혁신처	법제처	국가보훈처	식품의약품안전처
	공정거래위원회	금융위원회	국민권익위원회	원자력안전위원회
각부	기획재정부	교육부	과학기술정보통신부	외교부
	통일부	법무부	국방부	행정안전부
	문화체육관광부	농림축산식품부	산업통상자원부	보건복지부
	환경부	고용노동부	여성가족부	국토교통부
	해양수산부	중소벤처기업부		
외청	국세청	관세청	조달청	통계청
	검찰청	병무청	방위사업청	경찰청
	소방청	문화재청	농촌진흥청	산림청
	특허청	질병관리청	기상청	행정중심복합도시건설청
	새만금개발청	해양경찰청		

CHAPTER

06 진로의사결정

우리는 태어나는 순간부터 다양한 선택과 결정의 과정에 놓이는데, 결국 우리의 삶은 수많은 선택으로 이루어진다고 할 수 있다. '오늘은 무엇을 먹을까?', '오늘은 무엇을 할까?'와 같은 소소한 결정에서부터 '어떤 학과로 갈까?', '어떤 일을 하면 좋을까?'와 같은 인생에서의 매우 중요한 의사결정인 진로와 관련된 문제까지 수많은 선택과 결정의 기로에 놓인다. 즉, 인생은 사소한 일에서부터 중요한 일에 이르기까지의 의사결정의 연속선상에 있으며, 우리가 하는 대부분의 행동에는 의사결정의 과정이 선행된다.

그런데 우리는 왜 선택의 순간에 주저하는 마음을 느끼게 되는 것일까? 그 이유는 각자 개인마다 또는 결정해야 할 사안에 따라서 다양하겠지만 그 순간에 최선의 선택을 하고 싶은 마음으로 고민하게 되거나 또는 자신이 무엇을 원하는가를 정확하게 알지 못하여 고민하는 경우도 있다. 의외로 자신이 무엇을 좋아하는지, 무엇을 원하는지 그리고 어떤 결과를 기대하고 만족해하는가에 대해 명확하지 않은 경우가 많다. 이로 인해 우리는 의사결정에 있어서 '만족'과 '후회'의 추 사이에서 고민하게 되어, 최선의 대안을 찾기 위해 노력하고, 이를 실행에 옮기고자 한다. 따라서 최선의 대안을 위한 의사결정과 관련하여 가장 유념해야 할 사항은 바로 자기자신에 대한 이해와 주변 환경에 대한 이해일 것이다.

I. 진로의사결정의 이해

'의사결정(decision making)'은 어떤 문제 상황에 처하게 되었을 때 그 문제를 해결하기 위해 여러 가지 대안을 마련하고, 이를 일정한 기준에서 상호 비교하여 가장 적합한 대안을 선택하여 실행에 옮기는 과정이다. 어떤 의사결정은 상대적으로 쉽고, 빠르게 내릴 수 있는 반면에 어떤 의사결정은 매우 어렵고 오랜 시간을 요구하기도 한다. 의사결정은 개인의 지적 능력, 흥미, 성격, 가치관, 사회 · 경제적 특성, 주위 사람들이나 환경 조건 등에 따라 달라질 수 있고, 또 결정해야 하는 문제의 중요성에 따라서도 달라질 수 있다. 따라서 우리의 의사결정에 영향을 미치는 요인들은 매우 광범위하며, 의사결정의 주체며 담당자인 개인은 의사결정에 있어 매우 중요한 변수이다.

1) 진로의사결정의 개념

현재 우리의 삶의 모습은 그동안 자신이 선택한 결과의 산물이므로, 우리는 살아가면서 마주하게 되는 결정의 순간마다 최선의 선택을 하고자 한다. 특히 자신의 미래의 삶과 직결되어 있는 결정적 의사결정인 진로의사결정에 있어서는 더욱 그러하다. 진로의사결정은 개인이 선택 가능한 여러 가지 진로 중에서 자신의 특성을 고려하여 진로를 선택하기 위한 행동과정에 전념하는 심리적인 과정이자 진로와 관련된 의사결정을 내리는 데 사용되는 의사결정과정이다(한국진로교육학회, 1999).

진로의사결정은 개인의 진로발달에 있어서 매우 큰 영향을 미칠 수 있는 일련의 선택의 시기가 있다는 점을 전제로 하는데, 교육적 선택, 직장 선택 그리고 직업에서의 변화 등이 이에 해당된다. 이와 같은 관점에서 대학생 시기는 어느 발달단계보다 더 많은 변화와 선택의 기로를 거치는 시기로, 미래의 직업이나 사회생활을 결정해야 하는 매우 중요한 시기이다. 이 시기 동안 대학생들은 자신의 진로는 무엇인지, 앞으로 자신의 미래를 어떻게 일구어 나갈 것인지 등에 대한 탐색과 확인을 통해 자신의 진로를 결정하게 된다. 즉, 대학생 시기의 주요 발달과제 중 하나가 구체적 준비과정을 통한 진로설계와 직업선택이라는 점을 고려할 때 이 시기가 진로의사결정을 필요로 하는 매우 중요한 변환의 지점 중 하나임을 알 수 있다.

진로의사결정과 유사한 개념으로는 진로선택이 있다. 진로선택은 선택의 결과에 초점을 두는 개념인 반면에, 진로의사결정은 그 과정에 초점을 두는 개념이라는 점에서 차이가 있다(이태현 외, 2018). 진로의사결정은 복잡한 심리적 과정에 의해 발생하며, 모든 삶의 영역에 영향을 미칠 수 있는 중요한 행동이다. 따라서 진로의사결정은 한 번의 결단을 내려서 해결되는 성질의 것이 아니라 장기간에 걸친 계획과 준비과정을 필요로 하는 일련의 과정을 거쳐서 이루어진다.

2) 진로의사결정의 요인

우리가 현명하게 의사결정을 내리기 위해서는 여러 가지 요인들이 고려되어야 한다. 진로의사결정과 관련된 요인으로는 흥미, 능력, 가치, 요구, 자아개념, 성숙도, 에너지 수준, 동기, 대학수준, 불안, 의존성, 독립성, 사회경제적 수준, 주요한 타인의 영향, 성별, 사회 · 도덕적 태도, 위험 감수, 부모의 소득, 부모의 교육수준, 과외활동, 일의 경험, 성취 검사 점수, 성적, 대학 성적, 회피 행동, 진로 정보 부족, 의사결정기술 패턴, 생애 목표나 포부 등 매우 다양하다(Gordon, 1981).

이와 같은 진로의사결정의 주요한 요인들은 크게 세 가지로 범주화될 수 있는데, 진로의사결정의 주체인 진로의사결정자와 진로의사결정자가 처한 상황, 그리고 진로문제를 해결하기 위하여 필요한 진로 정보가 이에 해당된다. 진로의사결정의 세 가지 주요 요인은 상호 간에 영향을 미쳐 한 개인의 진로의사결정에 긍정적 또는 부정적으로 작용함으로써 개인의 진로의사결정의 수준을 결정하게 된다.

진로의사결정 수준에 따라 진로결정, 진로미결정, 결단성 부족으로 분류할 수 있다. 먼저, 진로결정은 바람직한 진로교육을 통해 장시간에 걸쳐 이루어진 진로발달의 결과로 진로를 결정해야 할 결정적 시기에 합리적으로 진로를 결정할 수 있게 된 상태를 의미한다. 반면, 진로결정과 상대되는 개념인 진로미결정은 자신에 대한 이해의 부족이나 진로 또는 직업에 대한 인식과 정보의 부족, 선택에 대한 두려움, 자신과 환경 간의 유기적 연관성을 지각하지 못한 등의 다양한 이유로 진로를 아직 구체화하지 못하고, 결정하지 못한 상태이다. 또한 만성적인 미결정 상태의 반복으로 주어진 시간 내에 결정을 내리지 못하여 적절한 행동을 취하지 못하는 결단력 부족의 상태도 있다(박성실, 2011). 이러한 개인의 진로결정수준은 진로선택과 준비를 위한 진로탐색행동이나 진로준비행동에 영향을 미쳐 각 수준에 따라 달라질 수 있다.

따라서 진로미결정이나 결단력 부족의 상태에서 벗어나 현명하고 합리적인 진로의사결정을 위해서는 앞서 살펴본 진로의사결정의 세 가지 주요 요인 중 하나인 진로의사결정자가 매우 중요하다. 진로의사결정자는 의사결정에 필요한 현명한 의사결정능력을 갖추어야 하고, 자신이 처한 의사결정의 상황에 대하여 잘 이해하며, 자신을 포함한 환경에 대한 충분한 정보를 모으고, 그것을 잘 활용했을 때 비로소 현명한 진로의사결정을 할 수 있게 된다.

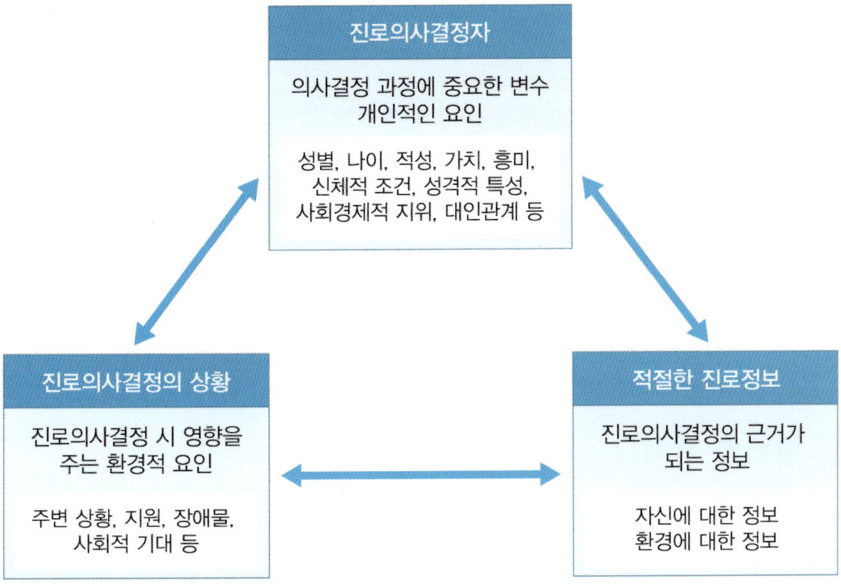

[그림 6-1] 진로의사결정의 세 가지 요인

2. 진로의사결정 유형

진로의사결정 과정에 영향을 미치는 의사결정자의 개인적인 특징에는 자아개념과 의사결정 유형이 있다(Harren, 1979). 이때 '직업적 자아개념'이란 개인이 자신에게 귀인시키는 직업과 관련된 태도와 특성을 의미하며, 정체감과 자아존중감이 이에 해당된다. 다음은 진로의사결정 유형으로, 이는 개인이 의사결정을 지각하고 그에 반응하는 특징적인 방식으로, 어떤 개인이 결정을 내릴 때 선호하는 접근방식을 의미한다. 즉, 의사결정자가 의사결정의 순간에 정보를 어떻게 처리하며, 결과에 어떻게 도달하는가를 이해하고 기술하기 위한 개념이다.

1) 진로의사결정 유형

하렌(Harren, 1979)은 진로의사결정 유형을 '의사결정이 필요한 과제를 인식하고, 이에 반응하는 개인의 특징적 유형이자 의사결정을 내리는 방식'이라고 정의하였다. 또한 그는 진로의사결정 유형을 개인이 의사를 결정할 때 합리적 전략과 정의적 전략을 사용하는 정도와 그리고 자신의 결정에 책임의식을 가지는 정도에 따라 합리적 유형, 직관적 유형, 의존적 유형으로 분류하였다.

(1) 합리적 유형(rational type)

이 유형은 의사결정을 할 때 자신과 상황에 대한 정확한 정보를 수집한 후 신중하고 논리적으로 의사결정을 하는 유형이다. 의사결정에 있어서 자신의 결정에 대한 책임을 수용하며, 이후 결정들을 위해서 이전 결정들의 결과를 평가할 수 있는 능력을 소유하고 있다. 또한 미래의 의사결정의 필요성을 예견하고 자신 및 기대되는 상황에 대한 정보를 수집하는 등의 준비를 하는 유형이다. 이 유형의 의사결정은 합리적이고, 심리적인 독립과 성장에 도움이 되며, 의사결정이 잘못되거나 실패할 확률이 낮다는 장점이 있다. 반면에 의사결정에 소요되는 시간이 길다는 단점이 있다.

(2) 직관적 유형(intuitive type)

이 유형은 의사결정을 할 때 자신과 상황에 대해 감정적으로 평가하는 유형이다. 직관적 유형도 합리적 유형과 같이 의사결정에 대한 책임을 스스로 받아들이지만, 선택의 결과와 그 이후 관련된 연속적 결정에 대한 논리적인 평가과정을 거의 거치지 않는다. 의사결정의 기초로서 상상을 사용하고, 현재의 감정에 주의를 기울이며, 정서적 자각을 사용하는 특징이 있다. 이 유형의 의사결정은 즉흥적인 느낌과 감정적인 자아 인식에 의해 이루어진다. 직관적 유형이 가지는 장점으로는 결정과정에 대한 각 단계의 선택과 수용이 비교적 빨리 이루어지고, 결정에 대해 스스로 책임을 진다는 점이다. 그러나 경우에 따라서 의사결정에 오류가 발생하기 쉽다는 단점이 있다.

(3) 의존적 유형(dependent type)

이 유형은 앞의 두 유형과 다르게 의사결정에 대한 자신의 책임을 부인하고, 그 책임을 외부로 돌리는 특성이 있다. 이 유형에 속한 이들에게는 권위적 인물이나 가족, 친구 또는 동료들이 갖는 기대와 소망이 큰 영향을 미친다. 즉, 의존적 유형은 의사결정 과정에서 타인의 영향을 많이 받으며, 수동적이고 사회적 인정에 대한 욕구가 강할 뿐만 아니라 의사결정 상황에 대해 여러 가지로 제약을 받는다고 지각한다. 이와 같은 의사결정 유형의 경우, 의사결정을 내려야 할 때 정서적으로 불안을 느끼거나 남의 눈치를 보기 때문에 소신 있게 일을 처리하지 못하고, 실패했을 때 그 원인을 타인에게 돌리는 단점이 있다. 따라서 의존적 유형은 궁극적으로 성취감과 개인적 만족감이 부족하며, 개인의 독립이나 성숙에 장애가 되는 유형이다.

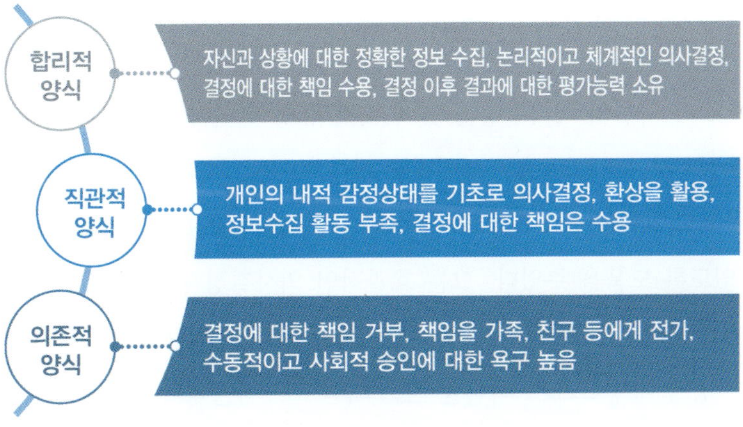

[그림 6-2] 진로의사결정의 세 가지 유형

또한 의사결정자 자신이나 의사결정 상황이나 환경에 관한 정보의 인지 여부에 따라서 다음과 같이 진로의사결정 유형은 분류될 수도 있다.

〈표 6-1〉 정보인지 여부에 따른 진로의사결정의 유형

환경 \ 자신	잘 모름	알고 있음
잘 모름	혼돈/무기력	직관적 의사결정
알고 있음	의존적 의사결정	합리적 의사결정

일반적으로 세 가지 유형 가운데 합리적 의사결정 유형이 이상적인 유형으로 알려져 있으나, 직관적 의사결정이 항상 부적절한 것은 아니다. 예를 들어, 의사결정에 있어 시간적 여유가 부족하거나, 시간이나 노력을 많이 투입할 정도로 중요하지 않을 경우, 또는 정보의 획득이 불가능하거나 정보 없이 의사결정을 해야 할 경우에는 합리적 의사결정이 어려울 수도 있다. 따라서 가장 적합한 진로의사결정은 결정해야 할 과제의 내용이나 성격 그리고 중요도 등에 따라 다른 방법으로 선택해야 할 필요가 있다.

2) 합리적 의사결정의 단계

우리는 각자 자신의 의사결정에 있어 특정 유형의 의사결정을 더 많이 할 수 있는데, 이는 그 사람의 개인적 특성이기도 하다. 하렌는 효과적인 의사결정자에 대한 특징을 정의함으로써 진로결정과 관련하여 조력을 필요로 하는 내담자/학생을 변별할 수 있도록 도움을 주었다. 그는 효과적인 의사결정자란 적절한 자아존중감과 잘 분화되고 통합된 자아개념을 가지고 있으며, 합리적 의사결정 유형을 잘 활용하고, 의사결정에 대해 스스로 책임을 지는 사람으로 자율적이며, 성숙한 대인관계와 분명한 목적의식을 가진 사람으로 정의하였다.

일반적으로 자신이 평소에 주로 사용하는 의사결정 유형과 상관없이 가능한 한 합리적 의사결정 방법을 익혀서 진로의사결정 과정에 활용하는 것이 필요하다(황매향 외, 2012). 합리적인 의사결정이란 자신과 직업에 관련된 중요한 요인들을 최

대한 고려하여 결정을 내리는 과정이다. 따라서 자신의 일시적인 감정이나 충동적인 생각에 의하여 진로와 관련된 의사결정을 내리는 것은 적절하지 못하며, 합리적인 의사결정 단계를 거쳐서 이루어져야 한다.

합리적인 의사결정의 과정은 다음과 같이 다섯 단계로 이루어지며, 진로 문제상황 명료화 단계, 대안 탐색 단계, 기준 확인 단계, 대안 평가 및 결정 단계 그리고 마지막으로 계획 수립 및 실행 단계를 거치게 된다.

〈표 6-2〉 **합리적인 의사결정 과정의 단계(김봉환 외, 2013)**

1단계	진로 문제상황 명료화 단계
• 해결해야 할 문제 상황을 분명하게 이해하는 단계 • 상황에 대한 정확한 이해를 위해서는 개인이 추구하는 가치와 목표 명료화가 필요함 _ 문제를 해결하기 위해 명확히 해야 할 것은 무엇인가? _ 문제 속에 대립되는 가치가 있다면 무엇인가? _ 문제를 해결하기 위한 최선의 방법은 있는가? _ 문제의 심각성은 어느 정도이며, 의사결정은 어느 정도로 빠르게 이루어져야 하는가? _ 의사결정의 결과에 따라 영향을 받을 사람은 누구인가?	
2단계	**대안 탐색 단계**
• 원하는 결과를 성취할 수 있는 다양한 방안을 찾아보는 단계 • 과거의 유사한 상황에서 했던 결정이나 다른 사람들은 유사한 문제에 대해 어떤 결정을 내리는지를 검토해야 함 • 가능한 많은 대안을 찾도록 노력해야 함 _ 객관적으로 신뢰성 있는 정보를 수집하였는가? _ 가능한 최신의 정보를 얻도록 노력하였는가? _ 다양한 방법을 사용하여 가능한 폭넓은 정보를 수집하였는가?	
3단계	**기준 확인 단계**
• 앞의 2단계에서 탐색한 다양한 대안에 대한 평가 기준을 마련함 • 문제 해결이나 원하는 결과를 받아들이기 위해 충족되어야 할 최소한의 기준을 의미함 _ 문제 해결을 위한 대안을 다양한 측면에서 찾아보았는가? _ 설정한 대안이 문제해결의 핵심에서 벗어나지 않았는가? _ 이미 설정한 대안 이외에 또 다른 대안은 없는가? _ 흑백논리나 양자택일의 위험성은 없는가?	

4단계	대안 평가 및 결정 단계
• 다양하게 탐색된 대안을 설정한 기준을 가지고 하나씩 평가하고 판단하는 과정 • 각 대안의 적절성, 가능성, 위험성 등을 판단하고 결정함 • 적절한 대안이 없다면 2단계로 돌아가 새로운 대안을 찾는 노력을 해야 하거나 또는 3단계의 기준을 변경할 수도 있음 _ 대안의 결과를 충분히 예측해 보았는가? _ 각각의 대안에 대하여 공정하게 평가를 내렸는가? _ 대안을 선택 시 직접적으로 영향을 미치는 사람은 누구인가?	
5단계	계획 수립 및 실행 단계
• 선택한 대안을 수행하기 위한 계획을 수립하고 실천하는 단계 • 이 과정에서 새로운 정보를 얻을 수도 있음 • 기존의 계획을 재검토하거나 계획 자체를 바꿀 수도 있음 _ 문제를 해결하기 위해 명확히 해야 할 것은 무엇인가? _ 평가한 결과를 바탕으로 대안들의 우선순위를 정했는가? _ 선택하고자 하는 대안이 자신에게 합당한 진로라고 생각하는가?	

3. 진로의사결정 지도 방안

하렌은 진로의사결정 과정을 '개인이 정보를 조직하고, 여러 가지 대안들을 신중하게 검토하며, 행동과정에 전념하는 심리학적인 과정에 대한 설명'으로 정의하였다. 즉, 진로의사결정은 여러 과정에 걸쳐 이루어지며, 진로를 결정하는 세부적인 단계를 포함하는 포괄적인 의미이다. 따라서 진로의사결정 단계는 진로의사결정의 시작부터 마지막 단계인 최종 선택 안을 도출하기까지의 과정을 세부 수행목표에 따라 유목화한 것이다(황윤미, 2014). 진로의사결정의 단계는 진로의사결정이 이루어지는 세부적인 과정을 이해하고, 개인이 주관적으로 경험하는 의사결정 진행 정도를 객관적으로 판단할 수 있는 지표로 사용될 수 있다.

1) 진로의사결정 과정

여러 학자들에 의해 제안된 진로의사결정과정 모델 가운데 타이먼과 오하라(Tieman & O'Hara, 1963)의 진로의사결정 모델을 확장시킨 하렌의 진로의사결정 모델은 대학생에게 초점을 두고 개발되었다. 이 진로의사결정 모델은 진로의사결정 과정을 인식, 계획, 확신, 이행의 네 가지 단계로 설명하였으며, 각 단계에 해당되는 핵심을 끌어내어 다음 단계로의 원활한 이행을 위한 해결책을 모색해야 한다는 것을 강조하였다(김봉환 외, 2013). 진로의사결정 과정의 네 가지 단계의 구체적인 내용은 다음과 같다.

〈표 6-3〉 의사결정 과정의 네가지 단계(Harren, 1979)

인식 단계	• 분화가 일어나는 단계 • 심리적 불균형을 느끼고 어떤 결정을 해야 할 필요를 인식함 • 현재 진로계획에 불만이 증가함에 따라 인식단계로 들어감
계획 단계	• 진로계획의 불만족의 근원을 이해하기 • 여러 가지 대안을 탐색하기 • 각각의 대안을 자신의 가치의 우선순위와 관련지어서 대안을 교체, 확장, 제한하는 과정 • 자신 및 직업에 대한 많은 정보수집이 중요함
확신 단계	• 자신의 선택에 대해 깊이 탐색하고 다각도로 검토하기 • 선택의 장단점 명료화 • 자신의 결정을 주요 대상들과 함께 논의하고 반응을 얻음 • 그들의 반응이 부정적일 때에는 전 단계(계획단계)로 돌아가 정보를 더 수집하거나 다른 대안을 고려하기도 함
이행 단계	• 자신이 계획하는 행동을 취하거나 자신이 내린 진로결정을 실행하는 단계 • 동조단계, 자율단계, 상호의존의 세 하위단계로 나뉨 _ 동조 단계: 사회적 승인, 인정에 대한 높은 욕구 경험과 외부 환경에 의해 자신의 욕구, 가치, 목표가 경시되거나 억압됨 _ 자율 단계: 자신의 욕구가 주장되거나 과대포장되기도 함 _ 상호의존 단계: 다른 사람과 상보적 또는 상호적 작용으로 변화함 • 사회적 인정에 대한 욕구와 자신이 선택한 가치 사이에 조화와 균형을 추구하며 자신의 선택에 적응함 • 이미 이루어진 진로결정에 대한 적응과 그 결정에 따른 성공이나 만족 등의 피드백을 평가함

2) 진로의사결정 개입방법

진로상담은 직업 혹은 진로와 관련된 문제에 초점을 두고 상담자(교수자)와 내담자(학생)가 서로 만나 대화를 통해 이루어지는 상호작용이다(Swanson, 1995). 또한 내담자(학생)의 직업인으로서의 역할이 다른 역할들과 어떻게 상호작용하는지를 중심으로 생애진로의 발달과정 중에 있는 개인을 도와주는 과정이다.

진로상담의 최종 결과는 내담자(학생)의 진로나 직업의 선택으로 결정되기 때문에 진로상담/교육에서는 내담자(학생)의 진로의사결정을 촉진시키는 것이 주요한 목표 중 하나이다. 이를 위하여 내담자(학생)의 진로의사결정 과정을 도와주기 위해서는 다양한 진로의사결정 개입방법들이 필요하다. 따라서 그동안 진로상담에서 주로 활용되어 온 진로대안선택 개입방법들 가운데 대표적인 방법들을 살펴보고, 이를 진로상담/교육에 적극적으로 활용하는 것이 필요하다(황윤미, 2014).

(1) 진로대안의 장점과 단점 목록 작성법

진로의사결정을 내리기 위한 가장 흔한 방법 중 하나는 장점과 단점 목록을 작성해 보는 것이다. 직업 대안별로 장점과 단점 목록을 만들어 이를 비교해 보거나 잠정적으로 결정한 대안에 대한 장점과 단점 목록을 만들어 봄으로써 최종 선택을 용이하게 하는 방법이다.

(2) 진로수레바퀴 활용법

진로수레바퀴를 활용하는 방법은 크게 두 가지 순서로 진행된다(Amundson et al., 2013). 먼저, 한 개의 직업대안을 진로수레바퀴의 중심에 두고, 바퀴를 부채꼴로 나누어서 직업 또는 여가경험, 교육배경, 중요한 타인, 가치, 흥미, 기술 등 의사결정에 필요한 여러 요인들을 측면에 배치한다. 그다음에 중심에 위치한 직업대안이 의사결정에 필요한 관련 요인에 얼마나 적합한가를 살펴본다. 이 과정을 통해 여러 가지 직업 대안들 가운데 의사결정에 필요한 측면들과 가장 잘 부합하는 대안을 최종적으로 선택한다.

(3) 특성에 의한 제거법

특성에 의한 제거법은 여러 가지 대안을 평가할 때 한 번에 오직 하나의 특성만을 고려하는 방법이다. 이는 최종 선택을 위한 방법이라기보다는 진로 선택 안을 줄여 나가기 위한 도구로서의 활용도가 더 높다. 그 과정의 순서는 직업선택을 할 때에 고려하는 특성들을 나열하고, 나열한 특성들을 중요도에 따라 순위를 매긴 후 고려하고 있는 직업들과 그 특성을 비교하여 어떤 대안을 제거할지 결정하게 된다.

(4) 대차대조표 활용법

이 방법은 확실한 상황 아래서 결정을 내리는 것을 돕기 위해 방법으로. 고려해야 할 범주를 확인해 준다는 장점이 있다. 먼저, 직업대안을 평가할 특성들을 선정하고, 직업대안별로 각 특성에 대해 -5점~+5점까지 점수를 부여한다. 이 점수를 합산하여 가장 높은 점수를 기록한 대안을 최종 선택하게 된다.

(5) 주관적 예상 유용성 활용법

이 방법은 진로의사결정자가 두 가지 변수를 고려하여 바람직한 결정을 할 수 있는 가능성을 극대화하도록 돕는 방법이다. 이때 두 가지 변수는 선택의 결과로 주어질 이익인 효용성과 그 결과가 실현될 가능성이다. 이 방법에서는 진로선택을 위해 고려할 특성을 내담자(학생)가 주관적으로 선정한다. 주관적으로 선정된 평가 특성에 대하여 직업대안별로 -10점~+10점까지 점수를 부여한 후 점수를 계산하여 가장 높은 점수를 기록한 대안이 최종적으로 선택된다.

앞서 살펴본 몇 가지 진로대안선택 개입방법을 실시함에 있어서 내담자(학생)의 진로의사결정 과정 단계나 진로의사결정 유형을 고려하는 것이 매우 중요하다.

먼저, 진로대안선택의 개입방법은 진로의사결정 단계에 따라 그 효과가 달라질 수 있다. 이는 진로의사결정 단계에 따라 다른 개입이 필요하다는 것을 의미한다. 만약 진로 선택 안이 여러 가지일 경우에는 선택 안을 제거해 나가는 방식(elimination strategy)을 적용하는 것이 더 효과적이지만, 소수 선택안만이 있다면 보상적 방식(compensatory strategy)을 사용하는 것이 더 적절하다. 또한 진로의사결정 단계의 초기 단계에서는 여러 가지 측면을 고려한 제거방식을 사용하지만 선택 안의 숫자가 이미 감소된 마지막 단계에서는 보상적 방식으로 개입하는 것이 보다 적합하다(Gati & Tikotzki, 1989).

또한 진로의사결정에 있어 자신의 의사결정 유형과 일치하는 진로의사결정을 하였을 때에는 선택한 진로 대안에 대한 후회가 적으며, 선택에 대한 만족은 높아질 수 있다(황윤미, 2014). 이와 같이 자신이 선택된 대안에 대한 긍정적인 태도는 결과적으로 의사결정 결과를 지속적으로 유지시키게 되고, 자신이 선택한 진로에 대한 성공적인 적응에 기여할 수 있다.

활동지 1 나는 어느 단계에 있는가?

■ 다음은 당신의 직업결정단계를 묻는 질문입니다. 당신의 결정 상태를 가장 잘 설명한 한 개의 문장에 표시[√]해 주세요.

	문항	표시[√]
1	나는 직업에 대한 전체적인 방향조차 정하지 못했다.	
2	나는 직업에 전체적인 방향만 정했다.	
3	나는 몇몇 특정 직업들 사이에서 심사숙고 중이다.	
4	나는 특정 직업을 고려 중이지만 결정하기 전에 다른 선택안들을 탐색하고 싶다.	
5	나는 내가 관심 있는 직업이 무엇인지 알고 있지만 선택에 대해 확신하고 싶다.	
6	나는 내가 선택할 직업을 이미 확신하고 있다.	

내가 선택한 문장은?	
현 직업결정단계에 대한 나의 생각은 무엇인가?	
직업결정단계상 나의 다음 목표는 무엇인가?	
이를 위하여 나의 전략은 무엇인가?	

활동지 2-1 나의 진로의사결정 유형 알아보기!

	문항	그렇다	아니다
1	나는 중요한 의사결정을 할 때 한 단계 한 단계 체계적으로 한다.		
2	나는 내 자신의 욕구에 따라 매우 독특하게 의사결정을 한다.		
3	나는 얻을 수 있는 모든 정보를 수집하지 않고서는 중요한 의사결정은 거의 하지 않는다.		
4	의사결정을 할 때 내 친구들이 나의 결정을 어떻게 생각할 것인가를 매우 중요시한다.		
5	나는 의사결정을 할 때, 의사결정과 관련된 결과까지 고려한다.		
6	나는 다른 사람의 도움 없이는 중요한 의사결정을 하기가 힘들다.		
7	나는 어려운 문제에 부딪히면 재빨리 결정을 내린다.		
8	나는 의사결정을 할 때 나 자신의 즉각적인 느낌이나 감정에 따른다.		
9	나는 내가 하고 싶은 것보다 다른 사람이 어떻게 생각하느냐에 영향을 받아 의사결정을 한다.		
10	어떤 의사결정을 할 때 나는 시간을 갖고 주의 깊게 생각해 본다.		
11	나는 문제의 본질에 대해 찰나적으로 떠오르는 생각에 의해 결정한다.		
12	나는 친한 친구에게 먼저 이야기하지 않고는 의사결정을 거의 하지 않는다.		
13	나는 중대한 의사결정 문제가 예상될 때, 그것을 계획하고 생각할 시간을 충분히 갖는다.		
14	나는 의사결정을 못한 채 뒤로 미루는 경우가 많다.		
15	의사결정을 하기 전에 올바른 사실을 알고 있으나 확인하기 위해 관련된 정보들을 다시 살펴본다.		
16	나는 의사결정에 관해 실제로 생각하지는 않지만 갑자기 생각이 떠오르면서 무엇을 해야 할지 알게 된다.		
17	어떤 중요한 일을 하기 전에 나는 신중하게 계획을 세운다.		
18	의사결정을 할 때 나는 다른 사람의 많은 격려와 지지를 필요로 한다.		
19	나는 의사결정을 할 때 마음이 가장 끌리는 쪽으로 결정을 한다.		

	문항	그렇다	아니다
20	나의 인기를 떨어뜨릴 의사결정은 별로 하고 싶지 않다.		
21	나는 의사결정을 할 때 예감 또는 육감을 중요시한다.		
22	나는 조급하게 결정을 내리지 않는데, 그 이유는 올바른 의사결정을 확신하고 싶기 때문이다.		
23	어떤 의사결정이 감정적으로 나에게 만족스러우면 나는 그 결정을 올바른 것이라고 본다.		
24	올바른 의사결정을 할 수 있는 능력에 자신이 없기 때문에 주로 나는 다른 사람의 의견을 따른다.		
25	종종 내가 내린 각각의 의사결정을 일정한 목표를 향한 진보의 단계들로 본다.		
26	내가 내리는 의사결정을 친구들이 지지해 주지 않으면 그 결정에 대해 확신을 갖지 못한다.		
27	의사결정을 하기 전에 나는 그 결정을 함으로써 생기는 결과에 대해 가능한 많이 알고 싶다.		
28	나는 "이것이다"라는 느낌에 의해 결정을 내릴 때가 종종 있다.		
29	대개의 경우 나는 주위 사람들이 바라는 방향으로 의사결정을 한다.		
30	여러 가지 정보를 수집하거나 검토하는 과정을 갖기보다, 나에게 떠오르는 생각대로 결정을 내리는 경우가 자주 있다.		

활동지 2-2 나의 진로의사결정 유형 알아 보기!

■ 채점방법

다음의 각 유형별로 해당되는 번호의 문항에 대한 응답 중 "그렇다"에 응답한 문항의 개수를 체크하여 우측 빈칸에 적어 보세요.

A. 합리적 유형	해당 문항 – 1, 3, 5, 10, 13, 15, 17, 22, 25, 27	개
B. 직관적 유형	해당 문항 – 2, 7, 8, 11, 16, 19, 21, 23, 28, 30	개
C. 의존형 유형	해당 문항 – 4, 6, 9, 12, 14, 18, 20, 24, 26, 29	개
나의 진로의사결정 유형은?		

■ 모둠활동

진로의사결정 유형 검사의 결과를 기초로 진로를 결정할 때 고려해야 할 점을 적어 보고, 함께 나누어 보세요.

나의 진로의사결정 유형	
나의 장점_ 발전시킬 점	
나의 단점_ 보완할 점	
나의 보완 방법	
모둠활동으로 알게 된 보완 방법	
진로결정할 때 고려할 점	

활동지 3 하자! 합리적 진로의사결정~

1. 지금까지 생활하면서 가장 어려웠던 결정은 어떤 것이었는지 생각해 보세요.

가장 어려웠던 결정은 무엇인가?	
그 결정이 어려웠던 이유는?	

2. 주제: 졸업 후에 무엇을 할 것인가?

생각 떠올리기 방법[BRAINSTORMING]	
떠오르는 결정을 적어 보자.	
한 가지 선택에 대해 떠오르는 생각을 적어 보자.	선택:
다른 선택에 대해 떠오르는 생각을 적어 보자.	선택:
최대한 많은 선택을 떠올려 보자.	

3. 브레인스토밍 과정을 통해 선택된 것들이 적절한지 아래의 절차에 따라 살펴보세요.

영역	하위영역	선택 1	선택 2	선택 3
정보	필요한 정보는 있는가			
	편견으로부터 자유로운가			
	정확한 정보인가			
위험부담	경제적 손실이 있을 것인가			
	감정이 상하는 일이 생길 것인가			
가치	내가 중요시하는 가치가 반영되었는가			
	나의 가치관에 잘못된 측면은 없는가			
다른 사람의 의견	부모님은 어떻게 생각하는가			
	교수님/친구들은 어떻게 생각하는가			
	다른 사람의 의견이 나에게 어떤 영향을 주는가			
나의 최종 선택은 무엇인가				

활동지 4 진로수레바퀴

1. 나의 진로수레바퀴는 어떤 모습인가?

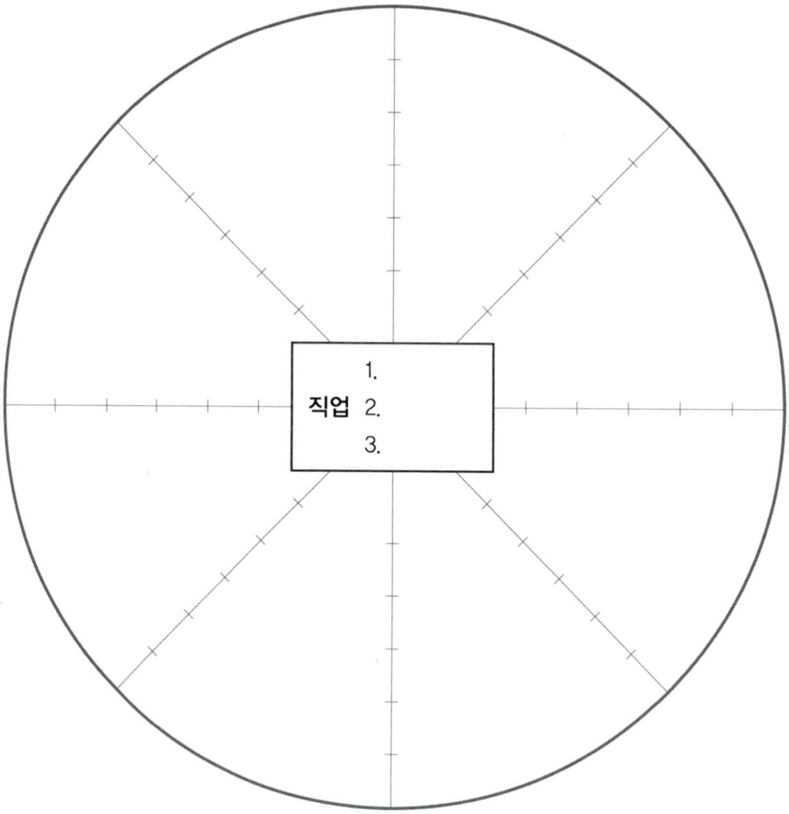

TIPS

1. 자신이 선택한 직업 한 개를 진로수레바퀴의 중심에 적는다.
2. 부채꼴로 나뉘어진 칸에 진로의사결정에 필요한 여러 가지 요인을 적는다.
   (예: 흥미, 가치, 강점, 기술, 교육, 중요한 타인, 여가 경험 등)
3. 작성한 직업에 대한 해당 요인의 만족도를 점으로 찍는다.
   (중앙에 가까울수록 만족도는 낮고 바깥쪽일수록 만족도가 높다)
4. 점들을 연결해 파이를 만든다.
5. 다른 직업을 가지고 앞의 활동을 반복하고, 직업 대안들의 결과를 비교한다.

PART 2

자기개발

CHAPTER 01

자기개발과 역량

현재 우리가 살고 있는 21세기는 국제화 · 세계화 · 정보화를 특징으로 하는 변화의 시대, 무한경쟁의 시대이다. 이와 같이 급변하는 사회적 환경으로 인하여 이전 세기에 요구되던 능력과는 다른 능력이 개인에게 요구되며, 이에 부합하기 위하여 '역량'이라는 개념이 부각되고 있다. 즉, 현대 사회의 빠른 변화로 인하여 발생되는 복잡한 문제들을 해결하기 위해서는 개인이 지니고 있는 인지적 지식이나 실천적 기술뿐 아니라 태도, 가치, 동기 등과 같은 사회적, 행동적 그리고 심리적 요인들이 요구된다(김이준 외, 2014). 따라서 역량이라 함은 직업세계에서 필요로 하는 훈련된 수행능력과 기능(performance and skills)의 협의의 의미부터 지식, 이해, 기능, 능력 및 태도까지의 광의의 의미까지를 포함한다.

I. 역량의 이해

'역량(competence)'은 1970년 초반 심리학자 데이비드 맥클랜드(David McClelland)에 의해 처음 소개되었다. 그는 역량을 당시 기업이나 작업장 등 조직차원에서의 직무 수행과 관련된 평균적인 직무자와 고성과를 내는 직무자를 구별해 주는 개인적 특성이나 자질을 지칭하는 것으로 사용하였다. 이후 맥클랜드의 개념을 보다 구체화하고, 발전시킨 스펜서와 스펜서(Spencer & Spencer, 1993)는 '역량'을 어떤 직무나 상황에서 준거에 따라 효율적이고, 뛰어난 수행을 나타내는 데 인과적으로 관련된 내적인 특성이라고 정의하였다. 또한 그들은 '역량'을 개인의 내적 특성으로, 다양한 상황에서 나타나는 지속적 행동 및 사고방식으로 규정하고, 동기(motives), 특질(traits), 자기개념(self-concept), 지식(knowledge), 기술(skill)의 다섯 가지로 정의하였다(김은희, 2014).

스펜서와 스펜서가 제시한 다섯 가지 개인적 특성 가운데 지식과 기술은 비교적 표면적으로 드러나 있기 때문에 교육이나 훈련을 통해 개발 육성할 수 있는 반면에 동기, 특질과 자기개념은 인간의 내면에 깊게 숨어 있어 개발이 상대적으로 어려운 특성이다. 역량을 구성하는 개인의 다섯 가지 내적특성에 대한 내용과 이러한 주장을 시각화하여 표현한 빙산모형은 다음과 같다.

〈표 1-1〉 역량의 개인적 내적 특성(Spencer & Spencer, 1993)

개인특성	정의
동기	조직에서 성공을 이끄는 개인의 두드러진 행동, 특성, 팀의 프로세스, 조직 자체의 뛰어난 능력과 가치체계
특질	업무에서 우수한 수행이나 결과를 나타내는 수행자의 특성에 기초함 (예: 반응시간이나 시력처럼 상황과 정보에 지속적으로 반응하는 신체적 특성)
자기개념	조직의 비전, 미션, 목표 달성과 연계되며, 직무수행에 효과적이고 성공적인 결과를 가져오는 개인의 내재적 특성
지식	직무나 역할 수행에서 뛰어난 수행자와 관련된 개인의 능력
기술	규정된 기준에 따라 신체적 또는 정신적 직무 활동을 수행하는 능력 (예: 치과 발치 기술, 프로그래밍 기술 등)

출처: 김은희(2014).

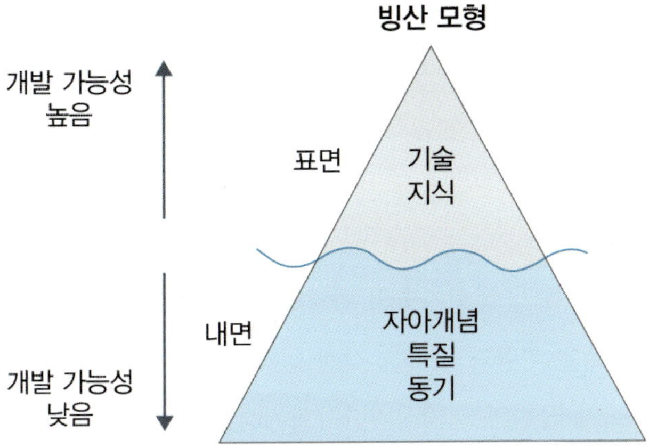

[그림 1-1] 핵심역량 내면 및 표면(Spencer & Spencer, 1993)

'역량(competence)'은 종종 지능(intelligence), 기술(skills), 수행(performance) 등의 개념과 유사한 의미로 통용된다. 지능이 일반적으로 검사에 의하여 도출되는 인지능력이라면 역량은 구체적인 맥락에서 요구되는 문제해결력으로 이해될 수 있다. 또한 기술은 단계별로 구분할 수 있는 절차화된 기법인 반면에 역량은 인간의 복합적인 자질의 총체를 의미한다. 마지막으로 수행은 표면적으로 드러나는 결과의 개념이지만 역량은 이를 가능하게 하는 내적 능력의 개념으로 대별된다.

즉, 역량은 삶의 다양한 모습을 성공적으로 살아가기 위하여 개인이 가지거나 학습해야 하는 능력이라는 점에서 지능이나 학업 성적 등과 같은 기존의 성과를 측정하기 위한 지표들과는 구분되는 특징이 있다(안은비, 2019). 따라서 결과적으로 역량이라는 개념은 총체적이고 복합적인 인간이 지닌 자질로서, 구체적인 맥락에서 요구되는 특정한 수행을 가능하게 하는 능력이다.

2. 역량의 분류

1) 생애핵심역량

지식기반사회의 도래와 통신기술의 발달로 인해 우리가 맞이할 미래사회에서는 과거와는 다른 새로운 역량과 자질을 갖춘 인재를 요구하고 있다. 정보가 폭발적으로 증가하며, 사회가 급변하는 지식기반사회에서는 전통적인 학문중심의 정보습득보다는 다양한 환경과 맥락에서 사회의 다양한 도전에 능동적으로 대처할 수 있는 역량이 요구된다. 즉, 과거와 달리 21세기에서의 성공적인 삶을 영위하기 위해서는 보다 총체적인 차원에서의 역량이 필요하다(윤성혜, 2017). 따라서 현대 사회를 살아가는 우리가 갖추어야 할 핵심역량이 무엇인지를 규명하고자 하는 다양한 시도들이 있었다.

초기 역량 관련 연구에서는 역량에 대한 이론적 또는 실제적 관심이 경영학 분야로 확장이 이루어진 반면, 생애핵심역량은 개인의 삶의 다양한 모습을 인정하고, 성공적으로 영위하기 위하여 필요한 역량이 무엇인지를 규명함으로써 역량의 개념을 생애역량의 차원으로 확대시킨 관점이라 할 수 있다(김은희, 2014). 이는 개인이 평생 동안 다양하고 변화무쌍한 삶의 과정에 적응하기 위해 요구되는 주요한 역량이 있다는 것을 의미한다. 또한 이러한 핵심역량은 연속적인 생애 과정에서 학습을 통해 개발해 나갈 수 있어야 한다는 것을 전제로 한다. 따라서 교육 맥락에서의 핵심역량은 인간으로서 삶을 살아가는 데 필요한 기본적인 능력으로, 특정한 영역에서의 지식이나 기술만이 아닌 다양한 환경과 맥락에서 문제를 해결할 수 있는 지식, 기술 그리고 이와 관련된 태도가 포괄된 개념이다.

대표적인 생애핵심역량 연구로는 OECD의 DeSeCo(Definition and Selection of Competence)가 있다. DeSeCo 프로젝트에서는 직업이나 직무를 수행하는 데 초점을 둔 '역량(skill)'과 구별하고자 '핵심역량(key competencies)'이란 용어를 도입하였으며, 이때 핵심역량은 가능한 많은 역량 중에서 생애에 걸쳐서 특별히 요구되는 몇 가지의 역량을 의미한다. DeSeCo 프로젝트를 통해 도출된 핵심역량은 3개 범주, 9개 역량이며, 이 역량들은 직업생활, 시민생활, 여가생활을 포함한 다양한 생활장면에서 활용될 수 있다(DeSeCo, 2006).

〈표 1-2〉 DeSeCo 프로젝트의 핵심역량

핵심역량	정의	하위역량
상호작용적 도구 사용	• 환경과 효과적으로 상호작용 하기 위한 다양한 도구들을 사용할 수 있는 능력 • 물리적 도구(IT 기술), 사회문화적 도구(언어)	언어, 문자를 상호작용적으로 사용하는 능력
		지식, 정보를 상호작용적으로 사용하는 능력
		기술의 상호작용적 사용 능력
이질적 집단과 상호작용	• 상호의존성이 강화되는 세계에서 다른 사람과 소통할 수 있는 능력	동료들과 우호적 관계형성
		팀활동
		갈등상황에서의 문제 해결 능력
자율적 행동	• 더 넓은 사회적 맥락 안에서 자신의 삶을 책임 있게 운영해 나가는 역량	큰 맥락 안에서 행동하는 능력
		삶의 계획을 수립, 실행하는 능력
		권리와 이익, 한계와 요구에 대해 주장하는 능력

출처: 김은희(2014) 재구성.

이와 같은 생애핵심역량은 현대 사회에서 우리가 직면해야 하는 과제를 극복하기 위해서는 축적된 지식을 단순 재생산하는 차원을 넘어 복잡한 정신적 과제를 처리하는 개인의 능력을 더욱 개발해야 한다는 것을 나타낸다. 따라서 인지기술뿐 아니라 실용기술, 창의력을 포함한 태도, 의욕, 가치, 동기 등과 같은 심리사회적 자원을 동원하는 것 역시도 핵심역량에 포함되어 있다(김이준 외, 2014). DeSeCo 프로젝트 결과는 역량이 교육을 통한 지식으로만 길러지는 것은 아니지만 좋은 학습 환경에서 역량이 학습될 수 있다는 점을 시사하고 있다.

2) 진로역량

진로역량에 대한 논의는 교육학, 심리학, 경영학, 사회학, 경제학 등 다양한 학문분야에서 활발하게 이루어져 왔는데, 특히 진로와 관련한 주요 학문분야인 교육학과 경영학 중심으로 발전되어졌다. 교육학에서는 자신에게 맞는 직업을 선택하고, 직업생활 준비를 위해 요구되는 능력이나 태도를 함양하는 데에 초점을 둔 직업교육이나 상담에 중점을 두는 반면, 경영학은 개인과 조직 간의 관계에 대한 심리학 기반의 상호작용에 중점을 두고 있어서 근본적인 차이를 나타내고 있다(정지은, 2017).

(1) 진로역량의 정의

앞서 살펴본 역량의 개념이 진로발달 분야에 적용될 때 이를 진로역량 또는 진로개발역량이라 일컬어진다. 진로역량은 진로개발에 필요한 능력으로, 개인이 설정한 진로목표에 도달해 가는 과정에서 필요한 지식, 능력, 태도, 가치 및 성향을 포괄하는 개념이다(김봉환 외, 2006). 또한 진로역량은 전 생애 진로발달 관점에서 개인이 일생 동안 수행하는 다양한 역할과 경험을 자기주도적이고, 합리적으로 선택, 준비, 비교하고 평가하며 관리할 수 있는 지식, 기술, 태도로도 정의된다(이지연, 2002).

이처럼 진로역량에 대한 개념의 정의는 연구들마다 조금씩 상이하지만 전반적으로 '전 생애에 걸쳐 삶의 목표를 설정하고, 다양한 경험을 통하여 진로가 실현될 수 있도록 노력하는 과정에서 필요한 지식, 기술, 태도'라는 공통된 의미를 갖는다. 또한 진로역량을 구성하는 하위요인들도 연구마다 다양하게 제시되고 있으나, '자신 및 직업세계에 대한 이해를 바탕으로 자기주도적으로 진로를 설계하고, 준비한다'는 점에서 공통점을 찾아볼 수 있다.

(2) 대학생의 진로역량

대학생들에게 진로역량을 개발한다는 것은 성공적인 노동시장으로의 이행이라는 단기적인 진로성공뿐만 아니라 장기적으로는 개인에게 의미 있는 진로 만족을 이룰 수 있으므로 그 의미하는 바가 크다. 대학생 시기는 학교에서 사회로의 성공적인 전환을 위하여 생애 첫 직업을 결정하는 시기로, 이 시기의 진로개발은 향후 진로에 대한 전반적 방향이나 가치관에 영향을 미칠 수 있으므로, 이 시기에 진로성공을 이루기 위해 자원을 획득하고 개발하는 일은 무엇보다 중요한 과제이다. 따라서 대학생들은 대학에 재학하는 동안에 대학 내 교과 활동, 비교과 활동 그리고 대학 안팎에서의 다양한 경험을 거쳐 학문적, 사회적, 그리고 심리적 발달을 도모할 수 있으며, 이를 기반으로 하여 일의 세계로 진입하기 위한 준비를 시작하게 된다(정지은, 2017).

대학생의 진로역량에 대한 다양한 정의들 가운데 김창환 등(2014)은 '자기주도적으로 진로를 설계하고, 탐색하여 미래 직업세계에서 요구하는 지식과 기술들을 준비할 수 있는 역량'으로 진로 · 직업역량을 정의하였다. 그 하위 역량으로는 진로설계, 진로 · 직업탐색, 직업수행역량이 있다. 먼저, 진로설계는 다양한 진로에서 최적의 판단을 위하여 필요한 역량이며, 진로 · 직업탐색은 대학생이 미래 직업세계를 적절히 준비하기 위한 역량이다. 마지막으로, 직업 수행 역량은 대학 졸업 후 실제로 진로를 준비하기 위해 필요한 역량이라 할 수 있다. 김창환 등(2014)이 제시한 한국 대학생의 진로 · 직업 역량의 개념과 그 하위요인의 구체적인 내용은 다음과 같다.

〈표 1-3〉 **대학생의 진로 · 직업역량(김창환 외, 2014)**

상위영역	하위영역	개념	요인
진로 · 직업역량	진로설계	자신의 소질과 적성에 기초하여 미래 진로를 설계하는 능력	자기이해수준
			삶/직업 목표 여부
	진로 · 직업탐색	진로설계에 기초하여 진로를 탐색하고 결정할 수 있는 능력	진로탐색 행동
			직업탐색 행동
	직업수행역량	자신이 원하는 진로 및 직업에 대해 실제로 경험하고 수행하는 능력	직업체험 비율
			직업준비활동 비율

출처: 정지은(2017) 재구성.

대학생의 진로역량을 측정하기 위한 목적으로 개발된 또 다른 연구인 대학생 진로역량 검사에서는 진로역량을 '진로선택과 실현을 위한 생애 과정에서 필요한 통합적 능력으로, 진로 목표를 지향하기 위한 지식, 기술, 태도 및 가치'로 정의하였다(정은이, 2015). 해당 검사에서는 대학생 진로역량의 하위요인으로 도전 의식, 외국어 능력, 직무능력, 대인관계 능력, 의사소통 능력, 긍정적 가치관 및 태도, 창의성, 리더십, 진로목표 설정 및 준비, 문제해결 능력 등 총 10가지를 제시하였다.

〈표 1-4〉 **대학생의 진로역량(정은이, 2015)**

상위영역	하위영역	개념
진로 역량	도전 의식	적극적으로 주변환경을 개척하고, 실패를 두려워하지 않으며, 새로운 상황에 도전하는 태도
	외국어 능력	영어 및 다른 외국어로 문서 작성 및 대화할 수 있는 능력
	직무능력	전공 관련 지식 및 기술을 활용하여 향후 원하는 직업 분야에서 직무를 수행할 수 있는 능력
	대인관계 능력	다른 사람들과 잘 어울려 좋은 관계망을 구축하고, 원만한 관계를 유지할 수 있는 능력
	의사소통 능력	자신의 의사를 정확히 표현하여 대화할 수 있으며, 논리적이고 타당하게 글을 쓸 수 있는 능력
	긍정적 가치관 및 태도	어떠한 상황에서도 긍정적 마인드와 태도로 최선을 다하고, 올바른 가치관을 가지고 성실히 임하는 태도
	창의성	독창적 아이디어로 문제 해결 및 다양한 대안을 모색할 수 있는 능력
	리더십	리더로서 냉철한 판단력으로 조직을 이끌어 갈 수 있는 능력
	진로목표 설정 및 준비	진로 관련 구체적 목표 및 주도적으로 진로준비를 할 수 있는 태도
	문제해결 능력	문제 상황의 원인을 파악하여 실질적 대안 제시 및 효율적으로 해결할 수 있는 능력

3) 국가직무능력표준(Natinal Competency Standards) 역량

대부분의 대학생들은 좋은 직장을 얻기 위한 수단으로 대학에 진학하게 되고, 졸업 후 취업이라는 수순을 밟는다. 취업이라는 현안을 고려했을 때 기업(노동시장)은 근로자들에게 보편적인 핵심역량을 요구하고 있기 때문에 예비 직업인인 대학생들에게도 직업기초능력에 대한 충분한 고려가 필요하다(안은비, 2019). 우리나라에는 각 직업 분야의 여러 가지 실무 능력들을 체계화하고, 정규화 하여 제도로서 정립한 국가 지원 시스템이 마련되어 있는데, 그것이 바로 국가직무능력표준(NCS) 역량이다.

국가직무능력표준에서는 직업 기초 능력을 세분화하여 분야별로 단계별 수준 및 해당 분야의 직무 수행에 필요한 역량을 체계화하였다. 즉, 산업현장에서 직무를 성공적으로 수행하기 위해 요구되는 지식, 기술, 태도 등의 내용을 국가가 표준화하고 체계화한 것이다(http://www.ncs.go.kr). 이러한 NCS 체계화는 경제활동이 이루어지는 모든 산업에 필요한 능력 있는 인재를 개발하여 핵심 인프라를 구축하며, 나아가 국가경쟁력을 향상시키기 위해서 국가직무능력표준이 필요하다는 정책적 판단과 함께 산업의 요구에 의해서 출발하였다. 따라서 각 산업 분야의 직무와 그 일을 수행해 나가는 인적자원이 갖추어야 할 필요 역량을 표준화하여 정의하고 있다.

우리나라 직업인들에게 공통적으로 요구되는 기본능력인 NCS의 '직업기초능력'은 직무를 수행하는 사람으로서 갖추어야 할 기초적인 소양을 의미한다. NCS 직업 기초 능력 하위 항목에는 의사소통능력, 수리능력, 문제해결능력, 자기개발능력, 자원관리능력, 대인관계능력, 정보능력, 기술능력, 조직이해 능력, 직업윤리 등 총 10가지가 있고, 그 하위요인으로는 총 34가지 영역으로 구성되어 있으며, 구체적인 내용은 다음과 같다.

〈표 1-5〉 국가직무능력표준(NCS)의 직업기초능력

직업기초능력	하위영역
의사소통능력	문서이해능력, 문서작성능력, 경청능력, 의사표현능력, 기초외국어능력
자원관리능력	시간관리능력, 예산관리능력, 물적자원관리능력, 인적자원관리능력
문제해결능력	사고력, 문제처리능력
정보능력	컴퓨터 활용능력, 정보처리능력
조직이해능력	국제감각, 조직체제 이해능력, 경영이해능력, 업무이해능력
수리능력	기초연상능력, 기초통계능력, 도표분석능력, 도표작성능력
자기개발능력	자아인식능력, 자기관리능력, 경력개발능력
대인관계능력	팀워크능력, 리더십능력, 갈등관리능력, 협상능력, 고객서비스능력
기술능력	기술이해능력, 기술선택능력, 기술적응능력
직업윤리	근로윤리, 공동체윤리

출처: NCS 홈페이지(http://www.ncs.go.kr).

3. 대학생의 핵심역량

생애역량이 삶의 맥락에 걸쳐서 모든 사람에게 필요한 일반적이고, 보편적인 성격의 역량이라면 대학생의 생애핵심역량은 해당 생애단계의 상대성과 상황적 특수성을 고려하여 대학생 시기에 요구되는 역량을 의미한다(김경화, 2016). 한국직업능력개발원(2014)에서는 대학생이 갖추어야 할 생애핵심역량으로 의사소통역량, 글로벌역량, 자원정보기술 활용역량, 종합적 사고력, 대인관계역량 및 자기관리역량을 제시하였다. 또 다른 연구에서는 대학생의 핵심역량을 전공에 대한 지식을 포함하여 현장직무 수행능력을 강조하면서 정보수집, 지식구성, 지식활용, 문제해결, 자기정체성, 자기가치관, 자기주도성, 자기책무성, 소속감, 수용성, 사회화 능력, 사회적 실천력 등을 제안하였다(Kang et al., 2010).

이처럼 대학생에게 요구되는 생애핵심역량의 개념이나 구성요소는 연구자에 따라 다양하게 정의되고 있으나, 전반적으로 지식이나 기술과 같은 인지적 영역뿐만

이 아니라 감정, 태도, 가치 등 사회적, 행동적 요인까지 포함하는 광의의 의미이다. 특히 대학생에게는 한 개인이 성공적인 삶을 살기 위하여 생애단계별로 요구되는 공통적인 생애역량을 공유하면서도 인지적 역량의 측면에서 지식의 활용이나 재구성 그리고 복잡한 문제를 분석하고 해결하는 고차원적인 인지적 역량 등이 요구된다.

1) 대학생의 핵심역량 구성요인

대학생의 핵심역량의 구성요소 목록을 추출하기 위하여 선행연구에서 제시한 생애핵심역량을 종합하고, 분류하여 총 12개의 대학생의 생애핵심역량을 추출한 연구가 있다(장순강, 2018). 이 연구를 통해 도출된 대학생의 12개의 생애핵심역량과 각 역량별 정의 그리고 그 역량이 미치는 영향에 대한 구체적인 내용은 다음과 같다.

〈표 1-6〉 **대학생의 생애핵심역량(장순강, 2018)**

생애핵심역량	정의 및 영향
의사소통능력	• 상호 간의 복합적인 작용(문서, 언어, 비언어적 행위 등)을 통하여 타인의 의견을 이해하고, 자신의 의견을 전달하는 능력 • 자아효능감, 직무소진과 같은 개인의 심리적 상태 및 대인관계에 영향을 미침
창의 · 문제 해결력	• 문제 해결과정에서 다양한 요인이 상호작용하여 문제해결에 유용하고 독창적인 해결방안이나 산출물을 만드는 능력 • 일상생활의 문제를 포함하여 기회, 도전, 학습의 성취와 만족에 영향을 미침
종합적 사고력	• 단편적 지식들을 통합하고 재구성하며 서로 다른 지식 간의 연결, 적용 및 활용할 수 있는 종합적인 사고능력 • 연구수행 및 학업성취와 함께 사고의 폭을 확장시키는 데 영향을 미침
정보기술활용 능력	• 다양한 자원 속에서 필요한 정보와 기술 등을 수집, 분석, 활용하는 능력 • 자아존중감 등 심리적인 영향을 미치며, 적극적인 태도로 과업을 수행하는 데 필수적임

생애핵심역량	정의 및 영향
글로벌문화역량	• 문화, 언어, 배경적 지식을 바탕으로 문화적 배경에 대한 편견 및 선입견에서 벗어나 다양성을 인정하며, 상호협력적인 이문화 간 소통 능력 • 복잡한 글로벌화 과정에서 보다 유연하고 개방된 자세를 가짐으로써 적극적 관심과 참여를 촉진함
전공지식역량	• 전공분야에 흥미와 만족을 가지고 지속적으로 전공교과의 지식을 탐구하는 능력 • 전공지식의 함양은 대학생활 만족뿐만 아니라 향후 이행하게 될 직무 만족에 영향을 미침
대인관계능력	• 타인과 상호 간의 교류를 형성하고, 친밀한 관계 유지 및 발전시킬 수 있는 능력 • 자아정체감, 성격발달, 행복감 등 개인의 삶에 다양한 영향을 미침
진로개발능력	• 개인의 흥미와 적성을 바탕으로 진로 관련 계획, 목표 수립 및 실현해 나가는 지속적이고 구체적인 과정에서의 능력 • 직무 선택 및 이행에 있어서의 만족과 성과 등에 영향을 미침
자기관리능력	• 자신에게 주어진 상황에서 행동 및 정서 등을 적절히 통제 및 조절하는 능력 • 직무 선택 및 이행에 있어서의 만족과 성과 등에 영향을 미침
자기주도학습 능력	• 학습자 스스로의 자유의지와 자율적인 통제에 의한 학습 환경과 학습 과정을 계획, 실행 및 평가하는 학습능력 • 진로탐색 및 수행에 있어 이를 유지시키고 지속시키는 능력임과 동시에 향후 직업세계의 직무몰입 및 직무만족에 영향을 미침
윤리적 행동	• 자신의 가치판단, 신념 등에 기반한 보편적이고 일관된 행동 • 개인의 자부심, 타인과의 협력행동과 더 나아가 직무 및 조직몰입에 영향을 미침
리더십능력	• 개인, 조직, 집단 내에서 정해진 목적 달성을 위해 한 개인이 미치는 영향력 • 다른 역량과 상호밀접한 관계가 있으며, 조직 및 사회 속에서 적응하는 데 중요한 작용을 함

2) 대학생의 핵심역량의 특성

앞서 살펴본 대학생에게 요구되는 핵심역량의 특징은 총체성, 수행성, 맥락성, 학습가능성의 네 가지로 구분될 수 있다(안은비, 2019). 이와 같은 대학생 시기의 핵심역량은 다음에 제시된 특징들 중에서 어떤 한 가지 특징에 해당되기보다는 모든 특성을 갖춘 것으로 보는 것이 더 적절하다.

① '총체성으로서의 역량'은 지식이나 기술과 같이 상대적으로 관찰 가능하고, 수행으로 드러나기 쉬운 측면뿐만이 아니라 동기와 태도와 같은 인간의 심층적인 특성을 포함하는 능력을 의미한다. 즉, 특정한 기술이나 능력만을 지칭하는 것이 아닌 이를 수행하기 위한 내적 능력의 총체적 행동방식을 총칭한다.

② '수행성으로서의 역량'은 역량이 지식을 활용하는 능력이라는 점을 강조하는 것으로, 개인이 지닌 지식, 기술 및 전략 등을 능동적이고, 반성적으로 사용하여 새로운 상황에 맞는 형태로 번역하거나 재조정하는 능력을 의미한다.

③ '맥락성으로서의 역량'은 일반적 행동특성이 아니라 구체적인 상황에서 작동할 수 있는 사고와 행동방식을 지칭한다.

④ '학습가능성으로서의 역량'은 개인이 삶의 경험 또는 학습을 통해 성취하게 됨으로써 일어나는 변화를 반영해야 한다는 것을 의미한다.

또 다른 연구에서는 대학생 생애핵심역량과 관련하여 핵심역량의 특징을 다음과 같이 다섯 가지 특징으로 제시하였다(이애화 외, 2014).

① 복합적이고 중의적인 개념을 가진 역량 범주이다.

② 상황 · 맥락적이고, 비가시적인 질적 특성을 지닌다.

③ 조직의 역량과 성과를 관리하거나 평가하는 기준이 된다.

④ 개인의 성공이나 경쟁에서의 우위를 나타낼 수 있는 직무수행을 위한 기술이나 능력을 의미한다.

⑤ 학습전이성과 학업수행능력을 평가하는 활동들을 포함하고 있다.

활동지 1 핵심역량성분 분석표 1

○ ○ ○ 음료

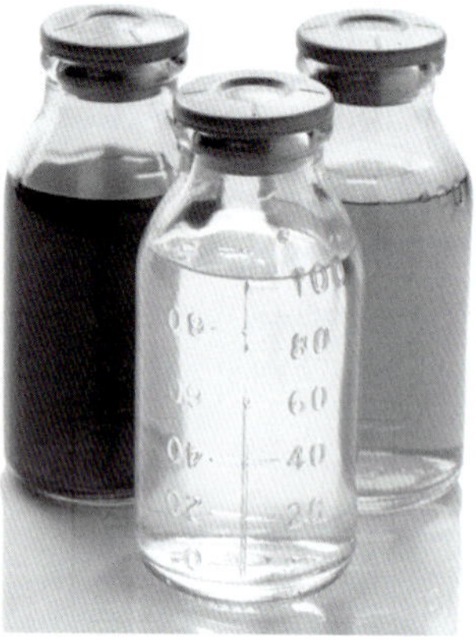

■ 역량표

의사소통능력	창의 · 문제해결력	종합적 사고력	정보기술활용능력
글로벌문화역량	전공지식역량	대인관계능력	진로개발능력
자기관리능력	자기주도학습능력	윤리적 행동	리더십능력

역량성분 분석표	총 열량	______________________	Kal
주요 성분 함량(총 90%)	1		%
	2		%
	3		%
그 외 성분 함량(총 10%)	1		%
	2		%
	3		%

출처: 김이준 외(2014).

활동지 2 핵심역량성분 분석표 2

○ ○ ○ 음료

■ 역량표

의사소통능력	창의 · 문제해결력	종합적 사고력	정보기술활용능력
글로벌문화역량	전공지식역량	대인관계능력	진로개발능력
자기관리능력	자기주도학습능력	윤리적 행동	리더십능력

부족한 역량 성분 분석			
부족 역량 성분			보충 방안
1		%	
2		%	
3		%	

활동지 3 모둠활동: 핵심역량 향상 비법 찾기

■ 역량표

의사소통능력	창의 · 문제해결력	종합적 사고력	정보기술활용능력
글로벌문화역량	전공지식역량	대인관계능력	진로개발능력
자기관리능력	자기주도학습능력	윤리적 행동	리더십능력

나의 최고 강점 핵심역량은?

핵심역량을 갖게 된 비법은?

TIPS
1. 각자 핵심역량 중 최고 강점인 역량을 고른다.
2. 동일한 핵심역량을 가진 사람들끼리 모인다.
3. 해당 핵심역량을 기르기 위한 자신만의 비법을 공유하고, 정리한다.
4. 각 핵심역량이 부족한 사람들에게 비법을 나눈다.

활동지 4 모둠활동: 진로역량 중요도 우선순위

상위 영역	하위영역	중요도 우선 순위	선정 이유
진로 역량	도전 의식		
	외국어 능력		
	직무능력		
	대인관계 능력		
	의사소통 능력		
	긍정적 가치관 및 태도		
	창의성		
	리더십		
	진로목표 설정 및 준비		
	문제해결 능력		

TIPS

1. 진로역량 영역 중 중요도에서 우선순위인 5가지 요인을 정한다.
2. 선정된 영역에 대해 그 이유를 작성한다.
3. 해당 내용을 다른 사람들과 나눈다.

CHAPTER 02 의사소통의 능력

I. 의사소통의 이해

의사소통(Communication)은 '상호 공통점을 나누어 갖는다.'를 의미하는 것으로 라틴어 'Conmmunis(공통, 공유)'에서 유래되었다고 한다. 일반적으로 의사소통의 정의는 두 사람 또는 그 이상의 사람들 사이에서 일어나는 의사의 전달과 상호교류가 이루어지는 것을 의미하며, 구체적으로 의사소통능력이란 인간이 특정 상황에서 메시지를 전달하고 내용을 해석하며 상호 간의 의미를 협의할 수 있는 것을 말한다(Hymes, 1966). 즉, 의사소통은 전달자가 수신자에게 어떤 반응행동을 일으키기 위해 다양한 매체를 사용하여 이념, 사상, 의견, 태도, 정보, 지식, 사실 등 어떤 이미지를 전달하는 주도적인 행동과정이다. 이러한 의사소통의 기능은 구성원들의 활동을 통합하고 조정할 수 있는 통제의 기능, 구성원들이 해야 할 것이 무엇인지 분명하게 해 주는 동기부여의 기능, 구성원들의 욕구불만과 만족감이 표출되는 감정표현의 기능, 의사결정과정에 참여하고 필요한 자료와 정보를 교환하는 정보제공의 기능 등이 있다.

의사소통은 조직 또는 팀에게 메시지를 전달하는 과정으로 공동의 목표를 지향하는 기반이자 핵심적인 기능이다. 또한 의사소통은 개인과 조직의 관계에서 기본이 되며, 상대방의 말을 잘 듣고 있다는 것을 표현하고, 원하는 바를 잘 이해하여 일상생활이나 조직 활동에서 필요한 부분을 반영하는 것이다. 그러므로 원활한 의사소통을 위해서는 자신의 정보를 상대방에게 이해하기 쉽게 표현하는 것도 필요하지만 상대방의 의견을 수용하는 자세가 기반이 되어야 한다.

효율적인 의사소통을 위해 준수해야 하는 기본 원칙은 명료성, 일관성, 적시성, 적정성, 수용성이다. 명료성은 전달할 내용을 정확하고 분명하게 이해할 수 있도록 해야 하며, 일관성은 전달내용의 전후가 일치되어야 함을 의미한다. 적시성은 정보를 필요한 시기에 전달해야 하고, 적정성은 전달하고자 하는 정보의 양과 규모가 적절해야 함을 의미하는 것이며, 수용성은 피전달자가 수용할 수 있는 능력과 자세에 따라 대응하는 것이 필요함을 의미한다.

2. 의사소통의 과정

의사소통은 언어, 기호, 동작 등을 통해 개인 간 또는 조직 간의 의견, 정보, 감정, 사상 등을 전달하고 받아들이는 교환과정이며, 기호의 전달과 수신을 통하여 송신자와 수신자 간에 의미가 전달 공유되는 사회화 과정이다. 또한 의사소통의 과정은 의미의 전달과 이해를 가져오는 정보원(source)과 수신자 사이의 단계로써 송신자, 기호화, 메시지, 매체, 해독, 수신자, 피드백, 잡음의 과정을 포함할 수 있다. 따라서 개인 및 조직 안에서의 의사소통은 다양한 개인적 · 사회적 경험과 지위를 가진 구성원들이 동일한 메시지를 전달하더라도 각각 다르게 받아들일 수 있다. 즉, 메시지는 주고받는 화자와 청자 간의 상호작용에 따라 다양하게 변형될 수 있다. 그러므로 의사소통과정은 의사소통의 목적, 상황, 문화, 사회적 관습 등 다양한 요인의 직·간접적인 영향을 받을 수 있고, 서로에 대한 지각의 차이를 줄이며, 선입견이나 편견 등을 제거할 수 있는 수단이 되기 때문에 의사소통과정이 중요하게 인식 되고 있다.

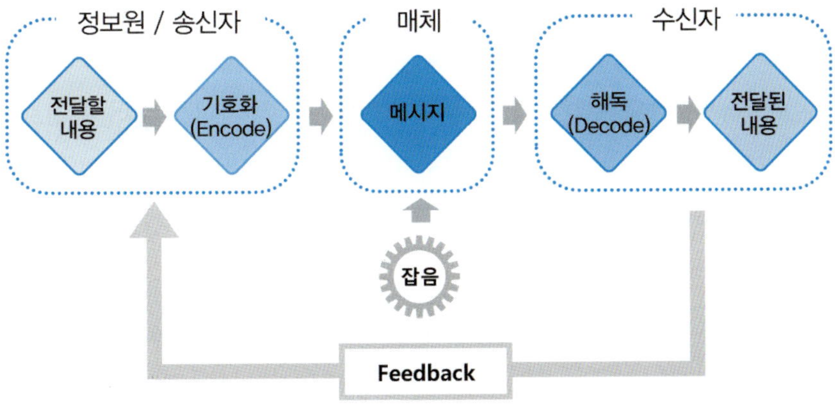

[그림 2-1] 의사소통의 과정

3. 의사소통의 유형

다각적인 측면에서 의사소통의 유형은 언어적 의사소통과 비언어적 의사소통, 일방적 의사소통과 쌍방적 의사소통, 공식적 의사소통과 비공식적 의사소통, 수직적 의사소통과 수평적 의사소통 등으로 구분할 수 있다.

1) 일방적 의사소통과 쌍방적 의사소통

일방적 의사소통은 명령이나 지시와 같이 전달자가 수신자에게 일방적으로 메시지를 전달하는 방법이다. 쌍방적 의사소통은 전달자가 수신자에게 메시지를 전달하면 수신자의 반응이 피드백 되어 전달자에게 되돌아오는 형태를 말한다.

2) 언어적 의사소통과 비언어적 의사소통

언어적 의사소통(verbal communication)은 언어를 매개체로 하여 구두(말)의사소통과 문서의사소통으로 구분된다. 구두의사소통은 말을 수단으로 하여 정보의 교환이나 메시지 전달을 하는 것으로, 메시지를 신속하게 전달할 수 있고, 대면성이 갖는 특성으로 즉시성, 융통성, 비밀보장성 등의 장점이 있으나 전달대상이 제한되며, 전달 내용이 중요하고 복잡할 때는 사용이 어렵다. 문서의사소통은 문서를 통한 의사소통으로 공문서, 보고서, 지침, 안내서, 메모 등이며, 정확성, 보존성 등을 특성으로 볼 수 있다.

비언어적 의사소통은 구두나 문서 언어를 사용하지 않고 메시지를 전달하는 의사소통으로 사람의 자연발생적인 표현행동으로 감정이나 느낌을 전달하는 데 효과적이며, 언어 이면의 것들을 파악하는 데 효과적이다. 해독할 때에는 한 가지 신호로 파악하기보다는 복합적인 요인과 평소의 행동 등을 고려해야 한다. 여기에는 신체적 언어(얼굴표정, 목소리, 몸짓, 시선, 하품, 제스처 등) 물리적 언어(교통신호, 사이렌, 도로표지판 등), 상징적 언어(색깔, 자동차 크기 등)가 있으며, 비언적 의사소통은 경우에 따라서 언어적 의사소통을 보완하는데 효과적인 의사소통의 수단이 될 수 있다.

3) 수직적 의사소통과 수평적 의사소통

수직적 의사소통은 상향식 의사소통과 하향식 의사소통으로 구분할 수 있는데, 상향식 의사소통은 조직의 권한 계층에 따라 하급자로부터 상급자에게, 즉 의견, 태도, 업무결과 성과 등이 상위의 계층으로 전달되는 보고, 면접, 고충처리제도, 직원의견조사 등이며, 구두와 문서에 의한 방법이 있다. 하향식 의사소통은 조직의 위계의 명령 계통에 따라 상급자로부터 하급자에게로 전달되는 것으로 명령과 일반적인 정보들이 있으며, 명령에는 지시, 훈령, 발령, 규정, 요강, 고시, 회람 등의 구두명령과 문서명령이 있고, 일반적 정보는 기관지, 편람, 예규집, 포스터 게시, 인터폰, 강연 등으로 구두와 문서에 의한다. 수평적 의사소통은 동일계층의 수준에 있는 구성원이나 부서 간의 의사소통으로 상호작용적 의사소통이라고도 한다.

4) 공식적 의사소통과 비공식적 의사소통

공식적 의사소통은 조직에서 권한에 의한 계층의 경로와 과정에 따라 정보 및 지식이 소통되는 구조이며, 체계적인 절차에 따라서 계획되어진 의사소통의 형태이다. 장점으로는 의사전달이 확실하고, 책임소재가 명확한 점과 의사결정에 활용 가능성이 높으며, 정보나 근거의 보존이 쉽다는 점이다. 단점으로는 의사전달과정에서 형식화되기 쉽기 때문에 융통성이 없고, 배후 사정을 상세히 전달하기 어려우며, 신속한 전달과 기밀유지가 곤란할 수 있다는 것이다.

비공식적 의사소통은 개인 또는 조직에서의 임의적이며 개별적인 선택에 의한 인간관계를 기반으로 진행되는 의사소통이며, 전달경로가 비공식적이어서 내용이 불확실하고 모호한 의사소통이라 할 수 있다. 장점은 조직 내 배후 사정을 소상하게 전달해 주며, 의견교환의 융통성이 높고 공식적 의사소통의 보완적 역할을 할 수 있다. 단점은 책임소재가 불분명하여 개인의 목적에 의해 악용될 수 있으며, 공식적 의사소통의 기능을 약화시키거나 조정통제가 쉽지 않을 수 있다.

조직 내 비공식적 의사소통 경로로써 그레이프바인(grapevine)은 '포도 넝쿨'이라는 의미로 조직 내에서 정보나 의사가 원래의 뜻과는 다르게 전달되는 것을 의미한다. 조직의 의사소통 과정에서 그레이프바인은 자생적으로 형성된 비공식적 의사소통체계로써 의도하지 않거나 잘못된 정보가 왜곡되어, 갈등의 계기가 될 수 있으며, 조직의 성과에 악영향을 미칠 수 있는 부정적인 측면이 있으나 조직에서 필연적이고 자연적인 현상의 특성을 포함하고 있기 때문에 최근 조직에서는 비공식적 의사소통의 긍정적 측면을 활용하는 방안이 모색되고 있다.

4. 의사소통의 방법

다양한 관계에서 개인 및 조직의 효과적인 소통을 위해서는 적절하게 본인의 의사를 표현하고 경청하는 태도 등 언어적 의사소통능력이 요구된다. 또한 작성된 문서를 이해할 수 있고, 용도에 적합하게 작성하는 문서작성능력 등 문서에 의한 의사소통능력이 필요하다.

1) 언어적인 의사소통

언어적 의사소통이란 언어를 수단으로 개인 및 조직에서 이루어지는 공식적 · 비공식적인 의사소통의 형태를 말한다. 다시 말해, 대화를 통해 상대방의 반응이나 감정을 살필 수 있으며, 상대방 반응에 따라 대응할 수 있는 유동성이 장점이다. 이러한 언어적 의사소통방식은 의사표현능력과 경청능력으로 구분할 수 있다.

(1) 의사표현능력

① 의사표현능력의 이해

의사표현이란 자신의 생각과 감정, 사고, 욕구, 바람 등을 상대방에게 효과적으로 전달하는 중요한 기술로, 음성언어와 신체언어를 기반으로 목적과 상황에 적합하게 표현하는 능력이다. 개인 및 조직에서의 적절한 의사표현은 자신이 보여 주고 싶은 이미지와 상대방에게 전달하고자 하는 내용을 정확히 표현할 수 있어야 한다.

조직에서의 상황과 대상에 따른 적절한 의사표현방법은 자신의 의도, 생각, 감정을 효과적으로 상대방에게 전달하는 것과 동시에 상대방의 메시지를 정확하게 전달받는 것이 중요하다. 그러므로 효과적인 의사표현을 위해서는 첫째, 자신이 전달하고 싶은 메시지가 무엇인지 분명하게 인식하고 명료하게 표현해야 한다. 둘째, 메시지를 전달하는 매체와 경로를 신중하게 선택하여야 한다. 셋째, 상대방이 메시지를 어떻게 받아들였는지 확인하는 피드백 과정이 중요하며, 필요에 따라 반복적인 전달도 고려해야 한다.

② 의사표현의 방법

의사표현을 하는 데 있어 상황에 따라 상대방의 잘못을 지적하는 방법은 충고나 질책에 의해 이루어진다. 질책의 방법으로 샌드위치화법을 활용하는 것이 효과적이며, '칭찬의 말 + 질책의 말 + 격려의 말'의 순서로 진행하는 것을 말한다. 충고는 예를 들거나 비유법을 사용하는 것이 효과적이다.

상대방을 칭찬하는 요령은 상대방이 중요하게 여기는 내용을 칭찬하거나, 대화 서두에 칭찬 화법을 사용하여 분위기 전환에 활용할 수 있다. 상대방에게 부탁을 요구해야 할 때는 상대방의 사정을 듣고, 가능한 상황인지를 파악한 후 구체적인 내용으로 요청해야 한다. 상대방의 요구를 거절해야 할 때는 먼저 거절에 대한 사과를 한 후, 응할 수 없는 이유를 분명하게 밝히는 것이 필요하다. 명령해야 할 때는 청유형으로 부드럽게 하는 것이 효과적이다. 즉, 다양한 상황과 대상에 따라 적절한 의사표현을 하는 것이 중요하다.

(2) 경청

① 경청의 이해

경청능력은 원활한 의사소통을 위해 상대방의 대화내용에 주위 기울여 집중하고 몰입하여 공감하는 능력을 말한다. 또한 상대방의 메시지와 감정을 효과적으로 이해하기 위해 노력하는 행동을 의미한다. 경청은 의사소통을 하는 기본자세이므로, 상대방과의 상호작용을 위해 메시지를 다루는 과정에서 자신의 의견을 이해하기 쉽게 표현하는 것도 중요하지만, 상대방과의 대화에 관심과 흥미를 가지고 있음을 표현함으로써, 이해받고 있다는 느낌을 전달하는 것이 포함된다. 따라서 경청은 개방적이고 진솔한 의사 및 감정의 교류가 가능하도록 촉진하는 의사소통의 방법이다.

② 경청의 방법

경청에는 '듣다', '주의하다', '집중하다', '초점을 맞추다', '관찰하다' 등의 의미가 포함되어 상대방의 메시지에 주의를 기울여 이해하고자 노력하는 행동과 마음가짐으로 훈련이 필요한 행동이다. 경청을 위해 적극적으로 상대방의 메시지를 이해하려고 노력하며 주어진 언어적 표현뿐 아니라 표정, 자세, 몸짓 등 비언어적인 부분까지 세심하게 주의를 기울이는 것이 중요하다. 그러므로 경청을 위해서 상대방의 말을 수용하고, 공감하며 지지해 주는 적절한 반응을 보여 줌으로써 원활한 소통을 할 수 있다.

경청의 방법에는 청자의 태도에 따라 적극적인 경청과 소극적 경청으로 구분되는데, 적극적 경청은 상대방과의 대화에서 행동을 통해 주의를 집중하고 있음을 외적으로 표현하며 반응하는 것으로, 대화 내용 및 감정에 공감하는 것이다. 따라서 적극적인 경청은 상대방이 말하는 의미와 의도를 이해하고, 반응하며, 비판적이거나 충고적인 태도를 하지 않는 것이다. 즉, 상대방의 얘기를 들으면서 그 말 뒤에 숨어 있는 상대방의 감정, 기분상태를 파악하여 내가 이해하고 같이 느끼고 있음을 전달하는 것이라 할 수 있다. 소극적 경청은 상대방의 이야기에 반응을 표현하지 않고 상대방이 하는 말을 중간에 자르거나 다른 화제로 돌리지 않으며 수동적으로 듣는 것을 의미한다.

③ 경청훈련 개발

의사소통의 대화 과정에서 상대방이 어떻게 반응하는가에 따라 감정이 달라질 수 있으며, 상대가 경청하고 수용하면서 대화를 한다면 긍정적 감정을 가지게 된다. 이를 위한 효과적인 경청 방법에는 주의 기울이기, 상대방의 경험을 인정하고 더 많은 정보 요청하기, 명료성을 위해 요약하기, 개방적인 질문하기, '왜'라는 질문 피하기 등이 있다. 특히, 깊은 경청을 위해서는 공감적인 반응이 중요하며, 대화를 하는 데 있어 서로의 의견을 공감하고 존중하며 조율해 나가는 공감적 태도가 필요하다. 공감은 상대방의 관점에서 이해하고 감정을 느끼는 것이다. 즉, 공감적 반응을 위해서는 상대방의 관점에서 이해하려는 태도를 가져야 하며, 메시지만이 아닌 감정과 생각에 민감하게 반응해야 하고, 공감을 할 때 느낀 감정을 상대방에게 전달해 주는 것이 중요하다.

경청을 방해하는 일반적인 요인으로는 짐작하기, 대답할 말 준비하기, 걸러 내기, 판단하기, 다른 생각하기, 조언하기, 언쟁하기, 자존심 세우기, 슬쩍 넘어가기, 비위 맞추기 등이 있으며, 구체적으로 살펴보면 다음과 같다.

'짐작하기'는 상대방의 말을 듣고 수용하기보다는 자신의 생각에 맞는 단서들을 찾아 자신의 생각을 확인하는 것으로, 상대방의 내용을 무시하고 자신의 생각이 옳다는 것만 확인하려고 한다. '대답할 말 준비하기'는 상대방의 말을 들으면서 자신이 다음에 할 말을 생각함으로써 상대방이 하는 말에 집중하지 않는 것을 말한다. '걸러내기'는 상대방의 메시지를 온전하게 받아들이는 것이 아니라 듣고 싶지 않은 메시지는 회피하는 것이다. '판단하기'는 상대방에 대한 편견 및 선입견으로 인해 형성된 비판적인 판단에 의해 상대방의 메시지를 듣지 않는 것을 말한다. '다른 생각하기'는 의사소통 중에 상대방에게 관심 및 몰입이 어려워져 대화나 상황을 회피하게 되면서, 다른 생각을 하게 되는 것이다. '조언하기'는 의사소통을 하는 데 있어 지나치게 다른 사람의 문제를 해결해 주고자 하는 태도이다. '언쟁하기'는 의사소통을 하는 데 있어 상호 갈등이 있는 관계에서 나타나는 것으로 상대방과의 논쟁에 초점을 맞추는 것이다. '자존심 세우기'는 의사소통 중 자존심에 상처를 입힐 수 있는 대화 내용으로 인해 거부감이 발생하며 회피하거나 의견을 대립하는 것이다. '슬쩍 넘어가기'는 의사소통 과정 중에 대화 주제가 원하지 않는 내용일 때 회피하거나 농담으로 넘기려 하는 것이다. '비위 맞추기'는 의사소통을 하면서 상대방을 위로하거나 기분을 맞추기 위해서 빨리 동의를 하는 것이다.

2) 문서적인 의사소통

문서를 통한 의사소통은 문서 내용과 요점을 이해하고 이를 바탕으로 문서의 목적과 상황에 적합한 정보를 효과적으로 전달하기 위해 문서를 활용하는 것이다. 문서적 의사소통은 비교적 정확성과 전달성이 높고 보존성을 지니고 있다. 문서적 의사소통은 문서이해능력과 문서작성능력으로 구분한다.

(1) 문서이해능력

① 문서이해능력의 의미

문서이해능력이란 다양한 문서를 읽고, 핵심을 이해하며, 목적에 부합하는 정보를 획득하고 수집 · 분석을 통해 종합할 수 있는 능력이다. 따라서 적절한 의사소통을 위해서는 전달하고자 하는 정보를 파악하고, 요구되는 관련된 행위를 추론하고, 문서의 내용을 판단하는 능력까지 포함한다.

② 문서의 종류

일상에서 의사소통을 위해 사용되는 문서의 종류는 용도에 따라 공식적 · 비공식적으로 구분할 수 있다.

'공문서'는 정부 행정기관에서 대내 · 외적 공무를 집행하기 위해 작성하는 문서이며, 정부기관이 일반회사 또는 단체로부터 접수하는 문서와 정부기관의 사업을 진행하려고 할 때 작성하는 문서도 포함된다. 그래서 문서의 양식과 규격에 따라 권리를 보유한 작성자 및 최종 결재권자의 결재에 따라 문서의 기능이 성립하게 된다.

'기획서'는 문서의 목적에 따라 프로젝트를 제안하는 문서의 형태로 프로젝트의 수행에 필요한 내용을 기술하거나 상대방에게 수행과 관련된 내용을 전달하고 시행하도록 설득하는 문서이다.

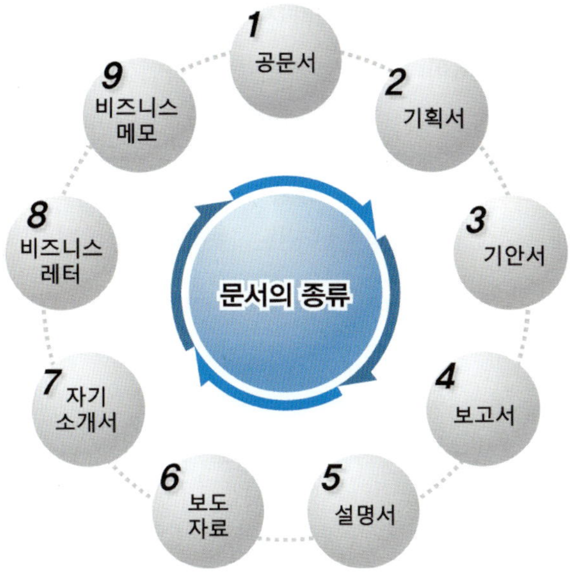

[그림 2-2] 문서의 종류

'기안서'는 조직에서 업무에 대한 협조 및 의견을 전달할 때 작성하는 문서이며, 사내 공문서도 포함된다. '보고서'는 조직의 상황을 목적에 따라 작성하는 문서이며, 계획 및 진행과정, 결과 등에 대해 보고하고자 작성하는 문서이다.

〈표 2-1〉 보고서의 종류

구분	내용
회의보고서	조직 내 회의 진행 상황 및 결과를 정리하여 보고하는 문서
영업보고서	영업상황을 작성하여 보고하는 문서
결산보고서	진행한 사안에 대해 수입과 지출 내용을 포함하여 작성한 문서
출장보고서	외부 업무 수행 후 진행 결과를 보고하는 문서
주간업무보고서	진행된 업무를 주간단위로 보고하기 위해 작성한 문서

'설명서'는 안내 및 설명을 위해 작성된 문서로 소비자에게 상품의 특성이나 사물의 작동방법 등 필요한 내용을 설명하기 위해 작성한 문서이다. '보도자료'는 정부기관이나 기업체 등이 언론을 이용하여 정보를 송출 및 홍보하기 위해 작성된 문서이다.

'자기소개서'는 문서 작성 목적에 따라 자신의 이력과 경력 등을 소개하기 위해 구체적으로 작성하는 문서이다. '비즈니스레터'는 사업상의 업무적 실행을 위해 관련된 개인이나 조직에서 작성하는 비공식적인 문서와 제안서 및 보고서 등 공식문서를 전달할 때 사용된다. '비즈니스메모'는 업무를 수행할 때 중요하거나 확인이 필요한 사항을 메모형식으로 작성하여 전달하는 요약 정리된 글의 형태로 전화메모, 회의메모, 업무메모 등이 있다.

(2) 문서작성능력

① 문서작성의 의미

문서작성능력은 문서의 목적과 상황에 따라 사고력과 표현력을 활용하여 정보를 이해하고 전달할 수 있는 능력이다. 문서를 작성할 때는 문서의 대상, 목적, 시기, 기대사항 등 일정한 형식이 포함되어야 하며, 조직에서의 문서작성능력은 업무능력을 표현하고 평가받게 되는 기준으로 활용될 수 있다.

② 문서작성의 구성

문서작성은 상황에 따라 요청이나 확인을 부탁하는 경우, 정보제공을 위한 경우, 명령이나 지시가 필요한 경우, 제안이나 기획을 하는 경우 등으로 다양하게 구분된다. '요청이나 확인을 부탁하는 경우'는 문서작성이 내용과 관련된 요청사항이나 확인절차를 요구하는 경우이며, 일반적으로 공문서를 활용한다. '정보제공을 위한 경우'는 문서작성의 내용이 적시에 유용한 정보를 제공하거나 내용 설명 및 안내를 위해 작성된 문서로 설명서나 안내서 등이 있다. 따라서 문서를 통한 정보제공은 신속하고 정확해야 한다. '명령이나 지시가 필요한 경우'는 업무상 명령이나 지시를 위한 업무지시서를 작성하는 경우에 해당되며, 상황에 적합하고 명확한 내용으로 작성하여 업무 추진이 원활하게 될 수 있도록 하여야 한다. '제안이나 기획을 하는 경우'는 조직의 업무를 기획하거나 제안하기 위한 문서작성으로 작성자가 해당 분야의 지식을 활용한 종합적인 의견이 반영된 문서이다.

문서 작성방법은 조직 내에서 정해진 문서 형식을 활용하여 작성하며, 별도의 형식이 정해지지 않은 경우 일반적으로 쓰이는 양식을 활용하여 작성할 수 있다.

(3) 문서이해의 절차

문서를 통해 필요한 내용을 이해하기 위해서는 문서 정보를 획득하고 요점을 종합하는 능력이 중요하며, 문서에서 전달하는 정보를 활용하기 위한 분석 능력이 필요하다.

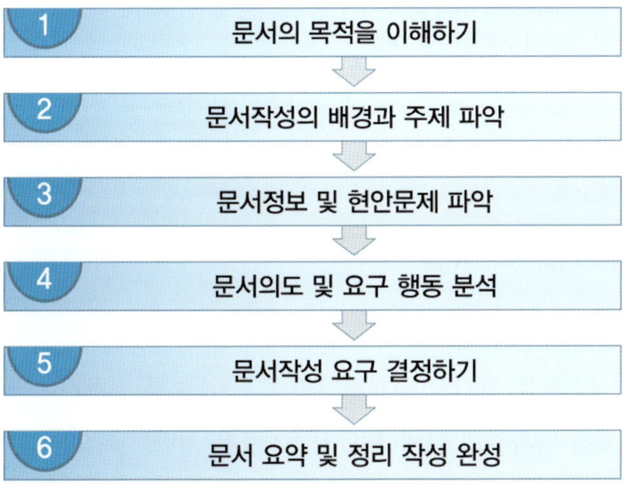

[그림 2-3] 문서이해 절차

(4) 문서작성의 원칙

문서를 작성할 때에는 원칙과 체계 등을 고려하여야 하며, 지정된 문서작성 형식에 따라 작성해야 한다. 일반적인 문서작성 방법은, 첫째, 표제 및 두괄식 표현으로 간결하고 체계적으로 작성해야 한다. 문서 내용은 이해하기 쉬운 용어를 사용하여 짧고 간결하게 작성하며, 문장은 육하원칙에 맞추어 체계적으로 작성해야 한다. 둘째, 문서 내용을 명확하게 제시하기 위해서는 객관적인 자료를 활용하는 것이 중요하며, 작성 시기, 출처 등을 정확히 명기하고, 작성 후 내용을 검토하여 완성도를 높일 수 있도록 한다. 셋째, 문서 내용을 쉽게 표현하고 이해도를 높이기 위해 그래프, 표, 그림 등으로 시각화하여 작성한다. 문서를 시각화하여 구성하는 방법은 차트 시각화, 이미지 시각화, 다이어그램 시각화 등이 있다.

〈표 2-2〉 문서 내용의 시각화 방법

구분	내용
차트 시각화	데이터 정보를 이해하기 쉽도록 시각적으로 표현하는 것으로 주로 통계 수치 등을 도표(graph), 차트(chart)를 통해 명확하고 효과적으로 전달
이미지 시각화	그림이나 사진 등으로 표현하여 내용을 전달하는 것
다이어그램 시각화	개념이나 주제 등 주요한 정보를 선, 도형, 화살표 등으로 다양한 상징을 사용하여 시각적으로 표현

5. 의사소통의 개발

바람직한 의사소통은 자신이 전달하고자 하는 정보를 이해하기 쉽게 표현하고, 상대방의 메시지를 명확하게 이해하며, 상호작용을 기반으로 의미를 창출하는 과정이다. 따라서 바람직한 의사소통을 하는 데 있어 발생하는 저해 요인과 개발방안은 다음과 같다.

의사소통을 저해하는 요인은 첫째, 일방적으로 말하고 듣는 무책임한 태도와 상호작용과정에서 메시지가 정확히 전달되었는지, 상대방이 이해하고 있는지를 확인하지 않음으로 인해 발생하는 불통의 과정에 의한 것이다. 둘째, 의사소통의 과정에서 한꺼번에 많은 정보를 전달하거나, 이해하기 어려운 복잡한 메시지를 전달하는 과정에서 서로 모순된 내용이 포함된 메시지가 전달되는 등 분명하지 않은 애매모호한 정보 전달로 인해 발생한다. 셋째, 상호 간의 직접적인 대화를 통해서 전달하는 것보다 눈치, 제스처 등 간접적인 관계 및 상황으로 의사소통을 하고자 하는 방법은 메시지의 선입견 및 편견 등의 오류 발생을 초래할 수 있다.

따라서 의사소통능력을 개발하기 위해서는 첫째, 사후검토와 피드백(feedback) 받기로 상대방과의 의사소통과정에서 발생하는 오해와 부정확성을 최소화하기 위해서는 메시지의 내용이 어떻게 해석되고 있는지 살펴보는 것이 필요하다. 둘째, 의사소통과정에서 상대방을 고려하여 목적 및 상황에 따라 분명하고 이해 가능한 어휘를 선택하여 사용하는 것이 필요하다. 셋째, 적극적인 경청으로 상대방의 대화에 있어 능동적인 태도를 보이며, 집중과 몰입을 통한 적절한 반응을 표현하는 것이 필요하다.

활동하기 1

단체생활의 의사소통과정에서 어려웠던 점은 어떤 것입니까?

의사소통과정에서 많이 하는 실수와 사용하는 효과적인 의사소통방법은 무엇입니까?

활동하기 2

본인의 역량 및 강점을 의사소통능력과 연계하여 구체적으로 작성해 주시기 바랍니다. (100자 이내)

지금까지의 경험 중 타인을 설득시켰던 의사소통방법에 대하여 기술하고 이러한 역량이 기업에서 업무 수행 시 어떤 효과를 가져올 수 있습니까? (200자 이내)

CHAPTER

03 대인관계 능력

I. 대인관계 능력의 이해

대인관계(Interpersonal relations) 능력이란 조직생활에서 구성원과 협조적인 관계를 유지하고, 구성원 간의 업무상의 도움, 조직 내・외부의 갈등을 원만히 해결하고, 상대방의 요구를 파악・충족시킬 수 있는 것이라 할 수 있다. 일반적인 대인관계의 형성은 탐색단계, 확장단계, 몰입단계 과정으로 진행된다. '탐색단계'는 서로가 상대방에 대한 정보를 파악하기 위해 노력하는 단계로 향후 관계형성에 영향을 미치는 정신적, 물질적, 심리적 교환에 따른 손익을 탐색하는 단계를 말한다. '확장단계'는 상대방에 대한 상호의존성이 점차 커지고 신뢰가 쌓이기 시작하면서 서로에 대한 만족과 의무감이 형성되어 서로에게 도움이 되는 상호보완적 교환이 형성되는 단계이다. '몰입단계'는 가장 높은 수준의 상호의존성과 관계의 지속성에 대한 묵시적 약속이 형성되며 고도의 신뢰와 의무감이 바탕이 되어 상호존중과 신뢰관계가 형성되는 것을 의미한다.

포괄적인 대인관계 형성을 위해서는 조직의 내부보다는 외부 지향적으로 구축하는 것이 필요하며, 관계의 규모보다는 다양성을 추구해야 한다. 또한, 강한 유대보다는 약한 유대 관계를 형성하는 브리지를 활용하는 것이 효과적이다. 대인관계를 유지하기 위해서는 이해를 기반으로 상호 간의 신뢰와 타인에 대한 존중과 배려가 필요하다.

2. 팀워크 능력

1) 팀워크의 의미

팀워크(Teamwork)란 공동이 추구하는 목표를 달성하기 위해 상호관계성을 기반으로 협력하며, 팀원 간에 아이디어, 지식, 정보를 공유하여 호의적인 관계를 유지하는 것을 의미한다. 팀워크 능력이란 조직에서 구성원들과 공동의 목표를 공유하며, 자신의 역할을 책임감 있게 수행하는 능력을 말한다. 유사 의미로 혼용하여 사용하는 응집력은 구성원들로 하여금 집단에 머물도록 만들고, 그 집단의 구성원으로써 소속감을 형성하게 하는 힘이라 할 수 있다. 팀워크와 응집력의 차이는 팀 성과의 유무에 있다고 할 수 있다.

〈표 3-1〉 팀워크와 응집력의 정의

팀워크	응집력
팀 구성원이 공동의 목적을 달성하기 위해 상호관계성을 가지고 서로 협력하여 일을 추진해 나가는 것	구성원들로 하여금 집단에 머물도록 만들고, 그 집단의 구성원으로써 소속감을 형성하게 하는 힘

팀워크의 기본 요소로는 첫째, 팀원 간 공동의 목표의식과 도전 의식이 필요하며, 팀원 간의 상호 신뢰와 존중하는 자세가 필요하다. 둘째, 구성원 간 협력하면서 역할과 책임을 완수하고 진정성 있는 대화로 서로를 이해해야 한다. 셋째, 강한 자신감으로 구성원들의 사기와 동기부여를 증진해야 한다.

2) 팀의 발달단계

터크만(Tnckman, 1977)의 점진적인 팀 형성의 5단계 발달 모형은 형성기, 혼돈기, 규범기, 성과기, 종결기로 구성되며, 효과적인 팀의 형성을 위한 단계별 개발모델을 제시하였다. 1단계 형성기(Forming)는 팀 결성 초기단계로써 목표설정이 시작되는 단계이며, 팀 구성원에 대한 상호탐색기에 해당된다. 정보 및 공감 부족으로 불확실성이 잠재되어 있어 리더에게 의존하는 상황이다. 2단계 혼돈기(Storming)는 본격적으로 일을 시작하는 단계로써 구성원 간의 역할을 명확히 확립하고자 하며, 아이디어나 의견에 따라 개성이 표출되고 긴장이 고조되는 단계에 해당한다. 팀 구성원 내의 의견 불일치로 대립과 갈등이 표출되는 경쟁의 시기로써 리더는 팀을 긍정적인 측면으로 촉진시키도록 노력해야 한다. 3단계는 규범기로 팀의 가치, 정체성, 규칙이 형성되어 서로를 수용하고 공감대가 이루어져 협력과 합의하는 단계에 해당한다. 팀 구성원의 역할과 책임이 명확하게 수용됨으로써 팀의 헌신과 결속이 강해지며, 구성원은 개인목표보다 팀의 프로세스에 적극적으로 기여하게 된다. 4단계 성과기(Performing)는 팀의 비전을 공유하고 팀의 목표를 향해 전략적으로 구성원 간의 신뢰와 의지가 강화되는 단계에 해당한다. 따라서 업무의 집중과 몰입으로 목표에 따른 성과를 창출하는 단계이다. 5단계 종결기(Adjourning)는 팀의 과제를 성공적으로 완수하고 목적을 달성하는 팀 활동을 종결하는 단계이며, 평가와 피드백이 이루어진다.

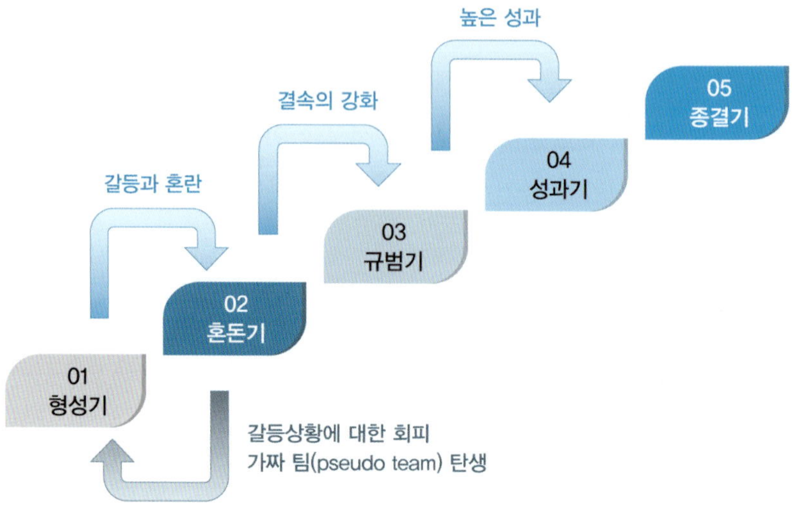

[그림 3-1] **터크만의 팀의 발달 5단계**

3) 효과적인 팀워크

효과적인 팀이란 팀원들의 강점을 인식하고 이를 효과적으로 활용하여 높은 성과를 달성하는 팀이다. 공통적인 특징은 팀 비전과 목표를 명확하게 인지하고, 공유하여 팀 목표의 결과에 초점을 둔다는 것이다. 또한 각자의 역할과 책임을 명료화하며, 개방적인 의사소통 및 객관적인 평가로 조직화가 잘 되어 있다. 그리고 효과적인 팀워크를 위해 링겔만 효과를 활용하여 성과를 도모할 수 있다.

링겔만 효과(Ringelmann effect)는 독일의 심리학자 막시밀리앙 링겔만(Ringelmann, 1913)이 집단 내 개인 공헌도를 측정한 것으로, 집단 속에서 참여하는 사람의 수가 늘어 갈수록 성과에 대한 개인별 공헌도가 떨어지는 집단적 심리현상을 말한다. 즉, 소속한 단체의 규모가 증가하면서 구성원 개개인의 생산성이 떨어지는 경향을 의미한다. 링겔만 효과를 설명하는 예시로 활용되는 줄다리기 실험에서는 개인이 당길 수 있는 힘의 크기를 100으로 보았을 때 2명, 3명, 8명으로 이루어진 각 그룹은 200, 300, 800의 힘이 발휘될 수 있을 것으로 기대하였으나, 실험 결과는 2명으로 이루어진 그룹은 잠재적인 기대치의 93%, 3명 그룹은 85%, 그리고 8명으로 이루어진 그룹은 49% 힘의 크기만이 작용한 것으로 나타났다. 즉, 그룹 속에 참여하는 개인의 수가 늘어날수록 1인당 공헌도가 오히려 떨어지는 현상이 발생한 것이다. 이는 혼자서 일할 때보다 함께 일할 때 노력을 덜 기울이기 때문에 나타나는 현상이다.

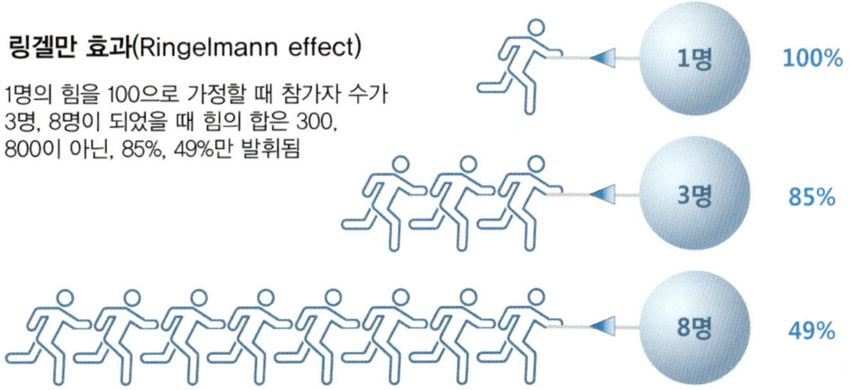

[그림 3-2] 링겔만 효과의 발생

링겔만 효과가 발생하는 경우는 첫째, 팀 내에서 개인의 존재의미 또는 가치를 발견하지 못한 경우이다. 둘째, 집단 속에서 개인의 잘못이 명확하게 드러나지 않을 때에도 나타나게 된다. 특히, 팀의 규모가 크면 팀 내에서 개인의 성과에 대한 분명하지 않은 평가가 링겔만 효과를 발생하게 되는 요인이 된다. 이러한 조직 내에서 링겔만 효과를 줄일 수 있는 방법으로 팀의 목표에 대한 개인의 몰입도(Personal involvement)를 높이는 것이 중요하다. 팀 리더는 공동의 목표 달성을 위해 구성원 개인에게 명확한 역할 및 책임감을 부여함으로써 스스로의 가치를 발견할 수 있게 한다. 또한 시스템적인 측면에서 팀 전체의 성과에 대한 평가뿐 아니라 개인의 기여도에 대한 평가를 동시에 함으로써, 팀에 대한 개인의 공헌도가 분명하게 인식될 때, 무임승차가 발생하지 않고 구성원 개인은 최선을 다하게 된다.

활동하기 1

나는 어떤 팀원을 좋아합니까?

효과적인 팀성과를 이끌어 내기 위한 구체적인 방법을 기술해 봅시다.

3. 팔로워십

1) 팔로워십의 의미

팔로워(follower)는 리더를 돕는 존재란 뜻을 포함하는 말로 고대 독일 고어인 '돕다' '후원하다' '공헌하다'의 의미인 'follazionhan'에서 유래되었다고 한다. 또한 사전적인 의미를 살펴보면 팔로워란 '타인의 가이드를 받거나 지시를 수행하는 사람'으로 정의하고 있다. 즉, 기본적으로 리더로부터 지시를 받고 따르는 사람을 의미한다. 이러한 팔로워의 의미를 토대로 여러 학자들이 정의한 팔로워십(followership)을 살펴보면 폴렛(follett, 1949)은 '리더와 팔로워 간의 관계가 독특하면서도 상호의존적인 개념과 역동적인 측면에서 제시되어야 한다'고 규명하였으며, '리더와 팔로워 간의 관계는 지배와 통제, 복종의 관계보다는 팀이나 조직이 직면한 어떤 상황을 해결하고 풀어 갈 수 있도록 상호 간의 영향력을 발휘하는 중요한 관계'라고 말했다. 허쉬와 블렌차드(Hersey & Blanchard, 1969)는 '주어진 상황에서 조직의 목표를 달성하기 위하여 리더가 의도하는 바에 따라 팔로워가 개인이나 집단적 노력에 참여함으로써 개인적 목표를 획득하는 과정이다.'라고 정의하여 팔로워십을 리더십의 하위개념이라고 말했다. 켈리(Kelley, 1992)는 '팔로워(follower)란 리더의 지시에 따라 조직의 발전을 위해 노력하는 구성원을 의미하며, 팔로워십(followership)은 리더가 추구하는 목표를 수행하기 위해 팔로워로서 갖춰야 하는 역량과 자세, 정신을 의미'한다고 말했다. 바누투고메즈(Banutu-Gomez, 2004)는 '팔로워십은 독립적이고 비판적인 사고의식을 가지고 일을 수행하는 것이며, 팔로워는 창의적이고 건설적이며, 다른 직원들에게 모범을 보이는 경향이 있고 기대 이상의 목적을 추구하는 자발적인 동기부여자'라고 말했다. 아데어(Adair, 2008)는 '팔로워가 자신이 추구하는 목적을 상호 공유하는 리더를 지지하려는 의도를 가진 자로 리더 및 동료들 간에 영향 관계를 구축한다는 것을 팔로워십'이라고 말했다. 아호(Agho, 2009)는 '팔로워는 조직의 발전을 위한 리더의 동반자로서 조직의 목표달성을 위하여 성공과 실패에서 중요한 역할을 하는 존재이며, 팔로워십은 리더와 함께 책임완수를 위해 최선을 다하는 것'이라고 말했다. 쉬름(Schirm, 2010)은 '팔로워십은 리더십과 분리되어 설명되기가 어렵고 팔로워십이 리더십의 거울이다'라고 했다. 이처럼 팔로우십에 대해 학자들의 견해가 다양한 것을 알 수 있으며, 상황에 따라 적절한 기준이 제시되고 있다.

2) 켈리 팔로워십

다양한 팔로워십에 관한 이론 중에 켈리는 1988년 Harvard Business Review에 기고한 「팔로워 예찬(InPraise of Followers)」에서 리더의 조직 성공 기여도가 20%인데 반해, 구성원인 직원의 기여도는 80%라는 연구결과를 발표하면서 팔로워십이라는 개념을 제시하였다. 켈리(1992)는 팔로워십의 사고 성향이 '독립적 · 비판적', 행동성향이 '능동적 · 수동적' 기준에 따라 모범형(Star follower), 소외형(Alienated follower), 순응형(Yes-people follower), 실무형(Pragmatist follower), 수동형(Sheep follower)의 5가지 유형으로 구분하였다.

첫째, 모범형 팔로워(Effective follower)는 스스로 생각하고 행동하며, 조직의 목적에 적극적으로 참여하고 솔선수범하여, 집단과 리더를 도와주고 자신이 맡은 일에 대해 책임지는 이상적인 팔로워로 구성원의 약 5%~10% 정도에 해당한다. 모범형 팔로워 특징은 주인의식을 가지고 있으며, 조직에 대한 자신의 가치를 높이고 타인과의 관계에서도 화합을 깨뜨리지 않고 원만한 인간관계를 유지한다. 또한 리더나 집단으로부터 독립해 자주적이고 비판적인 사고를 하며, 리더에게도 용감하게 맞서는 사람으로, 다양한 직무 경험과 지속적인 자기 개발 능력을 보여 주는 특징이 있다.

둘째, 소외형 팔로워(Alienated follower)는 독립적이고 비판적인 사고를 가지고 있지만 역할수행에는 소극적인 유형으로 리더의 노력을 비판하면서도 자신은 노력하지 않거나 불만스런 침묵으로 일관하는 것으로 보통 구성원의 15%~25% 정도에 해당한다. 또한 자신이 부당한 대우를 받는 희생자라고 생각하며, 리더나 조직으로부터 소외되는 경우가 많다. 소외형 팔로워는 리더에 대해 충족되지 않은 기대와 신뢰, 성과에 대한 인정이 돌아오지 않을 때 생긴다. 그러므로 소외형 팔로워가 모범형 팔로워가 되기 위해서는 부정적인 면을 극복하고 적극적이고 능동적으로 행동하기 위해 노력해야 한다.

셋째, 순응형 팔로워(Conformist follower)는 자신의 역할을 적극적으로 수행하는 유형이며, 리더의 판단에 지나치게 의존하는 유형으로 권한을 가진 리더에게 복종하고 순응하는 것이 의무라고 여기며 구성원의 20%~30% 정도에 해당한다. 리더의 견해나 판단을 지나치게 지지하며 리더의 마음에 들기 위해 열의를 보인다. 순응형 팔로워의 행동특징은 팔로워의 의존적인 성격, 권력을 행사하려는 리더의 영향 및 사회적 요구와 조직에서 성공하기 위해서는 지시받은 대로만 하면 된다는 인식에서 기인한다. 순응형 팔로워가 모범형 팔로워가 되기 위해서는 자신의 견해에 대해 자신감을 갖고 조직이 자신의 견해를 필요로 한다는 것을 인식해야 한다.

넷째, 실무형 팔로워(Pragmatist follower)는 실패하지 않기 위해 목표를 낮게 잡고 후회보다 안전을 추구하며 리더의 가치와 판단에 의문을 품기는 하지만 의견대립을 최소화하며 지시받은 일은 수행하지만 모험은 하지 않는다. 자신들의 이익을 위해 조직과 다른 사람들을 이용하기도 하며 구성원의 25%~35% 정도에 해당한다. 실무형 팔로워가 모범형 팔로워로 되기 위해서는 적절한 목표를 설정하고 구성원의 신뢰를 회복하고, 다른 사람들의 목표달성을 지원하는 헌신을 실행해야 한다.

다섯째, 수동형 팔로워(Passive follower)는 리더의 지시 없이는 자신의 임무를 수행하지 못하고 스스로 일을 해결하지 않고 참여도 잘하지 않는 책임감이 결여되어 있는 유형으로 구성원의 5%~10% 정도에 해당한다. 수동형 팔로워는 리더가 모든 상황을 통제하고 위협적인 수단을 사용할 때 발생할 수 있으며, 모범적인 팔로워가 되기 위해서는 독립적 · 비판적인 사고를 유지하면서 긍정적 인식을 회복하여, 적극적으로 참여하는 헌신을 배워야 한다.

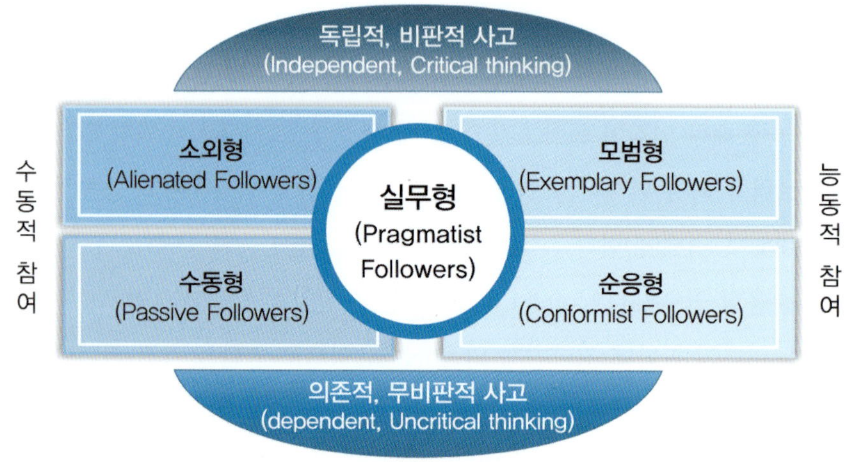

[그림 3-3] 켈리의 팔로워십의 유형

출처: R. E. Kelley(1994), The Power Of Followership(New York: BantamDoubleday Dell, 1994), p.97.

활동하기 2

■ 다음의 질문에 대해 자신에게 해당한다고 생각하는 것에 체크해 보세요.

질문	1	2	3	4	5	6	7
1. 당신의 과업은 자신에게 중요한 그 어떤 사회적 목표나 개인적인 꿈을 성취하는 데 도움이 되는가?							
2. 당신 개인의 목표는 팀의 최고 목표와 일치하는가?							
3. 당신은 팀을 위해 열정적이며, 헌신적으로 참여하는가?							
4. 당신의 열의가 확산되어 팀의 구성원을 활기차게 만드는가?							
5. 리더의 지시를 기다리면서 팀에 중요한 목표를 성취하기 위해 무엇이 중요한 활동인지를 자신이 판단하는가?							
6. 리더와 팀에 가치 있는 사람이 되기 위해서 당신의 능력을 발휘하는가?							
7. 새로운 일이 시작되었을때 리더가 중요한 의미라고 생각하는 부분에서 성과를 내는가?							
8. 리더는 당신이 부족한 점을 채울 것이라는 점을 믿고, 리더는 어려운 임무를 맡기는가?							
9. 당신은 맡은 바 범위에 벗어나도 일을 찾아서 성공적으로 완수하기 위해 솔선수범하는가?							
10. 리더의 부재 시에도 능력껏 과업을 수행하기 위해 참여를 하는가?							
11. 팀의 목표에 기여할 수 있는 아이디어를 적극적으로 제기하는가?							
12. 리더에게 의존해서 어려운 문제를 해결하기보다는 스스로 해결하려 하는가?							
13. 자신은 아무런 인정을 받지 못할 때라도 팀원이 좋은 평가를 받도록 돕는가?							
14. 필요한 경우 반대의견을 말해서라도 팀의 실패와 위험성을 볼 수 있도록 지원하는가?							

질문	1	2	3	4	5	6	7
15. 리더의 요구나 목표를 이해하고 충족시키기 위해서 적극적으로 참여하는가?							
16. 자신에 대한 장점과 약점의 평가에 적극적이고 솔직하게 인정하는가?							
17. 지시받은 일을 하는 것에서 벗어나서 리더가 내린 판단이 현명한가를 스스로 평가해 보는 습관이 있는가?							
18. 리더가 전문분야나 개인의 흥미에 정면으로 배치되는 역할을 줄 때 NO라고 하는가?							
19. 리더나 팀의 기준이 아니라 자신의 윤리적 기준에 따라 행동하는가?							
20. 당신이 속한 집단과 의견이 다르거나 리더로부터 질책을 당한다고 해도 당신은 중요한 이슈에 대해서 자기견해를 주장하는가?							

팔로워십 진단 결과를 작성해 보고, 팔로워십 유형을 확인해 봅시다.

A	점수	B	점수
1		2	
5		3	
11		4	
12		6	
14		7	
16		8	
17		9	
18		10	
19		13	
20		15	
총점 (세로 점수 기입)		총점 (가로 점수 기입)	

〈점수 기입하기〉

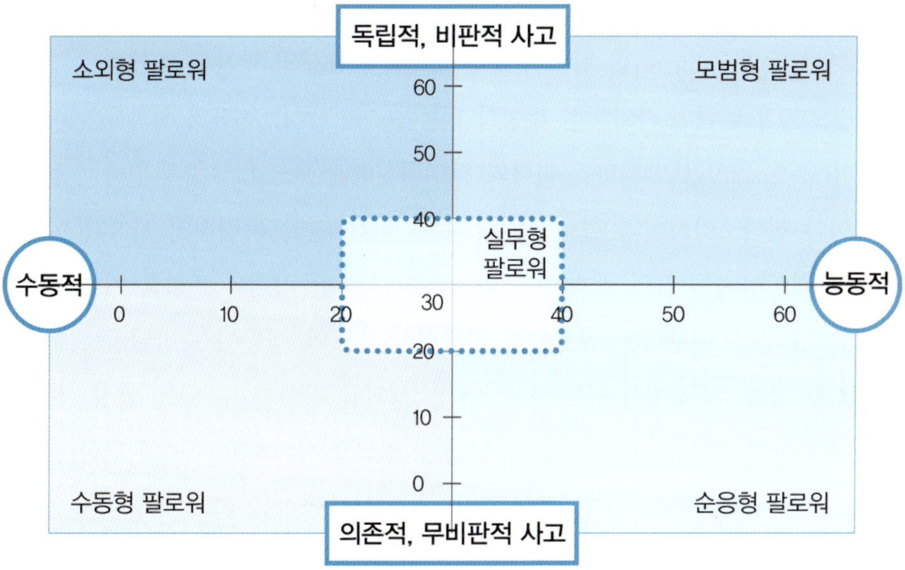

구분	자아상	동료/리더의 시각	조직에 대한 자신의 느낌
소외형	• 자립적인 사람 • 일부러 반대의견 제시 • 조직의 양심	• 냉소적 • 부정적 • 고집이 셈	• 자신을 인정 안해 줌 • 적절한 보상이 없음 • 불공정하고 문제가 있음
순응형	• 기쁜 마음으로 과업수행 • 팀플레이를 함 • 리더나 조직을 믿고 헌신함	• 아이디어가 없음 • 인기 없는 일은 하지 않음 • 조직을 위해 자신과 가족의 요구를 양보함	• 기존질서를 따르는 것이 중요함 • 리더의 의견을 거스르는 것은 어려움 • 획일적인 태도 · 행동에 익숙함
실무형	• 조직의 운영방침에 민감 • 사건을 균형 잡힌 시각으로 봄 • 규정과 규칙에 따라 행동	• 개인의 이익을 극대화하기 위해 흥정에 능함 • 적당한 열의와 평범한 수완으로 업무 수행	• 규정 준수를 강조 • 명령과 계획의 빈번한 변경 • 리더와 부하 간의 비인간적 풍토
수동형	• 판단, 사고를 리더에 의존 • 지시가 있어야 행동	• 하는 일이 없음 • 제 몫을 하지 못함 • 업무수행에는 감독이 필요	• 조직이 나의 아이디어를 원치 않음 • 노력과 공헌을 해도 소용이 없음 • 리더는 마음대로 함

3) 효과적인 팔로워십 개발

팔로워십(followship)이란 팀원이 구성원으로서 자신의 역할을 충실하게 수행해 내는 것으로 팔로워의 바람직한 특성과 행동을 의미한다. 조직의 성과를 위해서는 리더십(Leadership)을 발휘하는 리더와 팔로워십(followersship)을 발휘하는 팔로워가 있어야 한다. 리더십과 팔로워십은 다른 개념이지만 독립적인 관계가 아니라 상호보완적이며 필수적인 관계이다. 즉, 팔로워십이란 리더와 조화를 이루며 자기 주도적으로 일을 수행하는 팔로워의 바람직한 태도와 행동이 수반된 능력이라고 정의할 수 있다. 조직에서 탁월한 팔로워는 성과를 창출할 수 있는 열정, 전문성, 용기, 비판능력, 헌신, 조언, 조화 등의 핵심 요소를 겸비하고, 구성원과의 융합과 겸손함으로 목표달성과 지속적인 성장을 촉진하는 역할을 한다.

효과적인 팔로워십을 발휘하기 위해서는 첫째, 리더에게 필요한 자원이 되기 위해 팀의 목적과 비전에 자신의 행동을 일치시키며, 자신의 강점을 바탕으로 리더의 약점을 보완할 수 있어야 한다. 둘째, 리더가 보다 훌륭한 리더가 되도록 돕는 것으로 자신이 어떻게 좋은 팔로워가 될 수 있는지를 리더에게 묻고 찾아야 한다. 셋째, 리더와 돈독한 관계를 유지하기 위해 신뢰를 기반으로 하여 정직하게 말하고 행동하는 것이다. 리더로부터의 피드백과 비판을 수용하고 자신을 성찰할 수 있어야 한다. 넷째, 리더를 현실적으로 평가할 수 있는 현명한 판단력으로 리더에 대한 지나친 기대를 버리고 리더를 향하여 건설적인 비판을 하는 것이다. 동시에 성숙한 팔로워는 다른 사람들에게 자신의 리더를 비판하는 일을 삼가야 한다. 그런 사람이 탁월한 팔로워이면서 동시에 훌륭한 리더가 될 수 있다.

4. 리더십

1) 리더십의 이해

일상적으로 리더십이란 매우 광범위하게 사용되고 있으며, 현실에서 권력, 권한, 관리, 통제, 감독 등과 같은 용어들은 리더십과 비슷한 의미로 활용되고 있다. 리더십이란 조직의 공통목적을 달성하기 위하여 개인이 조직원에게 영향을 미치는 과정을 의미한다. 즉, 리더십은 공동목적(공동선)을 달성하기 위하여 구성원들에게 선한 영향력을 행사함으로써 자발적 추종을 이끌어 내는 상호작용의 과정이다. 이러한 리더십의 정의는 학자들의 견해에 따라 다양하게 제시되는데, 타넨바움(Tannenbaum, 1961)은 '주어진 상황에서 구체화된 목표를 달성하려는 노력으로써 효과적인 커뮤니케이션을 활용하여 이루어지는 대인관계적인 영향력이다.'라고 말했다. 스토그딜(Stogdill, 1974)은 '리더십이란 그룹의 구성원들이 특정 목표를 지향하고 목표를 달성하기 위해 영향력을 행사해 실제로 행동하도록 하는 것'이라고 말했다. 쿤츠와 오도넬(Koontz & O'Donnel, 1980)은 '사람들로 하여금 집단목표를 위하여 자발적으로 노력하도록 그들에게 영향력을 주는 기술 또는 과정이다.'라고 말했다. 허쉬와 블렌차드는 '주요 상황에서 목표를 달성하기 위해 개인이나 그룹의 모든 행동에 영향력을 행사하는 과정'이라고 말했다. 유클(Yukl, 2002)은 '조직이나 그룹의 목적, 이러한 목적을 달성하기 위한 업무활동의 동기, 그룹 유지와 문화에 영향을 미치는 과정'이라고 말했다. 아추아와 루시에(Achua & Lussier, 2013)는 '리더십은 리더와 추종자들이 변화를 통해 조직 목표를 달성하도록 영향력을 행사하는 과정'이라고 말했다. 이처럼 연구자마다 리더십에 대한 다양한 견해들이 있음을 알 수 있다. 이러한 여러 학자들의 정의를 토대로 정리하면 조직의 목표를 달성하기 위해 리더가 구성원에게 동기를 부여하고, 그들에게 영향력을 행사하는 과정으로 요약할 수 있다.

2) 리더와 관리자

리더와 관리자는 다른 개념으로써 관리자는 조직의 운영을 책임지는 사람으로 기획 · 조직화 · 지시 · 조정 · 통제 등의 관리활동으로 업무성과를 달성하기 위해 임명된 공식적 직책자이며, 역할은 자원을 관리 분배하고, 당면한 과제를 해결하는 것이다.

리더는 미래 통찰력을 가지고 비전을 제시하고, 조직의 성장에 영향력을 미치는 공통된 목표를 제시하여야 한다. 또한 목표를 달성할 수 있도록 조직원과 팀워크를 이루어 성과를 내는 과정을 주도적으로 하는 자이다. 즉, 리더는 개인과 조직의 변화를 촉진하는 자생적 리더(emergent leader)로서 특정 개인을 조직의 실질적 능력자로 인정하고, 전문적 지식이나 경험 · 정보 · 인맥 · 신뢰 그리고 존경과 같은 개인적 특성과 자질이 있다고 할 수 있다.

〈표 3-2〉 리더와 관리자의 비교

관리자	리더
• 상황에 수동적	• 새로운 상황에 적극적
• 유지 지향적	• 혁신 지향적
• 현재에 초점	• 미래에 초점
• 사람을 관리	• 동기 부여
• 체제나 기구를 중시	• 사람을 중시
• 기계적	• 정신적
• 위험을 회피한다.	• 위험(rick)을 감수한다.
• '어떻게 할까'를 생각한다.	• '무엇을 할까'를 생각한다.

3) 리더십의 유형

리더십의 유형은 일반적으로 변혁적 리더십, 거래적 리더십, 상황적 리더십으로 구분된다.

(1) 변혁적 리더십

가. 변혁적 리더십이론(transformational leadership)

변혁적 리더십은 리더가 성과와 관련된 미래를 예측하고, 구성원에게 비전을 고취시키며, 구성원을 리더로 성장하도록 육성하여 조직이나 개인이 혁신적인 학습자가 되도록 만드는 것을 의미한다. 변혁적 리더는 새로운 기회를 포착하고 창출하는데 적극적이며, 이해관계자들과 외부환경 요인들 간의 상호작용을 이해하는 통찰력 있는 리더라고 할 수 있다.

나. 변혁적 리더십의 구성요인

베이스(Bass, 1985)의 변혁적 리더십의 핵심 구성요인인 카리스마(Charismatic)는 리더가 조직의 비전과 목표에 열정과 헌신을 갖고 솔선수범하면서 구성원에게 동기부여를 제공하며 영향력을 행사하는 것이다. 지적자극(Intellectual stimulation)은 리더가 문제해결 능력 및 창의적인 해결 방안을 적극적으로 제시하여 구성원의 행동에 자극을 주고 변화를 촉진하는 것을 말한다. 개별적 배려(Individualized consideration)는 구성원의 상황을 고려하면서 개인의 성취욕구와 성장욕구에 지속적인 관심을 가지면서 리더십을 발휘하는 것이다. 영감적 동기부여(Inspirational motivation)는 구성원의 노력을 북돋아 주며, 비전(Vision)을 제시하고 구성원을 자극시켜 조직목표를 달성하도록 고취시키는 것이라 할 수 있다.

(2) 거래적 리더십

가. 거래적 리더십이론(transactional leadership)

번즈(Burns, 1978)에 따르면 거래적 리더십은 리더십 리더의 지위와 책임에 의하여 교환과 협상 및 순종을 기반으로 상호 이해관계를 토대로 구성원의 동기를 부여하고, 성과 기준과 목표를 설정하여 구성원에게 피드백을 제공하여 이끌어 가는 것으로, 리더의 관심은 통제, 조직화, 단기적 계획 등의 기본적인 관리에 관심을 두고 있다.

나. 거래적 리더십의 구성요소

베이스의 거래적 리더십에 대한 핵심 구성요소는 조건과 보상, 예외에 의한 관리이다. 조건적 보상(contingent rewards)의 거래적 리더는 조직의 목표달성과 보상을 연계하는 통로를 설정하여, 기대하는 목표를 제시하고, 상호 협의와 자원 확보를 위해 협상하고, 성과에 대하여 적합한 보상을 한다. 이러한 리더는 단기적이고 측정 가능한 결과를 달성하기 위해 세부적인 목표를 설정하고 명백하게 제시한다. 예외에 의한 관리는 리더가 구성원이 조직의 목표에 실패하고 이탈된 행동을 할 때 관리 개입하는 것으로, 적극적 예외관리(active management by exception)의 거래적 리더는 구성원의 업무성과를 적극적으로 검토하고, 목표 기준에서 미달할 기미가 보이면 도달할 방안을 제기하며, 실수를 방지하기 위한 조치를 취하는 것이며, 수동적 예외관리(passive management by exception)의 거래적 리더는 성과 미달이나 목표, 절차 기준의 이탈이 발생한 이후에 개입하여 조치하는 것을 말한다.

(3) 상황적 리더십(Situational Leadership)

가. 상황적 리더십 이론

상황적 리더십 이론은 피들러(Fiedler, 1964)가 제시한 세 가지 상황요인인 '리더－구성원관계', '지위권력', '직무구조'가 리더의 특성과 리더의 효과성을 조절한다는 모델에 의해서 시작되었다. 최근에 허쉬와 블렌차드는 리더의 관계적, 직무적 행동과 구성원의 성숙도의 상호과정으로, '상황적 요인'에 따라 리더십의 행동이 달라져야 한다는 주장으로, 구성원의 성숙도 수준에 따라 리더십 스타일이 적합해야 한다고 제시하였다.

나. 상황적 리더십의 구성요소

상황적 리더십의 핵심 구성요소는 구성원의 '성숙도'와 리더의 '관계적 행동'과 '과업적 행동요인'이다. 리더의 관계적 행동(relationship behavior)은 의사소통이 상호 원활하며, 정서적 지지와, 인간적 관계를 유지하는 것을 말한다. 과업적 행동(task behavior)은 리더가 구성원과의 조직화 역할에서 과업을 완수해야 한다는 것을 지시하는 등을 말한다.

구성원의 '성숙도(maturity)'는 조직의 수행과정에서 측정될 수 있는 것으로, 직무 성숙도(job maturity)와 심리적 성숙도(psychological maturity)의 두 가지 요소로 구성된다. 직무 성숙도는 구성원의 과업 관련 기술과 전문적 지식의 정도이고, 심리적 성숙도는 구성원의 과업 수행에 대한 자신감과 자부심의 정도를 말한다. 높은 성숙도의 구성원은 과업 수행에 대하여 능력과 자신감을 갖춘 사람으로서, 책임감이 높으며, 달성 가능한 목표를 설정하는 등의 특성을 갖는다. 낮은 성숙도의 구성원은 능력과 자신감이 부족한 특징을 보인다.

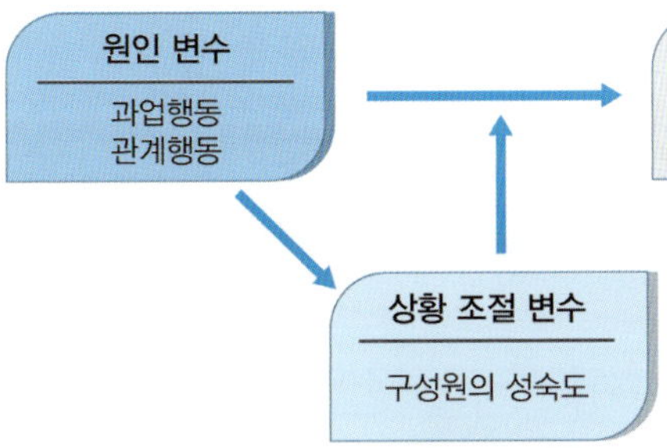

[그림 3-4] 상황적 리더십 구성요인

다. 상황적 리더십의 유형

허쉬와 블렌차드는 리더의 행동유형을 지시형(Telling)리더, 지도형(Selling)리더, 참여형(Participating)리더, 위임형(Delegating)리더로 제시하고 있다.

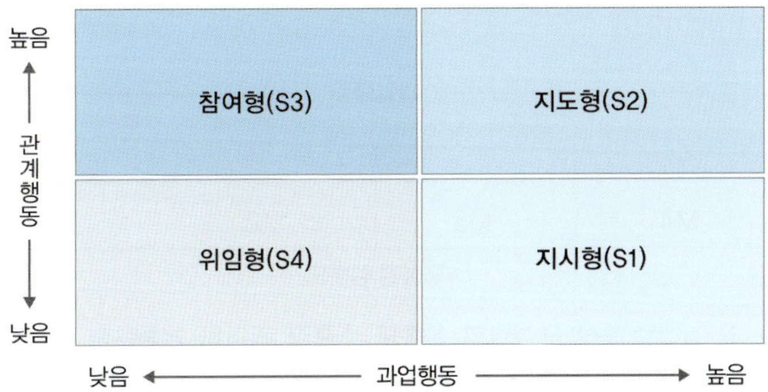

[그림 3-5] 과업 및 관계행동에 따른 리더의 4유형

지시형(Telling)은 '높은 과업행동-낮은 관계행동'으로 과업지향적 행동유형이며, 목표달성과 생산성에 초점이 있다. 리더는 계획된 목표의 달성 과정과 방법에 의해 구성원들의 활동을 감독하고 통제하려고 한다. 지도형(Selling)은 '높은 과업 행동-높은 관계 행동'의 유형이며, 목표 달성과 정서적 지원 양쪽에 초점을 맞추고 있다. 또한 구성들의 참여를 촉진하고 아이디어를 장려함으로써 인간관계적 만족감을 통해 조직의 관계를 촉진하면서, 과업목표 달성에 강한 통제적 행동을 유지하는 것이다. 참여형(Participating)은 '낮은 과업 행동-높은 관계 행동'의 유형이며, 목표달성을 위한 지원적 행동을 통하여 구성원들의 자발적인 노력을 촉진한다. 일상적 의사결정의 권한은 부하에게 위임하지만 문제해결의 책임은 리더가 지려고 한다. 위임형(delegating)은 '낮은 과업 행동-낮은 관계 행동'의 유형이다. 리더는 계획과 통제 및 감독 등의 과업활동과 정서적 지원적 행동도 적극적으로 하지 않고 과업담당자 등에게 위임하여 자율에 맡기는 유형이다.

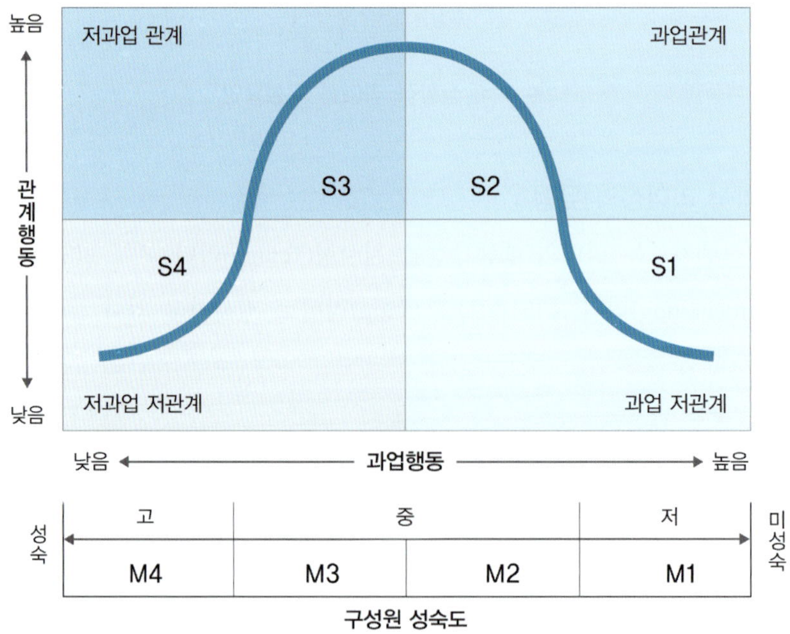

[그림 3-6] 구성원의 성숙도 수준과 리더의 행동유형

출처: P. Herssey, K. H. Blanchard and R. k. Hambletom, "Contracting for leadership style." in P. Hersey and J. stinson, ed.. Perceptives in Leader Effectiveness, 1980, Ohio University Press. p.102.

이와 연관되는 구성원의 성숙도 수준도 M1(가장 낮은 수준의 성숙도), M2(중간 이하 수준의 성숙도), M3(중간 이상 수준의 성숙도), M4(가장 높은 수준의 성숙도)로 구분한다. 즉, 리더는 구성원의 성숙도 수준을 파악한 후 그 구성원에 대해 적합한 행동 유형을 취하는 것이다. 구성원의 성숙도에 따라 가장 효과적인 리더의 행동 유형을 제시하고 있는데, M1 수준의 구성원에게는 과업에 대하여 지시해 주는 지시형 리더가 효과적이며, M2 수준의 구성원에게는 정서적 지지를 해 주고 대화를 많이 나누며 과업에 대해서도 자세히 설명해 주는 지도형 리더가 효과적일 것이다. M3 수준의 구성원에게는 과업에 적극적으로 참여할 수 있도록 유도하는 것이 필요하다. 해당 구성원은 업무능력은 있으나 동기부여가 안되어 있는 상태이므로 지지적인 행동을 보여 주고 의사결정 시 자문을 해 주며 칭찬과 관심을 기울여 주는 참여형 리더가 효과적이다. 가장 높은 수준의 성숙도를 유지하는 M4 수준의 구성원에게는 과업에 대한 책임을 위임하고 상당한 정도의 자율성을 부여해 주는 위임형 리더가 효과적이라 할 것이다.

S1은 지시형 리더로 높은 과업행위와 낮은 관계행위를 지닌 리더이며, 리더가 구성원의 역할을 확정하고 여러 가지 과업수행을 위해 지시적 행동을 하는 것이 특성이다. S2는 지도형 리더로 높은 과업행위와 높은 관계행위를 지닌 리더이며, 구성원에게 대부분의 지시를 하지만 리더가 쌍방적 의사소통이나 설명을 통하여 정서적으로 요구되는 행동에 대해 동기부여를 하고자 노력한다. S3는 참여형 리더로서 높은 관계행위와 낮은 과업행위의 리더이며, 이 유형은 리더가 팔로워의 의사결정 과정에 참여하여 의견을 나누면서 아이디어의 제출을 조장한다. S4는 위임형 리더로서 과업행위와 관계행위가 모두 낮은 리더이며, 이 유형은 팔로워들이 자신의 자율적 행동과 자기통제에 의존하도록 한다.

상황적 리더십 유형은 팔로워의 성숙도에 적합한 리더십 유형을 제시하고 있으나, 구성원의 성숙도에 따라 다른 리더 행동 유형을 선택할 수 있으며, 동일한 구성원이라 하더라도 성숙도의 변화에 따라 다른 리더 행동 유형을 적용해야 한다는 개념이 적용되므로, 융통성과 적응성이 매우 높은 강점을 가지고 있다. 그러나 리더십이 구성원의 성숙도에 따라 다르게 적용되어야 한다는 리더십의 주체성의 관점에서 여전히 논란이 되고 있다.

5. 리더십 개발하기

1) 리더십과 팔로워십의 관계

리더십과 팔로워십의 관계는 팔로워십과 리더십을 전혀 별개의 다른 개념으로 보는 관점이 있으며, 팔로워십을 리더십의 하위요인으로 리더십 안에 포함된 개념으로 인식하는 경우도 있다. 또한 리더와 상호 간에 관심을 주고받으며 상호 의견을 교환하는 독립적인 개념으로 보는 견해도 있다. 최근의 리더십은 조직성과를 촉진하는 방향에서 팔로워십과 상호보완적인 관점으로 이해하고 있다.

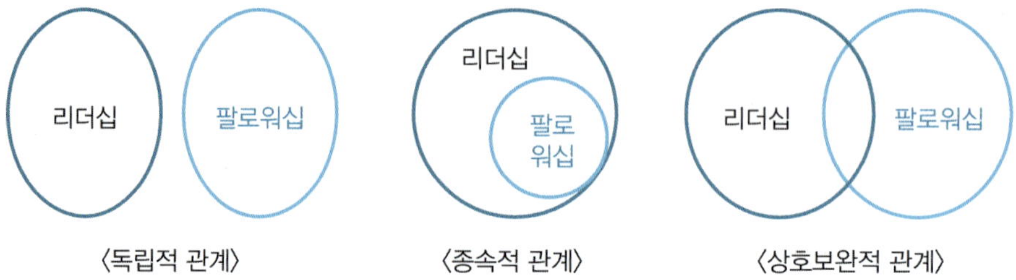

[그림 3-7] 리더십과 팔로워십 간의 관계

활동하기 3

■ 아래의 사례를 읽고 자신의 리더십과 비슷한 사례에 체크해 보세요.

팀의 리더가 되면 주제에 따라 내가 잘 아는 분야이면 구성원의 생각을 듣기 보다는 자신이 의견을 내고 구성원들이 대부분 의견에 동참해 주길 요구한다. 팀원은 자신에게 주어진 역할만을 수행하고 팀의 전반적인 정보를 구성원들은 잘 알지 못하고 있다.	
팀의 리더가 되면 팀을 운영하기 위하여 정기적인 회의를 열고 협의 내용을 팀원들에게 공유한다. 구성원들은 의견을 제시하거나 완전히 새로운 안을 제시할 수도 있으며, 리더가 팀원의 생각에 동의하거나 거부할 권한을 가진다.	
팀의 리더로 선출되었지만 리더도 팀원의 한 명일 뿐이라는 생각을 가지고 있다. 리더인 자신이 팀원들보다 더 비중이 있다고 생각하지 않으며, 모든 팀원들은 팀의 성과 및 결과에 대한 책임을 공유하고 있다.	
팀의 리더가 되면 팀을 잘 운영하기 위해서 팀원들과 역할과 운영방법을 찾아보고 팀 목적을 달성하기 위해 팀의 개선점을 찾고 팀원들이 몰두할 수 있도록 격려하고 함께 해결하기 위해 노력한다.	

활동하기 4

■ 자신의 팔로워십과 리더십을 경험해 보세요.
A는 눈을 감고 펜을 들어 선을 벗어나지 않게, B가 설명하는 대로 그려 보세요. (2인 1조)

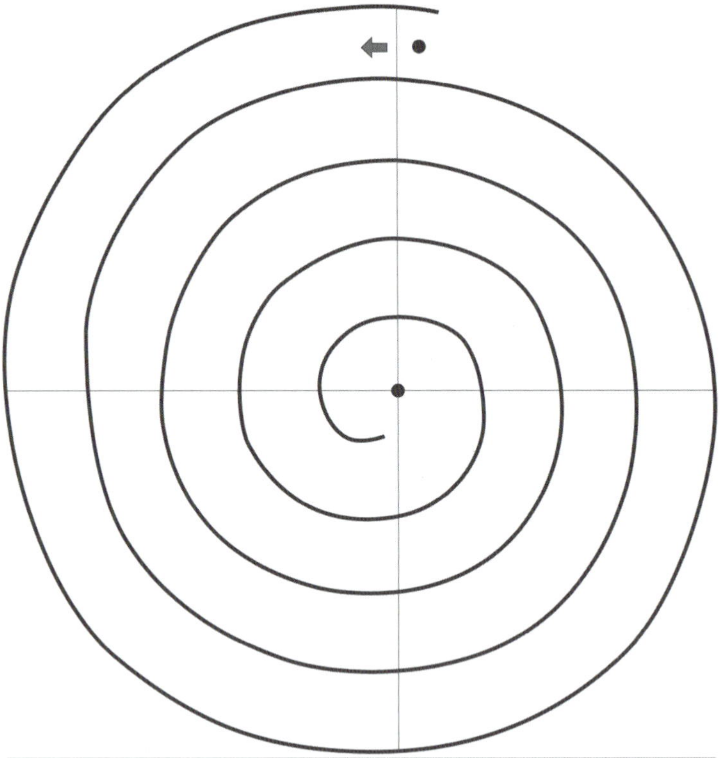

A역할	
B역할	
종합의견	

6. 갈등관리

1) 갈등관리의 이해

갈등의 어원은 라틴어의 콘피게레(configere)로서 '함께'라는 의미의 콘(con)과 '충돌이나 다툼'을 의미하는 피게레(figere)가 합쳐진 합성어로 개인이나 집단 간에 서로 충돌한다는 것을 의미한다. 일반적으로 조직을 구성하는 개인과 집단 간에 서로 잠재적 또는 현재적으로 대립하고 마찰하는 사회적 · 심리적 상태를 의미한다. 조직 내 다양한 개인이 공통의 목적을 지향하다 보면 의견차이로 갈등이 발생하게 된다. 갈등이나 의견불일치는 부정적인 결과를 가져올 수도 있지만, 새로운 해결책이나 기회를 제공할 수 있으므로 갈등에 어떻게 반응하고, 관리하는지가 중요하며, 조직에서 갈등이나 의견의 불일치는 좋거나 나쁜 것이 아니라는 점을 인식하는 것이 필요하다. 갈등과 조직관계를 보면 갈등 수준이 전혀 없거나 낮을 때에는, 조직 내부는 의욕이 상실되고 환경변화의 적응력도 떨어져 조직성과가 낮아질 수 있다. 갈등수준이 적정할 때는 조직 내부에 역동성이 생기고 변화 지향적이며 문제해결 능력이 발휘되어 조직성과가 향상되는 등 갈등의 순기능이 작용하며, 갈등수준이 너무 높으면 조직 내 혼란과 분열이 생기기 때문에 갈등의 역기능을 초래할 수 있다.

일반적인 갈등의 단서는 조직 내에 갈등이 존재하는지를 파악하고 깨닫는 데 중요한 근거가 되며, 이러한 갈등의 기미는 구성원 간의 지나치게 감정적인 논평과 제안을 하는 경우, 타인의 의견발표가 끝나기도 전에 타인의 의견에 대해 공격을 하는 경우, 핵심을 이해하지 못한 것에 서로 비난하는 경우, 편을 가르고 타협하기를 거부하는 경우, 개인적인 수준에서 미묘한 방식으로 서로를 공격하는 경우 등으로 파악할 수 있다.

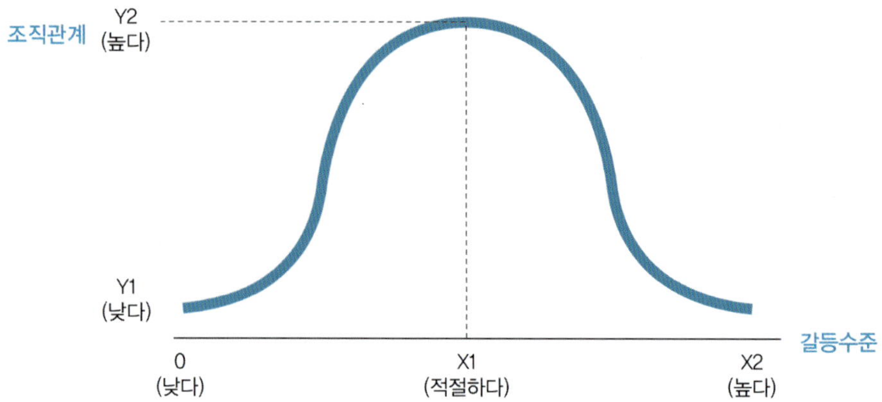

[그림 3-8] 갈등의 순기능과 역기능

2) 갈등의 유형

갈등에는 두 가지 유형이 있는데, 첫 번째 유형은 '불필요한 갈등'이다. 개인마다 문제를 다르게 인식하거나 정보가 부족한 경우 편견에 의한 적대적 감정이 불필요한 갈등이다. 두 번째 유형은 '해결할 수 있는 갈등'으로 상대방을 먼저 이해하고 서로가 원하는 것을 만족시켜 주면 해결된다. 발생된 갈등을 관리하고 해소하기 위해서는 갈등을 증폭시키는 원인으로 첫째, 적대적 행동을 하는 구성원은 '승패의 경기'를 하며 문제를 해결하기보다는 승리하기를 원한다. 둘째, 입장 고수형 구성원은 공동의 목표를 달성하는 것의 필요성을 느끼지 않으며, 각자의 입장만 고수하여 의사소통을 회피하는 것이다. 셋째, 감정적 관여가 형성되어 있는 구성원이 자신의 입장만을 주장함으로써 감정적으로 얽히는 경우이다. 이러한 갈등은 즉각적으로 다루지 않게 되면 팀 성과의 저해를 가져오는 요인이 된다. 이러한 갈등을 해결하기 위해서는 조직 내 갈등이 존재한다는 사실을 인정하고, 해결하기 위해 조치를 취해야 한다. 또한 갈등을 성과 창출의 기회로 전환시키기 위해서는 갈등이 팀 내부에 존재한다는 것도 인정해야 한다.

3) 갈등의 발생과정 단계

갈등의 발생과정은 다음과 같은 5가지 단계로 진행된다.

(1) 의견 불일치

개인 간의 생각이나 신념, 가치관, 성격차이로 인해 의견의 불일치가 발생하는 경우에는 상대방의 생각과 동기에 대해 설명하는 기회를 주어 오해를 해소하게 되면 좋은 관계로 발전할 수 있지만, 이러한 사소한 갈등을 방치하게 되면 더욱 심각한 갈등으로 발전할 수 있다.

(2) 대결 국면

의견 불일치가 해소되지 않으면 대결 국면으로 빠져들게 되는데 단순한 해결방안이 없고 제기된 문제들에 대해 새로운 해결점을 찾아야 한다. 대결 국면에서는 감정이 개입되어 상대방의 주장에 문제점을 찾게 되고, 서로의 입장을 고수하게 되어, 긴장감이 높아지면서 감정적인 대응으로 격화될 수 있다.

(3) 적대적 국면

상대방에 대하여 불신과 좌절, 부정적인 인식이 확산되면서 적대적인 현상으로 발전해 강압적, 위협적인 방법이 사용될 수 있으며, 극단적인 경우는 언어폭력이나 신체적인 폭행으로 확대되기도 하며, 상대방의 생각이나 의견, 제안을 부정하고, 상대방은 반격으로 대응하면서 각각의 정당성만을 고집하게 된다.

(4) 진정 국면

논쟁이 계속되고 시간이 지나면서, 에너지만 낭비하고 무한정 이런 갈등상태로 유지될 수 없다는 것을 느끼게 되면, 흥분, 불안이 이성과 이해의 원상태로 회귀하면서, 다시 협상이 시작되고, 주제에 대한 논의와 새로운 대안을 모색하게 된다. 즉, 정점에서의 갈등이 점차 감소하면서 진정 국면에 들어서게 된다.

(5) 갈등의 해소

진정 국면에서는 갈등 당사자들은 문제를 해결하지 않고는 자신의 목표를 달성하기 어렵다는 인식으로 결과에 만족할 수 없는 경우도 있지만, 서로 갈등해소를 위해 노력한다.

4) 갈등의 해결 방법의 유형

갈등 해결 방법은 회피형, 경쟁형, 수용형, 타협형, 통합형 등의 유형으로 구분할 수 있다.

〈표 3-3〉 갈등 해결 방법의 유형

유형	내용
회피형 (avoiding)	자신과 상대방에 관심이 낮은 경우로서, 갈등 상황에 대하여 상황이 나아질 때까지 문제를 덮어 두거나 위협적인 상황에서 피하고자 하는 경우로써 개인의 갈등상황으로부터 철회하는 것이다. 이에 상대방의 욕구와 본인의 욕구를 모두 만족시킬 수 없게 되므로 나도 지고 너도 지는 (I loss-yos loss)전략이라도 한다.
경쟁형 (competing)	자신에 대한 관심은 높고 상대방에 대한 관심은 낮은 경우로서 '나는 이기고 너는 지는 방법(win-lost)'으로 상대방의 목표 달성을 좌절시키면서, 자신의 목표를 이루기 위해 전력을 다하는 것으로 제로섬 개념을 의미한다.
수용형 (accomodation)	자신에 대한 관심은 낮고 상대방에 대한 관심은 높은 경우로서 '나는 지고 너는 이기는 방법(I lost-you win)'으로 상대방의 관심을 충족하기 위하여 자신의 관심이나 요구를 희생함으로써 상대방의 의지에 따르는 경향이 있다. 상대방이 무리한 요구를 해 오는 경우에 전형적으로 나타나는 반응이다.
타협형 (compromising)	자신에 대한 관심과 상대방에 대한 관심이 중간 정도인 경우로 서로가 받아들일 수 있는 '결정을 위하여 타협적으로 주고받는 방식(give and take)'으로써 갈등 당사자들이 반대의 끝에서 시작하여 중간 정도 지점에서 타협하여 해결점을 찾는 것으로 갈등 당사자 간에 불신이 있으면 실패하게 된다.

유형	내용
통합형 (integrating)	자신은 물론 상대방에 대한 관심이 높은 경우로 '나도 이기고 너도 이기는 방법(win-win)'을 말한다. 문제해결을 위하여 서로 간에 정보를 교환하면서 목표를 달성할 수 있는 윈-윈 해법으로 서로의 차이를 인정하고 배려하는 신뢰감과 공개적인 대화를 필요로 하며, 통합형이 가장 바람직한 갈등 해결 유형이라고 할 수 있다.

5) 갈등의 해결을 위한 개발

(1) 사고의 패러다임 전환

조직 내 존재하는 갈등을 파악하기 위해서는 선입견이 관점을 제한하기 때문에 갈등을 파악하는 데 걸림돌이 될 수 있어서 자신의 사고 패러다임을 점검해야 한다. 즉, 갈등을 해결하기 위해서는 자신의 사고방식을 점검하고 긍정적인 태도와 생각의 전환이 필요하고, 갈등 해결을 위한 역지사지의 태도와 개방적인 관점으로의 인식 전환이 요구된다.

(2) 의사소통 채널의 개방

갈등을 효과적으로 해결하기 위해서는 각각의 입장을 탐색하고 의사소통 채널을 개방하며, 다른 사람들을 참여시킴으로써 갈등을 해결할 수 있다. 이런 상황에서 이해된 부분은 검토를 하고, 논쟁은 피하는 것이 좋다. 또한 사실이나 행동에 초점을 두고 구성원의 차이점보다는 유사점을 파악하도록 하여 당사자들이 갈등의 본질에 대해 이해하는 것이 필요하다.

(3) 윈-윈(win-win) 전략

문제해결을 위해 서로의 관점과 책임을 수용하도록 하기 위해서는 역할을 바꾸어서 수행해 보기를 할 수 있다. '윈-윈(win-win) 전략'은 갈등과 관련된 사람으로부터 의견을 받아서 문제의 본질적인 해결책을 얻는 것을 의미한다. 윈-윈 해결책에서 중요한 것은 해결방법을 모색하려 하지 않으면 어떠한 효과도 발생할 수 없으며, 또 다른 대립을 조성할 수 있기 때문에 인간관계에 영향받지 않도록 상호간의 만족할만한 해결책을 모색하는 것이 중요하다.

〈표 3-4〉 **윈-윈 단계 절차**

단계	구분	내용
1단계	충실한 사전준비	• 비판적인 패러다임 전환 • 자신의 위치와 관심사 확인 • 상대방의 입장과 관심사 파악
2단계	긍정적인 접근방식	• 상대방이 필요로 하는 것을 생각하여 본 점 인정 • 자신의 '윈-윈 의도' 명시 • 윈-윈 절차, 즉 협동적인 자세, 절차 파악
3단계	두 사람의 입장을 명확히 하기	• 동의하는 부분 인정하기 • 기본적으로 다른 부분 인정하기 • 자신이 이해부분을 점검하기
4단계	윈-윈에 기초한 기준에 동의하기	• 상대방에게 중요한 기준을 명확히 하기 • 자신에게 어떠한 기준이 중요한지 말하기
5단계	해결책 생각	• 해결책을 생각해 내기
6단계	평가하기	• 해결책을 평가하기
7단계	최종 동의하기	• 최종 해결책을 선택하고 실행하는 것에 동의하기

활동하기 5

■ 최근에 경험한 갈등 상황에서 상대방을 어떻게 인식하고 있는지 살펴보고 자신이 생각하는 갈등을 해결할 수 있는 방법을 기술해 봅시다.

최근에 겪은 갈등 상황	
갈등을 해결할 수 있는 방법	

활동하기 6

자신과 다른 의견을 가진 사람을 설득하여 본인이 원하는 방향으로 이끌었던 경험에서 설득할 수 있었던 구체적 방법을 기술하세요.

팀의 공동과업을 달성하는 과정에서 발생된 어려움을 극복하기 위해 구성원들과 적극적으로 협력했던 경험과 구체적인 행동을 기술하세요.

7. 협상능력

1) 협상의 의미

'협상하다'(negotiate)는 라틴어 'negtir'에 어원을 두고 있으며, 여가를 뜻하는 'tir'이라는 어근에 부정의 의미를 지닌 'neg'가 붙어 '여가가 아니다'라는 의미를 지니게 된다. 협상이란 갈등상태에 있는 이해당사자들이 대화와 논쟁을 통해서 서로를 설득하여 문제를 해결하려는 정보전달 과정이자 의사결정 과정이다. 협상을 이끌어 내는 방법을 의논하고, 해결방안을 찾기 위해 노력하며, 문제의 해결책을 도출하려는 행동이다. 협상을 넓은 의미에서 살펴보면 일상생활에서는 사소한 협상이 존재하며 이러한 행위자는 모두 협상가라 할 수 있다.

협상의 차원으로는 '의사소통 차원', '갈등해결 차원', '지식 및 노력 차원', '의사결정 차원' 등으로 구분할 수 있다.

〈표 3-5〉 협상의 다양한 차원

구분	내용
의사소통 차원	이해당사자들이 자신들의 욕구를 충족시키기 위해 상대방으로부터 최선의 것을 얻도록 상대방을 설득하는 커뮤니케이션이다.
갈등해결 차원	갈등관계에 있는 이해당사자들이 대화를 통해 갈등을 해결하고자 하는 개인, 조직, 국가가 가지고 있는 갈등의 문제를 해결하기 위해 조정하고 공통의 이익을 증진시키는 상호작용이다.
지식 및 노력 차원	협상이란 얻고자 하는 것을 가진 사람으로부터 호의를 얻어 내기 위한 것으로 승진, 돈, 안전, 자유, 사랑, 지위, 명예, 정의 등 원하는 것을 다른 사람들보다 우월한 지위를 점유하면서 얻을 수 있을 것인가에 관련된 지식이며 노력의 분야이다.
의사결정 차원	둘 이상의 이해당사자들이 여러 대안들 가운데 이해당사자들 모두가 수용 가능한 대안을 찾기 위한 의사결정 과정이며, 공통적인 이익을 추구하나 서로 입장의 충돌 때문에 이해당사자들 모두에게 수용 가능한 이익의 조합을 찾으려는 과정이다.

2) 협상의 과정

협상 과정이란 사전 준비에서부터 협상된 내용의 집행까지 도달하는 것을 의미한다. 이러한 협상 과정의 5단계는 협상 시작, 상호 이해, 실질 이해, 해결 대안, 합의문서의 절차이며, 간략하게 협상 과정의 3단계는 협상 전 단계, 협상 진행 단계, 협상 후 단계의 과정으로 구분된다.

〈표 3-6〉 협상의 과정

단계	내용
협상 시작	• 협상당사자들 사이에 상호 친밀감이 생김 • 간접적인 방법으로 협상의사를 전달 • 상대방의 협상의지를 확인 • 협상진행을 위한 수립
협상안 제시	• 갈등 문제의 진행상황과 현재 상황을 점검 • 적극적으로 경청하고 자기 주장을 제시 • 협상을 위한 협상 대상 안건을 결정
실질 요구 파악	• 겉으로 주장하는 것과 실제로 원하는 것을 구분하여 실제로 원하는 것을 파악 • 분할과 통합 기법을 활용하여 이해관계를 분석
해결 대안 모색	• 협상 안건마다 대안들을 평가 • 개발한 대안들을 평가 • 최선의 대안을 합의하고 선택 • 대안 이행의 실행계획을 수립
합의 문서 도출	• 합의문을 작성 • 합위문서상의 합의 내용, 용어 등을 재점검 • 합의문에 서명

3) 협상전략

협상에 사용될 협상전략은 협상의 목적과 상황적 요인에 따라서 다양한 형태로 사용할 수 있으며, 협상에 사용되는 전략은 '협력전략', '유화전략', '회피전략', '강압전략', '설득전략' 등으로 구분될 수 있다.

(1) 협력전략(문제해결전략)

협력전략(cooperrative strategy)은 협상 참여자들이 통합으로 문제를 해결하고자 하는 협력적 문제해결전략('win－win'전략)을 활용하여 자신들의 목적이나 우선순위에 대한 정보를 교환하고 협동하여 문제를 해결하고자 노력한다. 협상전술에는 '협동적 원인탐색', '정보수집과 제공', '쟁점의 구체화', '대안개발', '개발된 대안들에 대한 공동 평가', '협동하여 선택한 최종안' 등이 있으며, 이러한 전략은 협상 당사자들이 서로에 대해 정보를 많이 공유하고 있을 경우와 협상 당사자 간에 신뢰가 쌓여 있는 경우, 또는 우호적 인간관계의 유지가 중요한 경우에 가능하다.

(2) 유화전략(양보전략)

유화전략(smoothing strategy)은 양보 전략이며, 수용전략으로써 상대방이 제시하는 것을 일방적으로 수용하여 협상의 가능성을 높이려는 전략이다. "Lost－win"전략으로 불리며, 상대방의 승리를 위해서 나는 손해를 보아도 괜찮다는 전략이다. 유화전략은 협상의 결과에 초점을 두기보다는 상대방과의 인간관계 유지를 선호하여 상대방과 충돌을 피하고 싶을 때 사용할 수 있다. 유화전략에 사용될 수 있는 전술에는 양보, 순응, 수용, 굴복, 요구사항의 철회 등이 있으며, 결과 및 자신의 이익보다는 상대방의 이익을 고려해야 하는 경우, 상대방의 인간관계 유지를 선호하는 경우, 상대방과의 충돌을 피하고자 하는 경우, 단기적으로 손해를 감수하더라도 장기적 관점에서 이익이 되는 경우에 활용하는 전략이다.

(3) 회피전략(무행동 전략)

회피전략(avoiding strategy)은 협상철수전략이며, 협상을 피하거나 잠정적으로 중단하거나 철수하는 "Lost－Lost"전략으로 시간과 노력을 투자할 필요가 없을 정도로 협상의 가치가 낮거나 협상을 계속 진행하는 것이 자신에게 불리할 가능성이 있을 때에 진행된다. 회피전략으로는 회피, 무시, 무반응, 협상안건을 타인에게 넘겨 주기, 협상으로부터 철수가 있으며, 자신도 손해를 보고 상대방도 손해가 따르는 전략으로 협상의 가치가 매우 낮은 경우, 자신이 얻게 되는 결과나 인간관계 모두에 관심이 없는 경우, 상대방에게 심리적 압박감을 주어 필요한 것을 얻어 내려 하는 경우, 협상 이외의 방법으로 쟁점해결이 가능한 경우에 활용하는 전략이다.

(4) 강압전략(경쟁전략)

강압전략(forcing strategy)은 경쟁 전략이며, 자신에게 힘이 있을 때 상대방에게 자신의 입장을 강요하는 "win-lost"전략으로, 제로섬(zero-sum)의 결과가 산출될 수 있으며, 강압적 위협이나 설득으로 굴복시키는 것이다. 협상전술로는 위압적인 입장, 위협, 협박적 설득, 논쟁, 회유와 설득, 강압적 설명요청 등을 사용하며 인간관계를 중요하게 여기지 않는 경우, 자신의 이익을 극대화해야 하는 경우, 상대방에 비해 자신의 힘이 강한 경우, 상대방과의 인간관계가 나쁘고 신뢰가 전혀 없는 경우에 활용한다.

(5) 설득전략

설득이란 상대방의 인지, 정서, 행동 등의 태도를 자신이 의도하는 방향으로 움직이게 하는 것이다. 이러한 설득전략으로 'see-feel-change'는 갈등관리를 순조롭게 하고, 협상의 목적을 성공적으로 달성하기 위한 전략으로, 세부적으로 'see' 전략은 시각화하고 직접 보게 하여 이해시키는 전략이며, 'feel' 전략은 스스로 느끼게 하여 감동시키는 전략이며, 'change' 전략은 변화시켜 설득에 성공한다는 전략이다.

see (시각화하여 이해시킨다.) → feel (느끼게 하여 감동시킨다.) → change (변화시켜 설득에 성공한다.)

활동하기 7

■ 최근 협상 사례를 작성하고, 어떤 협상전략을 사용했는지 설명하고, 성공적 요인은 무엇인지 기술하시오.

전략	경험 사례
협력전략	
유화전략	
회피전략	
강압전략	
설득전략	

CHAPTER 04

문제해결 능력

I. 문제해결 능력의 이해

1) 문제의 정의

문제란 기본적으로 명확한 해결방안이 보이지 않는 바람직하지 않은 상태로써 현재수준과 기대수준의 차이이며, 기대수준은 목표, 바람직한 상태, 기대되는 결과, 원하는 모습 등을 말한다. 현재수준은 현재 상태, 현상, 실제 모습, 예상되는 현 상태 등으로 목표와 현상의 차이, 기대되는 결과와 실제 결과의 차이라고 할 수 있다.

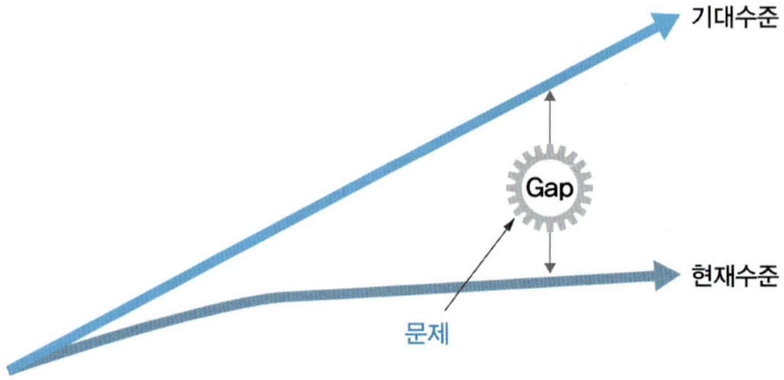

[그림 4-1] 문제의 일반적 정의

2) 문제해결의 유형

문제를 해결하기 위해서는 각 문제의 유형을 파악하는 것이 선행되어야 하는데, 문제를 설정하는 기준에 따라 구분할 수 있다.

첫째, 시간에 따른 문제 유형을 과거문제, 현재문제, 미래문제로 구분하여 볼 수 있다.

둘째, 기능에 따른 문제 유형은 기술문제, 자금문제, 인사문제, 제조문제, 판매문제 등 기능에 따라 분류된다.

셋째, 해결방법에 따른 문제 유형을 논리적 문제와 창의적 문제로 구분할 수 있으며, 논리적 문제는 현재의 문제점이나 미래의 문제로 예견되는 문제 자체가 명확한 문제이며, 창의적 문제는 향상된 해결방법을 찾기 위한 것으로 현재에 문제가 없거나 문제가 명확하지 않은 탐구적인 문제 형태이다.

〈표 4-1〉 문제의 분류

구분	논리적 문제	창의적 문제
정의	현재의 문제이거나 미래의 문제로 예상되는 명확한 탐구적 문제	현재 문제가 발생하지 않았으나 보다 나은 향상을 위한 명확하지 않은 문제
특징	이성적, 논리적, 정량적, 객관적, 분석적, 일반적,	직관적, 특수적, 개별적, 정성적, 주관적
해결방법	논리적 방법인 분석, 논리, 귀납의 방법으로 해결의 답이 정해져 있거나 한정되어 있음	창의력에 의한 아이디어를 통해 해결할 수 있으며, 답의 수가 여러 가지이며, 많은 답 중에 선택할 수 있음

원인에 따른 문제 유형은 발생형 문제(보이는 문제), 탐색형 문제(찾는 문제), 설정형 문제(미래 문제)로 분류할 수 있다.

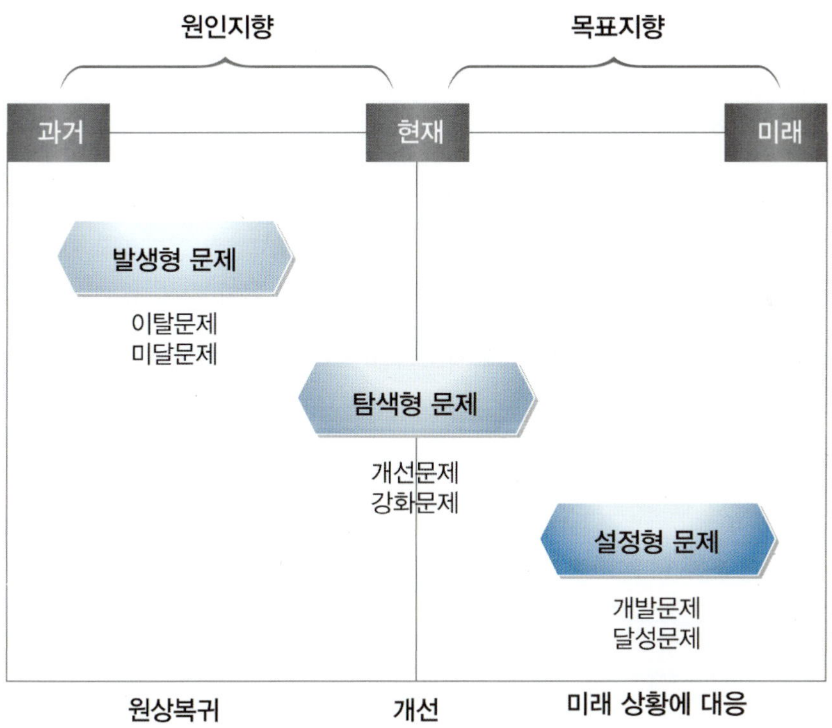

[그림 4-2] 문제의 유형

(1) 발생형 문제(보이는 문제)

현재 이미 발생되어 해결하기 위해 고민하는 문제로 어떤 기준을 벗어났거나, 기준에 미달하여 발생하는 문제로 원인이 내재되어 있기 때문에 원인 지향적 문제이다.

(2) 탐색형 문제(개선 문제)

현재 문제가 발생하지 않았지만, 현재의 상황을 개선하거나 효율을 높이기 위해 만들어진 의식적인 문제이다. 탐색형 문제는 잠재문제, 예측문제, 발견문제 등 세 가지 형태이며, 잠재문제는 잠재되어 인식하지 못해서 해결이 어려워진 문제이며, 분석을 통해 문제를 발견할 수 있다. 예측문제는 현재 발생한 문제는 아니지만 계속적으로 진행될 경우 발생할 수 있는 문제를 말한다. 발견문제는 현재로서는 당장 문제가 없으나 더 개선, 향상시킬 수 있는 것을 의미한다.

(3) 설정형 문제(미래 문제)

미래상황에 대응하는 '앞으로 어떻게 할 것인가'에 대한 미래지향적으로 새로운 과제 목표를 설정함에 따라 일어나는 문제로서 목표지향적 문제라고 한다. 전혀 새로운 목표를 설정하는 개발형 문제와 장래 발생 가능한 리스크에 대한 회피형 문제가 있는데, 문제를 해결하는 데 창조적인 노력이 요구되므로 창조적 문제라고도 한다.

활동하기 1

■ 자신이 고민하고 있는 문제를 기술해 보고 문제의 유형에 따른 해결방법을 작성해 봅시다.

현재 고민 내용	발생원인(문제유형)에 따른 해결방안

3) 문제해결의 의의

(1) 문제해결의 정의

문제해결이란 목표와 현상을 분석하고 결과를 바탕으로 주요과제를 도출한 후, 바람직한 상태나 기대되는 결과 중 최적의 해결안을 실행, 평가해 가는 활동을 의미한다. 문제해결의 능력은 다양한 문제를 올바르게 인식하고 적절히 해결하는 능력을 말하는 것으로 사고력과 문제 처리 능력으로 구성된다.

(2) 문제해결을 위한 기본사고

문제해결을 위해 필요한 4가지 기본적 사고는 전략적 사고, 분석적 사고, 발상의 전환, 내·외부 자원의 활용 등으로 볼 수 있다.

[그림 4-3] 문제해결을 위한 기본 사고

가. 전략적 사고

현재 당면하고 있는 문제 수준과 해결방안에만 집착하지 않고 문제와 해결방안을 위한 상위시스템 및 다른 문제와 어떻게 연결되어 있는지를 생각하는 거시적인 사고가 요구된다.

나. 분석적 사고

전체 문제를 각각의 요소로 나누어 의미를 도출한 다음 우선순위를 부여하고 구체적인 해결방안을 실행하는 것이 필요하다. 분석적 사고는 문제의 성격에 따라 사실지향의 문제, 가설지향의 문제, 성과지향의 문제 등 세 가지 사고가 요구된다. 첫째, '사실지향의 문제'는 일상 업무에서 일어나는 상식, 선입견, 편견을 타파하여 객관적 사실로부터 사고와 행동을 하는 것이다. 둘째, '가설지향의 문제'는 현재 상황과 원인분석 전에 지식과 경험을 토대로 과정, 결과를 가정한 다음 검증이 이루어진 후 사실일 경우 다음 단계를 수행하는 것이다. 셋째, '성과지향의 문제'는 기대하는 결과를 명시한 후 효과적으로 달성하는 방안을 사전에 구상하고 실행하는 것이다.

다. 발상의 전환

세상을 바라보는 인식의 틀을 전환하여 새로운 관점에서의 사고를 지향하는 것으로, 기존과 다른 프레임을 설정하여 실행하는 것이다.

라. 내 · 외부 자원을 효과적으로 활용

문제해결을 할 때 사람, 기술, 재료, 방법 등 필요한 자원 확보 계획을 수립하고 다각적으로 내 · 외부 자원을 효과적으로 활용하는 것이다.

4) 문제해결의 장애요인

문제를 해결하는 데 장애가 되는 요인은 다양하게 나타날 수 있지만 일반적인 경우는 다음과 같다.

(1) 문제를 정확하게 분석하지 않은 경우

어떤 문제가 발생하면 원인 및 객관적으로 문제의 본질을 분명하게 분석하지 않은 상태에서 해결안을 수립, 실행함으로써 근본적인 해결을 하지 못하거나 새로운 문제를 초래하게 되는 것이다.

(2) 고정관념에 얽매이는 경우

개인의 편견이나 경험, 정해진 틀에 얽매여서 새로운 문제의 상황에 따른 논리 및 증거가 있음에도 불구하고 새로운 아이디어와 가능성에 대한 해결방안이 무시될 수도 있다.

(3) 단순한 정보에 의지하는 경우

문제해결을 하는 데 있어 쉽게 접근할 수 있는 단순한 정보에 의지하는 경우로 정보의 부족에 따라 문제를 해결하지 못하는 오류를 범하게 될 수 있다.

(4) 많은 자료를 충분히 수집하려는 경우

자료를 수집하는 데 있어 체계적인 절차나 방법에 의하지 않고 많은 자료를 수집하여 해결하려고 할 때에는 검증된 자료 분석의 결과인지를 확인할 필요가 있다.

(5) 완벽하게 모든 것을 대비하려는 경우

모든 상황과 완벽한 해결방안을 찾으려고 노력하다가 시기나 상황이 달라져서 문제를 해결할 수 없게 될 수 있다.

2. 문제해결을 위한 사고력

문제를 해결하기 위해 필요한 요소인 사고력은 논리적 사고, 비판적 사고로 구분된다.

1) 논리적 사고

(1) 논리적 사고의 개념

논리적 사고는 공동체 생활에서 지속적으로 요구되는 능력으로 사고의 전개에서 전후 관계가 일치하고 있는가를 판단하고 아이디어를 평가하는 능력을 의미한다. 논리적 사고는 다른 사람을 공감시켜 동의를 이끌어 낼 수 있으며, 행동하기 전에 체계적인 생각을 함으로써, 상대방을 이해시키고 설득하는 것이 중요하다.

(2) 논리적 사고의 구조

논리적 사고를 위한 대표적인 구성요소로는 생각하는 습관, 상대 논리의 구조화, 구체적인 생각, 타인에 대한 이해, 설득 등으로 볼 수 있다.

[그림 4-4] 논리적 사고의 구성요소

가. 생각하는 습관

논리적 사고의 기본으로 일상생활에서의 생각하는 습관을 실행하는 자세가 필요하며, 어떤 상황에서 사고적인 의문이 발생하면 지속적으로 사고의 힘을 발휘하여 해결하고자 노력하는 것이 중요하다고 할 수 있다.

나. 상대 논리의 구조화

상대방과의 어떤 관계에서 이해를 받지 못하는 상황이 발생할 때는 자신의 논리로만 생각을 고착화하면 독선에 매몰될 수 있으므로, 상대방의 논리를 구조화하여 장단점을 살피고 자신의 생각을 객관화 및 체계적으로 재구축한 후에 전달하여 이해를 도모할 수 있을 것이다.

다. 구체적인 생각

상대의 의도를 잘 알 수 없을 경우에는 상황이나 대상을 세분화하여 이미지를 떠올리거나 숫자를 활용하여 파악하는 등의 구체화하는 사고능력이 요구된다.

라. 타인에 대한 이해

상대방의 주장에 반론할 경우에는 상대 주장의 전부를 부정하기보다는 분명한 사실적이고 객관적인 증거로 반응해야 하며, 상대방의 인격과 감정적 태도를 구분하여 대응하고 이해하려는 자세가 중요하다.

마. 설득

논리적 사고는 고정된 견해나 자신의 사상을 강조하는 논쟁보다는 서로의 사고를 존중하는 논증을 통해 새로운 가치를 발견하고 이해하며 공감이 형성되어 원하는 행동이 실행되는 설득의 과정 형성이 바람직하게 요구된다.

(3) 논리적 사고의 개발

일반적으로 논리적 사고를 개발하는 방법으로 피라미드 구조를 이용하는 방법과 so what 방법 두 가지로 구분된다.

① 피라미드 구조화 방법

피라미드 구조는 하위단계 서브 메시지를 통해 상위 개념인 주요 메인 메시지를 도출하고 다시 메인 메시지를 종합하여 최종 정보를 수집하는 방법이다.

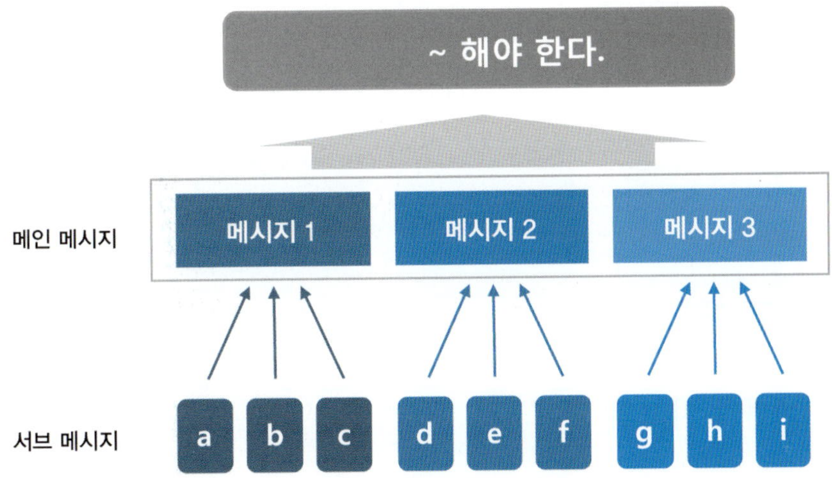

[그림 4-5] 피라미드 구조화 방법

② so what/Why So 방법

'so what?' 방법은 현실 상황 및 정보로부터 '그래서 하고 싶은 말이 무엇이지'라는 형식으로써, 'so what?'은 하고 싶은 말을 요약하여 핵심을 포함한 사고의 결론을 제시하는 방법이다. 'Why So?' 상황은 과제에 대한 결론으로 '~~을 해야 한다.'고 보고를 하는 경우, '어떻게 추진하지?', 다른 질문은 '왜? 그렇게 생각하지?'에 대한 논리로 이유에 대한 답변을 준비하는 방법이라고 할 수 있다.

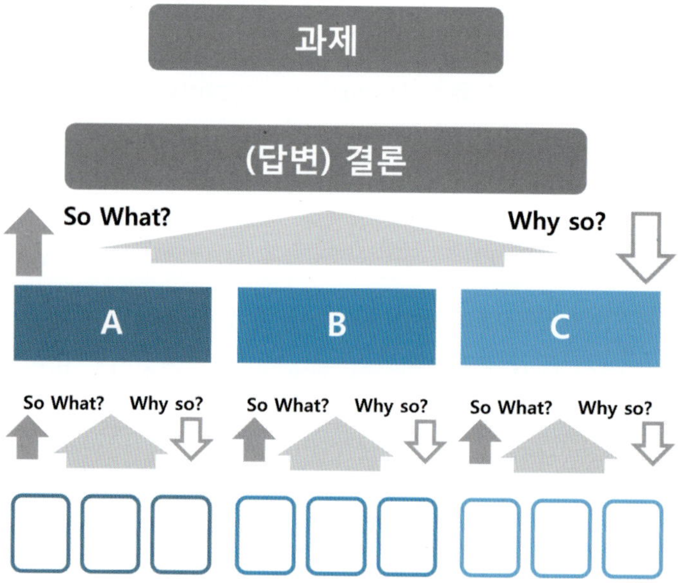

[그림 4-6] so what/Why So 방법

2) 비판적 사고

(1) 비판적 사고의 의미

비판적 사고는 어떤 주장 또는 주제 등에 대해 분석하고 종합하여 평가하는 적극적이고 주체적인 사고이며, 문제의 핵심을 지식과 정보를 기반하여 현상을 분석하고 평가하는 능동적 사고를 의미한다.

(2) 비판적 사고를 위한 태도

비판적인 사고를 배양하기 위해서는 어떤 현상에 대한 문제의식으로 인해 발생한 고정관념을 버려야 한다. 따라서 이러한 비판적인 사고를 위해서는 첫째, 상황이나 현상에 대한 문제의식을 가질 때 주변에서 발생하는 정보에 관심을 가지고 새로운 아이디어를 지속적으로 생성할 수 있어야 한다. 둘째, 비판적인 사고를 함양하기 위한 문제의식이 구축되었다면 정보에 대한 개방성과 편견을 탈피하여 지각의 폭을 넓히고 고정관념을 탈피하는 것이 필요하다.

(3) 비판적 사고 개발

비판적 사고를 개발하기 위해서는 일상생활에서 발생하는 사소한 일을 그냥 지나치지 않은 것이 중요하며, 의문에 대한 지속적인 관심을 갖는 것이 필요하다. 이를 개발할 수 있는 방법으로 토의법, 찬반양론법, 반론지명자법 등이 있다. '토의법'은 집단을 소규모로 구분하여 다양한 과제나 문제를 상호 간에 의견을 제시하고 공통의 이해를 표현하면서 그룹의 결론을 도출해 가는 방법을 의미한다. '찬반양론법'은 집단을 찬성과 반대로 나누어 논점에 대한 논쟁을 정리하는 것으로 제기된 문제에 대해 찬성 또는 반대의 의견을 말하는 것이다. '반론지명자법'은 집단을 둘로 나누어 한 집단이 제시한 의견에 대해 반론자로 지명된 집단의 반론을 듣고 토론을 진행하여 본래의 안건을 수정하고 보완하는 과정으로 최종 대안을 도출하는 방법이다. 반론자들은 집단 또는 집단 내 2~3명 정도가 반론자의 역할을 담당하여 고의적으로 본래 안건에 대한 약점을 지적해야 하며, 이러한 과정을 거쳐 선택된 안건은 여러 상황에 대한 대응방안을 포함하고 있어, 약점을 보완하게 되므로 현실 적용성이 높아진다.

3) 문제처리능력

문제처리능력은 발생한 문제의 원인 및 특성을 파악하고 적합한 해결안을 선택, 적용하여 결과를 평가하고 피드백 하는 능력을 의미하는데, 이러한 일반적인 문제해결절차는 문제인식, 문제도출, 원인분석, 해결안 개발, 실행 및 평가 등 5단계의 과정을 따른다.

[그림 4-7] 문제해결의 절차

1단계 문제 인식은 전체 문제를 파악하여 우선순위를 정하고 선정문제에 대한 목표를 명확히 하는 단계이다. 2단계 문제 도출은 해결해야 할 것이 무엇인지를 파악하고, 선정된 문제를 분석하여 명확히 하는 단계이다. 3단계 원인 분석은 근본원인을 분석하기 위해 파악된 핵심문제를 분석하는 단계이다. 4단계 해결안 개발은 도출된 문제의 근본원인을 효과적으로 해결할 수 있는 최적의 해결방안을 수립하는 단계이다. 5단계 실행 및 평가는 해결한 방안을 토대로 실행계획을 실제 상황에 적용하는 활동과 평가 후에 개선하는 피드백 단계이다.

활동하기 2

■ 팀의 토론 주제를 정하고 찬/반으로 나누어 토의한다. [3대 3]

주제: ex) CCTV 설치에 대한 찬/반

CHAPTER

05 창의력

I. 창의력의 이해

1) 창의적 사고

창의적 사고는 일상생활에서의 새로운 가치를 창출하는 것으로, 개인 또는 조직 사회에서 문제를 해결하기 위하여 기본으로 갖추어야 할 능력이다. 창의적 사고란 당면한 문제를 해결하기 위해 이미 알고 있는 경험과 지식을 정보와 결합함으로써 가치 있고 새로운 아이디어를 산출하는 사고를 말한다. 또한 발산적 사고형태로 새롭고 유용하고 적절하며 무엇보다도 가치가 있어야 한다.

2) 창의적 사고의 특징

창의적 사고는 무에서 유를 만들어 내는 것이 아니라, 끊임없이 새로운 아이디어를 창출하는 힘으로 우리 모두에게 주어진 잠재적 능력이다. 이러한 창의적 사고의 특징은 정보와 정보의 결합으로 통합하여 생성되는 것이며, 사회나 개인에게 새로운 가치를 창출하는 유용한 것이며, 교육 훈련 및 사고력 향상으로 개발될 수 있다.

2. 창의적 사고의 개발 방법

창의적 사고는 문제마다 다양한 방법으로 적절하게 적용할 수 있으며, 창의적으로 사고하기 위해서는 문제에 대한 다각적인 사실이나 아이디어를 창출할 수 있는 발산적 사고와 수렴적 사고의 개발을 이해하고 적용하는 것이 방법이 될 수 있다.

1) 발산적 사고

발산적 사고의 개발 방법으로는 자유연상법, 강제연상법, 비교발상법 등이 있다.

구분	내용	방법
자유연상법	생각나는 대로 자유롭게 발상	브레인스토밍
강제연상법	어떤 힌트에 강제적으로 연결하여 발상	체크리스트
비교발상법	주제의 본질과 비슷한 것을 힌트로 발상	시넥틱스

(1) 자유연상법

자유연상법은 어떤 생각에서 다른 생각을 계속해서 떠올리는 작용으로 결합과 조합의 사고 활동을 통해 어떤 주제에서 생각하는 것을 열거해 나가는 발산적 사고 기법이다. 연상법의 종류에는 주제에 대하여 자유롭게 반응하는 자유연상과 조건을 주어 반응하도록 하는 통제연상이 있다.

자유연상이란 어떤 대상, 상황, 주제, 방법, 단어를 제시하고 떠오르는 아이디어를 확대시켜 제시하는 방법이다. 통제연상이란 자유연상에 조건을 주어 제한된 연상을 유도하는 방법으로 단서에 이어질 다음의 발상들이 단서를 결합하여 유사성, 계속성, 상대성, 인과성 등으로 한정하여 발상하는 방법으로 유사연상, 연속연상, 대비연상, 강제연상 등이 있다.

유사연상은 제시된 주제를 보고 유사한 대상이나 경험을 떠올려 보는 활동으로 음악과 독서의 관계처럼 주어진 자극에 대하여 유사점과 공통점 등을 생각해 보는 것이다. 접근연상은 주제와 관련이 있는 대상이나 경험을 떠올려 보는 활동으로 '산→높음→야망' 등을 연상하여 거대하고 확고한 신념을 나타내는 그림을 그리는 활동 등으로 적용할 수 있다. 대비연상은 주제와 반대가 되는 대상이나 과거의 경험 등 대비되는 관념을 생각해 보는 활동으로 여름과 겨울을 떠올려 보는 활동으로 '시원한 사우나탕' 같은 표현을 할 수 있다. 강제연상은 주제와 대상을 강제로 연결시켜 생각하는 활동으로 '카메라'과 '핸드폰'을 연상하여 '사진편집 기능이 있는 핸드폰' 개발 등을 하는 것이다.

자유연상법을 활용하는 대표적인 기법으로 마인드맵과 브레인스토밍 등이 있다.

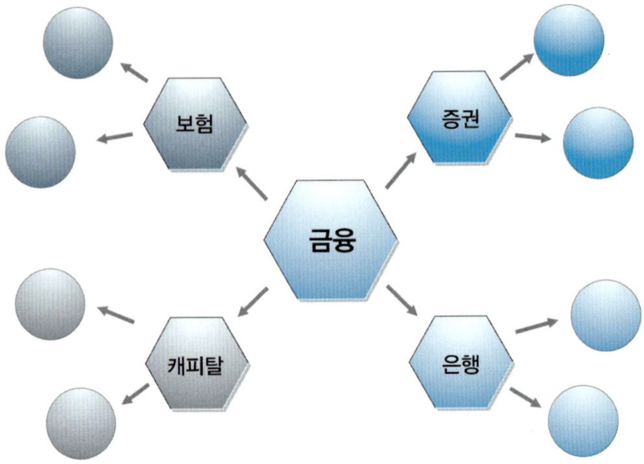

[그림 5-1] 마인드맵 사례

가. 마인드맵

마인드맵(Tony Buzan, 1942~1919)은 하나의 개념에 수많은 사고를 확산시켜 지도(map)처럼 이미지화해서 표현하는 것으로 떠오르는 생각을 방사형 사고(Radiant Thinking)의 선에 연결하여 흐름을 알 수 있는 한 장의 지도형태로 그려 보는 방법이다.

나. 브레인스토밍 기법

① 브레인스토밍 기법 정의

브레인스토밍 기법(Alex osborn, 1888~1966)은 '머리를 써서 어떤 문제를 공격하는 것(using the brain to storm a problem)'으로 아이디어를 내고 아이디어로 발전시킴으로써 아이디어들이 확산하는 기법이다. 브레인스토밍은 창의적 발상 기법으로 집단에 소속된 인원들이 자발적으로 자연스럽게 제시된 아이디어 목록을 통해서 특정한 문제에 대한 아이디어 및 해결방안을 찾고자 노력하는 것이라 할 수 있다.

② 진행방법

진행방법은 주제를 명확하게 정하고, 구성원의 서로 얼굴을 볼 수 있도록 사각형이나 타원형으로 책상을 배치한다. 그리고 책상 위에 큰 용지를 붙여서 아이디어가 떠오를 때마다 적을 수 있도록 준비하며, 구성원 간의 다양한 의견을 도출할 수 있는 사람을 리더로 선출한다. 발언은 자유롭게 할 수 있도록 하며, 모든 발언 내용은 기록한다.

③ 참여자들의 원칙

참여자들이 지켜야 할 4가지 원칙은 비판적 비난금지, 자유분방, 질보다 양 추구, 결함과 개선이다. 비판적 비난금지는 발언된 아이디어에 대해 평가단계 이전에 비판이나 판단을 해서는 안되며 평가를 진행하기 전까지 유보한다는 것이다. 자유분방으로 주제에 대해서 무엇이든 자유롭게 말할 수 있다. 질보다 양 추구는 양이 질을 낳는다는 원리로, 많은 아이디어를 생성할 수 있도록 유도한다. 결함과 개선은 다른 사람의 아이디어에 자극되어 서로 조합하여 확산하는 것이다.

④ 브레인스토밍의 절차

브레인스토밍은 진행자 1명과 기록자 1명을 포함한 5~7명으로 팀을 구성한다. 진행자는 회의 주제를 충분히 숙지 후 회의를 주재하고 적절한 질문을 통해 자연스러운 반응을 유도한다. 이러한 절차를 4단계로 구분하여 오리엔테이션 단계, 개별발상 단계, 집단토론 단계, 평가단계로 진행한다.

〈표 5-1〉 브레인스토밍 진행 과정

절차	내용
오리엔테이션 (회의 주제 선정)	과제에 필요한 정보를 수집하는 단계로 아이디어의 목표 수치를 구체적으로 제시한다.
개별발상 (아이디어의 발표)	개인적으로 자유롭고 편안한 분위기에서 가능한 많은 아이디어를 내는 것이 중요하며 시간 내에 아이디어 목표 수치를 달성해야 한다.
집단토론 (아이디어 통합 및 정리)	개인의 모든 아이디어를 설명 후 비슷한 아이디어끼리 분류하고 이질적인 아이디어도 결합시켜 발전시킨다.
평가단계 (결론 도출)	집단토론된 아이디어를 민주적 절차를 거쳐 선정하고, 객관적인 검토 후 아이디어를 최종 평가한다.

⑤ 효과적인 브레인스토밍 개발

오스본(Osborne)이 제시한 브래인스토밍의 효과를 높이기 위한 '샌드위치 기법'(sanwich technique)은 조직의 개인이 주제에 따라 '브레인스토밍→개인작업→브레인스토밍→개인작업'식으로 아이디어를 내는 방법이다. 또한 거베이(Gabay)가 제시한 효과적인 브레인스토밍을 위한 아홉 가지 규칙은 모든 브레인스토밍에 동일하다. 참여자의 아이디어를 평가하게끔 허락받은 사람은 아무도 없다. 엉뚱한 아이디어가 많을수록 좋다. 모든 아이디어는 서로 짝을 이루면 더 좋아진다. 아이디어 수준에 신경 쓰지 말고 폭넓게 생각하라. 좋건 나쁘건 아이디어 발상을 많이 해야 한다. 모든 아이디어를 최종 목록에 포함시켜 평가해야 한다. 참여자에게 유도하거나 위협하는 질문을 하지 말아야 한다. 아이디어가 좋건 나쁘건 상관없이 더 발전시키도록 호기심을 북돋아 줘야 한다. 창작에 관련된 요건이 모두 맞으면 본능이나 직관에 따라 최종적으로 분석해야 한다 등을 제시하여 브레인스토밍의 기본원칙을 진전시켰다.

이러한 브레인스토밍 기법의 장점은 다양한 주제 설정이 가능하고 집단 지성의 시너지 효과 도출과 표현의 자유가 보장되며 효율적 시간관리가 가능하다는 것이다. 브레인스토밍은 타인의 이야기를 경청하는 데 있어, 자신의 사고를 방해하여 아이디어의 산출이 제한될 수 있으며, 상황에 따라서는 구성원은 아이디어 무임승차 및 태만을 초래할 수 있다. 또한 소수의 아이디어 발산자에 의해 주도되거나 회의참여에 대한 심적 부담감 등의 단점이 발생할 수 있어 이러한 상황을 잘 다룰 수 있는 요령이 겸비될 때 더욱 만족스러운 효과를 발휘할 수 있다.

(2) 강제연상법

강제연상법은 각종 힌트에서 강제로 연결지어 발상하는 방법으로 사고 방향을 미리 정해서 발상을 하는 방법이며, 체크리스트, 스캠퍼 기법 등이 있다.

가. 체크리스기법은 브레인스토밍 기법을 창안했던 오스본이 제안하였는데 9가

지 주요 질문이 아이디어 발상을 촉진하는 것으로 발상에 도움이 되는 중요한 포인트를 미리 정하고 순서대로 체크함으로써 새로운 아이디어 도출이 가능하다는 것이다.

〈표 5-2〉 **체크리스트 주요 질문**

항목	질문	적용 사례
전용 (Diversion)	• "다른 방법으로 사용할 수는 없을까?" 기존에 있던 것을 개량해 다른 용도로 사용할 방법이 없는지 생각하는 방법이다.	리바이스회사의 텐트용천으로 광부 대상 청바지 제작 등
차용 (Borrowing)	• "다르게 응용해 볼 수는 없을까?" 아이디어를 빌릴 수 없는지 또는 흉내 낼 수 있는 것은 없는지를 생각하는 방법이다.	조르주드메스트랄(George de Mestral, 1941)의 산우엉 씨를 활용하여 벨크로 테이프 개발 등
변경 (Change)	• "다르게 변경해 보면 어떨까?" 어떤 것의 가치, 의미, 소리, 움직임, 형태, 양식 등을 변화시키는 방법이다.	뻐꾸기 시계의 뻐꾸기 울음소리를 괘종시계 소리로 변경 등
확대 (Magnification)	• "확대해 보면 어떨까?" 추가, 빈도, 높이, 길이, 가치, 재료 등을 확대하고 과장하는 방법이다.	산모를 위한 분유 등
축소 (Reduction)	• "축소시켜 보면 어떨까?" 짧게, 작게, 생략, 분할하는 방법이다.	간편한 숙박 시설인 캡슐호텔 등
대용 (Substitution)	• "다른 것으로 대용이 가능할까?" 대상, 사람, 물건, 재료, 소재, 기법, 장소 등을 바꿔 보는 방법이다.	현금 대용으로 결제수단인 신용카드 등
대체 (Alternation)	• "다른 것으로 대체해 보면 어떨까?" 장소, 위치, 사람, 소재, 표기방법 등을 대체해 보며 아이디어를 발상하는 방법이다.	안경 대체품인 콘택트렌즈 등
역전 (Reversion)	• "거꾸로 해 보면 어떨까?" 상하, 좌우, 전후, 역할을 바꾸는 방법이다.	꺼꾸로 접히는 우산 등
결합 (Compounding)	• "다른 것들과 결합시켜 보면 어떨까?" 목적, 단위, 아이디어, 브랜드를 결합해 보는 방법이다.	전화, 카메라, 녹음, 음악, 인터넷 등을 결합한 제품으로 스마트폰 등

나. 스캠퍼 발상법 창시자인 밥 에벌(Eberle, 1971)은 오스본의 체크리스트 기법을 보완하고 발전시킨 것으로, 알파벳 단어 7개의 첫 문자를 조합하여 스캠퍼(SCAMPER) 발상법을 제안하였는데, 대체하기(Substitute), 결합하기(Combine), 적용하기(Adapt), 수정하기(Modify), 용도 바꾸기(Put to Other Uses), 제거하기(Eliminate), 순서 바꾸기(Reverse) 등 질문을 한 다음 해결책을 찾다 보면 혁신적인 해결방안이 도출될 수 있다는 것이다.

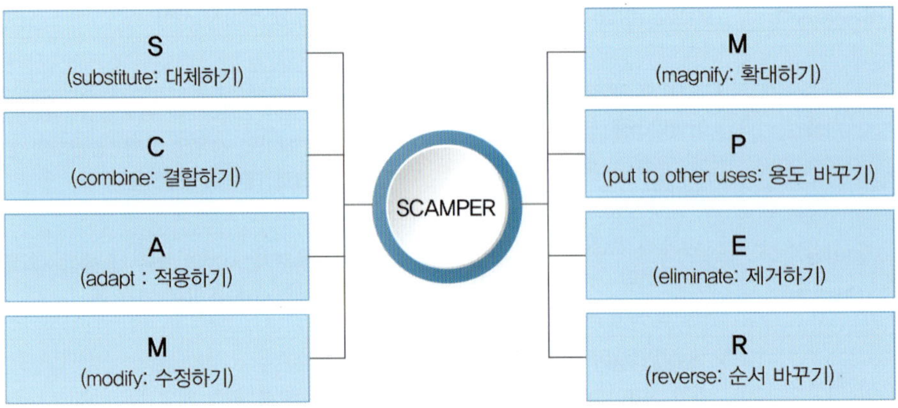

[그림 5-2] **스캠퍼 발상법**

스캠퍼 기법을 활용하려면 먼저 해결하려는 문제가 무엇인지 명확하게 정리해야 하며, 보편적으로 활용할 수 있는 발상법이다. 이 기법은 강제연상법에 의해 아이디어를 발전시켜야 할 문제를 정한 후 체크리스트에 따라 질문하며 해결방안을 찾아내는 것이다. 스캠퍼 발상법을 구체적으로 설명하면 다음과 같다.

① 대체하기(Substitute)는 '기존과 다르게 사람이나 사물을 A 대신 B로 대체하면 어떨까?'라는 질문의 발상으로 시작하며, 현재의 용도, 순서, 재료, 역할, 장소를 바꿔 보는 방법으로 아이디어 또는 해결방안을 찾을 때 활용한다. 예를 들어, 스팀청소기, 에코소방호스 브랜드 등이 있다.

② 결합하기(Combine)는 'A와 B의 결합을 시도하면 어떨까?' 하는 질문의 발상으

로 두 가지 이상을 결합해 단점을 보완하는 새로운 것을 찾는 방법이다. 예를 들어, 복합기, 계량스푼 등이 있다.

③ 적용하기다(Adapt)는 기존의 원리나 형태나 모양이 다른 것을 주어진 목적에 적용해 보는 것으로 A와 B를 적용, 조절, 응용하는 것이다. 어떤 것을 다른 분야의 목적 또는 조건에 적용하는 질문을 하다 보면 시너지를 일으키는 아이디어를 얻을 수 있는 것으로 수영오리발, 벨크로(식물의 씨앗(우엉 씨)이 옷에 붙는 원리를 응용한 것) 등이 있다.

④ 수정하기(Modify)는 '기존 대상의 어떤 것의 특성이나 모양 A를 B로 변경(Modify), 확대(Magnify), 축소(Minify)하여 개선할 수 있을까' 하는 질문을 하다 보면 새로운 아이디어를 얻을 수 있는 것으로 주름빨대, 스마트폰 등이 있다.

⑤ 용도 바꾸기(Put to Other Use)는 다른 용도로 사용하다 새로운 용도를 찾아내는 것으로 A라는 용도를 B라는 용도로 바꿔 보는 것이다. 현재 용도에 만족하지 않고 다른 용도로 사용될 가능성을 찾는 것으로 포스트잇, 청바지 등이 있다.

⑥ 제거하기(Eliminate)는 기존의 대상에서 문제의 원인 및 불필요한 부분을 제거함으로써 대안을 찾은 것이다. A를 구성하는 요인 중에서 제거 및 삭제하는 질문을 통해 문제해결의 새로운 아이디어를 얻을 수 있는 것으로 무선마우스, 무카페인 커피 등이 있다.

⑦ 순서바꾸기(Reverse)는 기존의 형식, 원인, 결과 등을 역발상해 보거나 재정리(Rearrange)하는 것이다. 즉, AB를 BA로 거꾸로 바꿔 보기, 다르게 배치하기, 위치 바뀌기 등의 질문으로 새로운 것을 생성해 내도록 하는 질문을 하다 보면 아이디어를 얻을 수 있다는 것으로, 양면 스캐너, 누드김밥 등이 있다.

(3) 비교발상법

비교발상법은 주제와 본질적으로 닮은 것을 힌트로 하여 새로운 아이디어를 찾는 방법으로 대표적인 활용기법으로 시넥틱스, MN기법 등이 있다.

가. 시넥틱스 기법(Synectics)

① 시넥틱스 기법의 정의

윌리엄 고든(Gordon, 1944)이 개인의 문제를 관찰하는 과정에서 개발하였다. 시넥틱스의 어원은 그리스어 'Synecticos'로써 '서로 다르고 관련이 없어 보이는 요소를 합친다'는 것이며, 서로 다른 성질이나 관련 없는 두 요소를 비교하여 새로운 아이디어를 발상하는 방법이다. 이 기법은 일반적인 문제와 관련시켜서 좀 더 자유분방한 아이디어를 내게 하는 방법으로 관련 없는 여러 가지 요소들의 결합 또는 유추(analogy)로부터 새로운 아이디어나 힌트를 얻는 방법이다. 시넥틱스는 이질순화와 순질이화의 과정인 익숙한 것을 익숙하지 않은 것처럼 만드는 것이고, 익숙하지 않은 것을 익숙한 것저럼 만드는 과정이다.

이질순화(異質馴化)	순질이화(馴質異化)
• 자기가 처음으로 보고 들은 것을, 자기에게 아주 익숙한 다른 것에 사용할 수 없는가? • 익숙하지 않은 것을 익숙한 것으로 만들어 보는 방법	• 이미 잘 알고 있는 것을 새롭게 봄으로써 이질적인 관점을 찾아낼 수 없을까? • 익숙한 것을 사용해서 새로운 것을 만드는 방법

② 시넥틱스의 유추 방법

시넥틱스에서 중점적으로 활용하고 있는 유추 방법은 직접 유추, 의인 유추, 상징적 유추, 환상적 유추로 구분한다.

직접 유추(Direct Analogy)는 창조·개발하려는 물건과 비슷하지 않은 다른 한 대상을 선택하여 객관적으로 비교하는 것으로 우산을 통하여 낙하산의 원리를 알아낸 것이라 할 수 있다.

의인 유추(Personal Analogy)는 해결하려는 문제나 현상에 대하여 해결하려는 사람이 스스로 그 문제나 현상에 융합된 상태를 가정하는 것으로 자신이 직접 강아지가 되어 강아지가 겪는 어려움 생각해 보기 등이다.

상징적 유추(Symbolic Analogy)는 두 대상물 간의 관계를 기술하는 과정에서 상징을 활용하는 유추로써 '하늘은 아버지다.'로 유추할 수 있을 것이다.

환상적 유추(Fantasy Analogy)는 현실적인 유추를 통해서는 해결될 수 없을 때 활용하는 환상적이고 신화적인 유추로써 알라딘의 하늘을 날아다니는 융단을 활용하는 것 등이다.

나. NM기법

① NM기법의 정의

NM기법은 나카야마 마사카즈(Nakayama Masakazu, 1965)가 고안한 유추기법으로, 고안자 이름의 머리글자가 기법의 명칭이며, 고든의 시넥틱스(Synectics)와 파블로의 조건반사 이론의 가설을 바탕으로 고안하여 체계화한 발상법이다. 이 기법은 창조적인 인간 사고를 프로세스화 하여 순서에 따라 이미지 발상을 해 가는 방법으로 문제해결 및 창의성 개발을 위한 아이디어 발상 기법의 하나이다. 해결해야 하는 문제 대상과 비슷한 것을 찾아내고 그것을 힌트로 이미지를 확대하여 새로운 아이디어를 고안하는 데 활용할 수 있는 응용방법이다.

② NM기법의 특징

유추를 사용하여 쉽고 명확한 아이디어를 도출할 수 있어 문제해결을 위한 아이디어 발상에 효과적이다. 장점은 도구, 참가자, 참가자의 구성, 진행자의 유무, 회의장 등 어떤 조건도 필요하지 않다는 점이라 할 수 있다.

③ NM기법의 적용 절차

NM기법을 실시하기 위해서는 어떤 조건도 필요하지 않은데, 어떤 조건이든 하고자 하면 가능하기 때문이다. 어떤 도구도 필요 없으며, 참가자는 한 사람이든 많은 사람이든 무관하여 멤버 구성도 임의적이다. 리더, 회의장, 시간 등 정해진 형식 없이 자유롭게 하면 된다는 것이다. 이러한 NM기법의 적용은 문제/과제 설정→유추 발상→배경 탐구→아이디어 발상→해결안 정리로 전개할 수 있다.

단계	적용사례(ex: 청소기 개발)
문제/과제 설정	과제는 가능한 한 구체적이며, 절실한 것으로 해야 한다. 새로운 청소기를 개발하는 것으로 과제를 정한다.
키워드 설정 (KW) (Key Word)	키워드는 과제의 본질을 나타내는 것이어야 한다. 물체라면 그 기능이다. 그리고 이 경우에는 그 물체의 본질적인 기능뿐만 아니라 그것에 대해 기대하고 희망하는, 혹은 부가적인 기능에 대해서도 키워드화 해 두는 일이 중요한 것이다. '청소기 개발' KW는 '제거한다', '빤다', '흡입한다', '끄다', '닦아 낸다', '이동한다' 등 여러 가지가 가능하다. 이 경우에 KW는 '닦아 낸다'와 '이동한다'를 선택할 수 있다. KW는 반드시 두 가지일 필요는 없고, 몇 개를 선정해도 상관없다.
유추 발상(QA) (Question Analogy)	KW에 대해 '~와 같은?'이라는 질문(QA)을 하고, 생각나는 대로 유추되는 사례를 탐색해 간다. 이 경우 주제에 직접 관계가 없어도 상관이 없다. 하지만 구체적이어야 한다. 이 경우 자연계의 유추는 좋은 아이디어를 만들어 내는 근거가 되는 경우가 많다. '제거한다'의 경우와 '이동한다'는 KW에서 '무선 청소'와 '이동 로봇'이라는 두 가지가 나왔다. 물론 이 QA는 KW에 두 가지 이상 있어도 무방하다.
배경 탐구(QB) (Question Background)	다음은 각 QA마다 '거기에서는 무엇이 일어나고 있을까?'라는 질의(QB=Question Background)를 한다. 즉, 각각의 QA에 대해 그 배경은 어떻게 이루어져 있는가를 탐색해 가는 것이다. 잡담 등을 하면서 편안한 마음으로 하면 예상 이상의 효과가 나타나는 경우가 있다. '이동 로봇' 등이 QB로 나와 있다.
아이디어 발상 (QC) (Question Conception)	여기서는 QB에서 만들어진 이미지가 '과제에 무엇인가 힌트를 주고 있지 않은가'(QC=Question Conception)를 생각하는 것이다. 즉, 머릿속에서 힌트가 되는 QB의 이미지를 넓혀 끈질기게 과제와 연결시켜 가는 것이다. 이동하는 청소하는 로봇에다가 예약 서비스를 달아 놓은다. 트랜스 포머 기능이 있다 등으로 연상 해 가는 것이다.
해결안 정리	마지막은 여러 각도에서 대량으로 나온 QC를 살펴보면서, 과제의 해결안이 되는지 여부를 생각하는 단계이다. NM기법에서는 각 단계마다 모든 카드를 이용하는 것으로, 여러 가지로 짜 맞추어 보면서 정리하여 구체안을 생각하면 좋다. QC에서 나온 '트랜스 포머 기능이 있는 로봇 청소기'에서 '청소기가 높은 곳을 청소하기 위해서는 길게 세워지는 모양으로 바뀌고, 소파 밑의 낮은 안쪽을 청소할 때는 분리되어 얇아지는 기능의 로봇청소기'이다. 최종적으로 '트랜스 포머 기능의 로봇청소기' 제품 아이디어로 정리된다.

CHAPTER

06

직업윤리

I. 직업윤리의 이해

1) 윤리의 의미

윤리(ethic)의 어원은 희랍어인 'ythos(품성)'과 'ehos(풍습)'에서 비롯되었으며, 윤리의 윤(倫)은 동료와 친구, 무리, 또래 등의 인간관계와 길, 도리, 질서, 차례, 법 등을 의미한다. 윤리의 리(理)는 다스린다, 바르다, 원리, 이치, 가리다, 밝히다, 명백하다 등의 여러 가지 의미를 포함한다. 따라서 윤리는 '인간과 인간 사이에 지켜져야 할 도리를 바르게 하는 것' 또는 '인간사회의 올바른 질서'라고 종합할 수 있다.

2) 윤리의 중요성

윤리적 행동은 올바른 일을 올바르게 하는 것이다. 모든 사람이 윤리적 가치보다 자기이익을 우선하여 행동한다면 사회질서의 붕괴를 초래할 수 있기 때문에 윤리적 가치가 중요하다. 또한 윤리는 '어떻게 살 것인가' 하는 삶의 본질적 가치와 도덕적 신념을 존중하는 가치관의 문제와 관련되어 있기 때문에 윤리적으로 행동해야 한다. 그러므로 윤리적 인간은 '공동의 이익 추구'와 '도덕적 가치/신념'을 기반으로 형성되는 것이라고 할 수 있다.

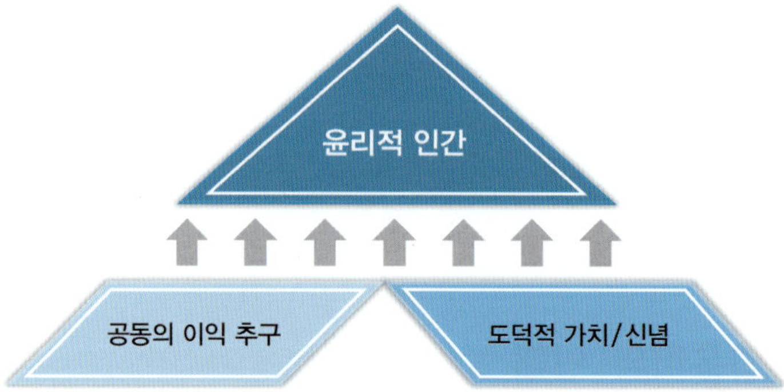

[그림 6-1] 윤리적 인간 구성요소

3) 윤리규범의 형성

인간은 사회적 존재이기에 개인의 욕구는 개인 행동에 따라 충족되는 것이 아니라, 다른 사람 행동 및 협력을 기반으로 충족되는 것이다. 따라서 같은 일이 반복되다 보면 '마땅히 해야 할 행위'와 '결코 해서는 안 될 행위' 등의 가치를 인정받아 윤리규범이 형성되는 것이다. 이렇게 형성된 윤리적 규범을 행하지 않는 비윤리적 행위의 원인을 무지, 무관심, 무절제로 구분할 수 있다. 무지는 사람들이 무엇이 옳고 그른지 모르기 때문이며, 무관심은 자신의 행위가 비윤리적이라는 것을 알고 있지만 윤리적 기준에 따라 행동하지 않는 경우이고, 무절제는 자신의 행위가 잘못이라는 것은 알고 있지만 자신의 통제를 벗어나는 요인으로 인하여 비윤리적 행위를 하게 되는 것이다.

4) 윤리적 행동에 대한 이론

(1) 의무론적 관점 · 목적론적 관점의 윤리이론

① 의무론적 관점 윤리론

윤리적 행동에 있어 의무론적 관점은 어떤 행위의 윤리적 기준을 '행위 자체가 선(善)한 것인가'의 여부에 따라 판단하는 것이다. 다른 사람을 대하는 데 있어 도덕적 의무와 책임에 초점을 맞추며, 행동의 결과와 관계없이 윤리적인 것을 말한다. 의무론적 관점의 윤리는 '죄는 미워하되 사람은 미워하지 말라'는 말과 같이 인간 자체가 목적이어야 하고 수단이 되어서는 안된다는 것이라 할 수 있다.

② 목적론적 관점의 윤리론

윤리적 행동에 있어 목적론적 관점은 어떤 행위의 윤리적 기준을 행동의 결과에 따라 판단하는 것이다. 사회적 비용을 최소화하면서 편익을 최대화하는 행동이나 '최대 다수를 위한 최선이 되는 행위'인 공리주의를 윤리적 행위의 판단 기준으로 보는 것이다. 목적론적 관점의 윤리는 인간의 존엄성에 대해서는 인정하지만 범죄자에 대한 사형제도를 허용하는 것이라 할 수 있다.

활동하기 1 죄수의 딜레마 게임

■ 아래와 같은 상황 가운데 자백과 침묵 중 한 가지를 선택하여야 한다. 당신이라면 어떻게 선택할 것인가?

범죄를 저지른 두 명의 사건 용의자가 체포되어 서로 다른 취조실에서 격리되어 심문을 받고 있다. 이들에게 자백여부에 따라 다음의 선택이 가능하다.
둘 중 하나가 배신하여 죄를 자백하면 자백한 사람은 즉시 풀어 주고 나머지 한 명이 10년을 복역해야 한다. 둘 모두 서로를 배신하여 죄를 자백하면 둘 모두 5년을 복역한다. 둘 모두 죄를 자백하지 않으면 둘 모두 6개월을 복역한다.
범인은 침묵(협력), 자백(배반) 중 어떤 행동을 하게 될 것 인가?

구분	죄수 B의 침묵	죄수 B의 자백
죄수 A의 침묵	죄수 A, B 각자 6개월씩 복역	죄수 A 10년 복역, 죄수 B 석방
죄수 A의 자백	죄수 A 석방, 죄수 B 10년 복역	죄수 A, B 각자 5년씩 복역

나의 선택	이유

2. 개인윤리와 직업윤리

1) 직업의식

직업은 하늘이 맡긴 소명, 또는 사회적인 역할을 의미한다. 개인은 직업을 통해 경제적 욕구를 충족하고, 사회적 관계를 형성하며, 자아실현을 할 수 있다. 그러한 측면에서 직업의식은 '개인이 직업 활동을 통해 얻고자 하는 내재적 · 외재적 목적을 달성하는 것이며, 개인이 직업에 관한 인식, 관념, 가치, 습관 등을 포괄하는 가치의 체계'로 정의할 수 있다. 시대의 흐름에 따라 직업의식은 변화해 왔다. 현대사회에서의 직업의식은 개인이 자기 능력을 자유롭게 표출하며, 자아실현을 통해 사회공동체의 일원으로써 사회적 책임을 수행하기 위하여 직업을 선택한다고 볼 수 있다. 대부분의 직업인에게는 소명의식, 책임의식, 전문가의식, 봉사정신의 자세가 필요하다.

2) 직업윤리

직업윤리란 개인윤리를 바탕으로 직업에 종사하는 과정에서 요구되는 특수한 윤리 규범으로, '직업활동을 하는 개인이 자신의 직무를 수행하고 자신의 직업과 관련된 사회 요구의 규범에 부응하는 개인의 신념, 태도, 행위'로 정의할 수 있다. 즉, 직업윤리란 직업을 가진 사람이라면 지켜야 할 공통적인 윤리규범을 말한다. 직업인에게 요구되는 보편적인 직업윤리는 소명의식, 직분의식, 책임의식, 전문가의식, 봉사의식 등이 있으며, 특수한 직업에서 강조되어야 할 윤리는 '직업별 윤리'라고 할 수 있다.

3) 보편적 윤리와 직업윤리의 조화

직업인으로써 지켜야 할 윤리에는 사회 전체의 질서를 유지하고 관계를 규정하기 위한 보편적 윤리와 기업, 단체 등 특정 조직 내부 구성원 간의 협력을 촉진하는 관계를 규정하는 특수윤리가 있다. 직업윤리는 개인윤리에 비해 특수성을 가지며, 직업생활에서의 윤리를 말한다. 따라서 사회에서 직업인에게 요구하는 사회적 규범이나 직업적 양심과 관련된 것이다. 직업윤리는 보편적 윤리의 연장선에 있는 것으로 개인윤리의 도덕적 덕목인 존중, 사랑, 자비 등과 같은 방법론상의 이념으로 공동의 발전 추구, 장기적 상호이익 등의 기본은 동일하다. 직업윤리는 개인윤리를 기반으로 성립되는 규범이지만 상황에 따라 서로 충돌하거나 배치하는 경우가 발생할 수 있게 되는데, 일반적으로 업무수행상 충돌할 경우는 직업윤리가 우선시되어야 한다.

4) 직업윤리의 5대 원칙

직업인들이 지켜야 할 올바른 행동과 가치판단의 기준으로 기본 원칙을 제정하여 실천하는 것이 중요하다. 직업에 공통적으로 요구되는 보편적인 직업윤리의 5대 원칙은 객관성의 원칙, 정직과 신용의 원칙, 전문성의 원칙, 공정경쟁의 원칙, 고객중심의 원칙이라 할 수 있다.

구분	내용
객관성의 원칙	업무의 공공성을 기반으로 공사 구분을 분명히 하고, 모든 것을 공정하고 투명하게 처리하는 원칙을 의미한다.
정직과 신용의 원칙	업무와 관련된 모든 사항을 정직하게 수행하고 본분과 약속을 지켜 신뢰를 유지하는 것을 의미한다.
전문성의 원칙	직업인으로써 보유해야 할 지식, 정보, 기술에 대한 전문성과 본인이 가진 전문성의 한계를 인식하고 다른 전문가와 협력 및 연계를 하는 의무까지 포함한다.

구분	내용
공정경쟁의 원칙	직업인이 법규를 준수하고 자유경쟁원리에 따라 선의의 경쟁을 하는 것을 의미한다.
고객중심의 원칙	직업을 수행할 때 고객에 대한 봉사를 최우선으로 생각하고 현장중심, 실천중심으로 일하는 것을 의미한다.

3. 근로윤리

직업윤리에서의 하위 요인 중 근로윤리는 근면, 정직한 행동, 성실로 구분하여 설명한다.

1) 근면이란 직장에서 정해진 시간을 준수하여 생활하며, 부지런하고 능동적이며 적극적인 자세로 행동하는 것을 의미한다. 근면의 종류는 외부로부터 강요당한 근면과 스스로 자진해서 하는 근면이 있는데, 직장에서는 강요가 아닌 개인의 주체성이 발휘되는 능동적이며 적극적인 태도의 근면성이 우선시되어야 한다.
2) 직업에서의 정직한 행동을 하기 위해서는 어떠한 상황에서도 생각, 말, 행동을 거짓 없이 표현하여 신뢰를 얻는 것이며, 직장에서 가장 기본이 되는 것은 사실을 명확히 파악하고, 전달하며 보고하는 것이 중요하다.
3) 성실은 일관하는 마음과 정성의 덕을 의미하며, 성실한 사람과 성실하지 않은 사람의 차이는 적은 노력으로 요행을 바라는 마음이라고 할 수 있다. 직업에서의 성실은 꾸준하고 지속적인 마음과 행동의 표현이 직업적 결과로 나타나는 것을 의미한다.

4. 공동체 윤리

직업윤리에서의 공동체 윤리는 책임과 책임의식을 말한다. 책임이란 '모든 결과가 나의 선택으로 말미암아 일어난 것'이라는 태도를 의미한다. 개인적 책임의 자세는 삶을 바라보는 긍정적인 자세이며, 사회적 책임(SR)은 기업이 사회의 일원으로 사회와 환경에 미치는 영향에 책임의식을 가지고 투명경영, 봉사 등을 실천하는 것을 의미한다. 또한 기업의 사회적 책임인 CSR(corporate social responsibility)를 포함하고, 기업경영활동 및 비전과 목표를 설정하여 가치 경영을 지향하는 것이다.

1) 준법의식은 직업생활을 원만히 수행하는 데 있어 기본적으로 지켜야 하는 의무이며 생활자세이다. 또한 직업으로써 공동체적인 시민의식과 문화선진국으로 도약하기 위해 필요한 의식이라 할 수 있다.
2) 직장예절에서의 기본이 되는 것은 타인과 더불어 생활하기 위한 일상생활에서 요구되는 행동방식으로 타인에 대한 배려와 존중을 바탕으로 한다. 직장예절은 직장에서의 공통된 생활방법이 관습적으로 행해지는 사회계약적인 생활규범이므로, 인사예절, 소개예절인 악수와 명함 주고받기, 전화예절, 이메일이나 메모 등의 형식 및 절차를 익혀 실천할 필요가 있다.

활동하기 2

■ 개인윤리와 직업윤리가 상반되었을때 어떤 선택을 할 것인가?

선택	이유

참고문헌

고홍월, 공윤정, 김봉환, 김인규, 김희수, 박성욱, 박승민, 손은령, 왕은자, 이동혁, 이상희, 이자명, 임은미(2020). **생애개발상담**. 서울: 학지사.

교육과학기술부(2010). **진로교육 길라잡이**. 서울: 교육과학기술부.

곽금주(2010). **흔들리는 20대: 청년기 생애설계 심리학**. 서울: 서울대학교출판문화원.

권석만(2008). **긍정심리학**. 서울: 학지사.

김경진, 금진호, 김유진, 서순해, 임영수(2019). **자기개발능력**. 경기: 양성원.

김경화(2016). 대학생 생애핵심역량 분석 및 역량강화 프로그램 개발 연구. **청소년학연구, 23**(1), 427-447.

김계현(1995). **상담심리학**. 서울: 학지사.

김봉환(1997). 대학생의 진로결정 수준과 진로준비행동의 발달 및 이차원적 유형화. 서울대학교 박사학위논문.

김봉환, 강은희, 강혜영, 공윤정, 김영빈, 김희수, 선혜연, 손은령, 송재홍, 유현실, 이제경, 임은미, 황매향(2013). **진로상담**. 서울: 학지사.

김봉환, 김병석, 정철영(2006). **학교진로상담**. 서울: 학지사.

김애순(2005). **청년기 갈등과 자기이해**. 서울: 시그마프레스.

김영주(2013). 긍정적 정신건강과 성격덕목이 학교적응에 미치는 영향. 고려대학교 석사학위논문.

김은영(2001). 한국 대학생 진로탐색장애검사(KCBI)의 개발 및 타당화 연구. 이화여자대학교 박사학위논문.

김은정(2014). 20대 청년층의 새로운 생애발달단계로서 '성인모색기'(Emerging Adulthood)에 관한 탐색 연구. **담론 201, 17**(3), 83-129.

김은희(2010). 진로역할지향성에 따른 진로장벽 인식과 타협과정 연구. 숙명여자대학교 박사학위논문.

김은희(2014). 한국 대학생의 21세기 생애역량 준비도. 이화여자대학교 석사학위논문.

김이준(2020). **어른들도 진로가 고민입니다**. 경기: 이담.

김이준, 김수향, 김혜경, 김정희(2014). **청소년 진로역량 워크북**. 경기: 교육과학사.

김종서, 남정걸, 정지웅, 이용환(1982). 한국에서의 평생교육체제 정립에 관한 연구. **한국정신문화원, 82**(7), 173-193.

김종학(2011). Holland 진로집단상담 프로그램이 대학생의 진로성숙도와 진로의사결정에 미치는 효과. 제주대학교 석사학위논문.

김지영(2014). 대학생 진로발달에 있어서 인턴십 프로그램 경험의 의미에 관한 질적사례연구. 고려대학교 박사학위논문.

김창환, 김본영, 박종효, 박현정, 이광현, 채재은(2014). **한국의 교육지표 · 지수 개발 연구(Ⅲ): 대학생역량지수 개발 연구.** 서울: 한국교육개발원.

박미애(2013). 진로장벽 깨뜨리기 프로그램이 여고생의 진로장벽 인식과 진로자기효능감에 미치는 효과. 경북대학교 석사학위논문.

박성실(2011). 대학생의 정서지능과 진로결정의 관계에서 진로결정 자기효능감과 진로장벽의 매개효과. 동아대학교 박사학위논문.

박아청(2004). 청년기 자아정체감의 발달단계의 특성분석. **교육심리연구, 18**(1), 301-312.

박정희(2018). 성격강점기반 집단상담 프로그램이 대학생의 자기개념 명확성과 자기결정성에 미치는 효과. 경성대학교 석사학위논문.

박현주(2020). 자기이해 중심 진로탐색프로그램에 참여한 인문계열 대학생의 경험과 요구 탐색. 인하대학교 석사학위논문.

심은정, 조인호(2018). **20대를 위한 심리학.** 서울: 시그마프레스.

안은비(2019). 한국 대학이 설정한 대학생 핵심역량의 현황 분석. 충북대학교 석사학위논문.

어윤경, 김동일, 정여주, 이주영(2011). 대학생용 취업준비행동 검사 개발 및 타당화. **한국교육학연구, 17**(3), 267-291.

오세린(2016). 진로개발역량 향상을 위한 미술수업 모형 연구: 홀랜드(Holland)의 직업선택이론을 적용하여. 단국대학교 석사학위논문.

유수복(2013). 대학생의 진로장벽과 사회적 지지가 진로자기효능감과 진로준비행동에 미치는 영향. 충북대학교 박사학위논문.

유채은, 조규판(2014). **진로와 자기계발.** 서울: 학지사.

윤성혜(2017). 대학생 생애핵심역량 유형 군집화. **교양교육연구, 11**(1), 73-95.

이성식(2007). 여대생이 인식한 진로장벽과 진로결정 자기효능감 및 진로결정 수준의 인과모형. 서울대학교 박사학위논문.

이승민(2021). 생애주기별 '진로개발역량(CDC)' 연구(2001~2020) 주제 변화 동향 분석: 네트워크 텍스트 분석을 적용. 부산대학교 석사학위논문.

이애화, 최명숙(2014). 국내 대학생 핵심역량과 그 진단도구에 대한 연구동향분석. **교육공학연구, 30**(4), 561-588.

이은진(2001). 다재다능한 대학생을 위한 진로 집단상담 프로그램의 효과. 연세대학교 박사학위논문.

이준(2010). 통일교 대학생을 위한 비전홈그룹 프로그램 개발. 선문대학교 석사학위논문.

이재창(1994). 진로교육 발전방안 탐색에 관한 연구. **진로교육연구, 2**, 80-119.

이지연(2002). 역량 중심의 대학생 진로개발전략 모색. **상담학연구. 3**(2). 419-438.

이지은, 정윤경, 나현미, 임혜경(2019). 대학 진로교육의 내실화를 위한 대학생 진로교육인식과

요구분석. **취업진로연구, 1**(1), 55-75

이태현, 김경진, 김명진, 정은희, 허현자, 최인희(2018). **대학생활과 진로설계.** 경기: 양성원.

이한샘(2014). 대학생이 인식하는 주요 발달과업과 대학생의 적응에 대한 연구. 연세대학교 박사학위논문.

장경은(2017). 비전수립 코칭프로그램이 대학생의 진로결정자기효능감 및 진로정체감에 미치는 영향. 광운대학교 석사학위논문.

장순강(2018). 대학생이 인식하는 생애역량 요구분석. 고려대학교 석사학위논문.

정경훈(2013). 초등학교 고학년의 개인비전 창출 프로그램 개발. 부산대학교 박사학위논문.

정보현(2013). 비전수립 코칭 프로그램이 방과후아카데미 아동의 자기효능감과 진로성숙도 및 성취동기에 미치는 효과. 동아대학교 박사학위논문.

정영해, 강희순, 김정숙(2012). 대학생의 취업준비 여부, 직업가치, 진로결정 자기효능감이 진로개발 준비도에 미치는 영향. **사회연구, 22**(1), 71-88.

정은이(2015). 대학생 진로 역량 검사 개발 및 타당화 연구. **교육방법연구, 27**(3), 401-428.

정지은(2017). 대학생 진로역량과 학생 및 대학 특성의 다층분석. 서울대학교 박사학위논문.

조성진, 강재열, 황윤성, 양승호(2017). **대학생을 위한 진로탐색과 취업전략.** 경기: 양성원.

최보아(2010). 청년기 생활설계 진단척도 개발. **한국가정관리학회지, 28**(5), 101-111.

한국진로교육학회(1999). **진로교육의 이론과 실제.** 경기: 교육과학사.

한국직업능력개발원(2014). 2014년도 대학생 핵심역량 진단체제(K-CESA) 구축사업. 교육부 수탁사업 2014-26.

한국직업능력개발원(2017). 대학생 진로상담 방안: 진로고민 유형 및 진로상담 절차를 중심으로. www.krivel.re.kr.

황매향, 김연진, 이승주, 전방연(2012). **진로탐색과 생애설계.** 서울: 학지사.

황윤미(2014). 진로의사결정의 방법, 단계, 유형이 대학생 진로의사결정의 질에 미치는 영향. 건국대학교 박사학위논문.

Amundson, N. E., & Harris-Bowlsbey, J., & Niles, S. G. (2013). **진로상담 과정과 기법.** [Essential elements of career counseling: processes and techniques(2nd ed.)] (이동혁, 황매향, 임은미 역). 서울: 학지사(원저출판: 2009).

Arnett, J. J. (2000). Emerging adulthood: A theory of development from the late teens through the twenties. *American Psychologist, 55*, 469-480.

Blanchard. K. H., & Stoner, J. (2006). **비전으로 가슴을 뛰게 하라.** [Full steam ahead] (조천제 역). 서울: 북이십일(원저출판: 2003).

DeSeCo[Defining and Selecting Key Competencies](2006). The Definition and Selection of Key Competencies, OECD. http://www.oecd.org.

Erikson, E. H. (1963). *Childhood and society*(2nd). New York: Norton.

Erikson, E. H. (1968). *Identity: Youth and crisis.* New York: Norton.

Gati, I., & Tikotzki, Y. (1989). Strategies for collection and processing of occupational information in making career decisions. *Journal of Vocational Counseling Psychology, 36,* 430-439.

Gordon, V. N. (1981). The undecided students: A developmental perspective. *Personal and Guidance Journal, 59,* 433-439.

Gysbers, N. C., & Heppner, M. J., & Johnston, J. A. (2017). **진로상담의 실제.** [Career counseling : holism, diversity, and strengths(4th ed.)] (김봉환 역). 서울: 학지사(원저출판: 2014).

Harren, V. A. (1979) A model of career decision making for college students. *Journal of Vocational Behavior, 14*, 119-133.

Havighusrt, R. J. (1972). *Developmental tasks and education*(5th ed). New York: Mckay.

Holland, J. L. (1985). *Making vocational choices: A theory of vocational personalities and work environments.* Englewod Clifs, NJ: Prentice Hall.

Holland, J. L. (1992). *Making vocational choices: A thoery of vocational personalities and work environments*(2nd ed.). Odessa, FL: Psychological Assesment Resources.

Kang, M., Heo, H., Jo, Shin, J., & Seo, J. (2010). Developing an Educational Performance Indicator for New Millennium Learners. *Journal of Research on Technology in Education. 43*(2), 157-170.

Kelley, R. E. (1994). *The Power Of Followership.* New York: Bantam Doubleday Dell.

Levinson, D. J., Darrow, C. N., Klein, E, B., Levinson, M. L., & McKee, B. (1978). *The seasons of a man' life.* New York: Kaopf.

McClelland, D. C. (1973). Testing for competence rather than for intelligence. *American Psychologist, 28*(1), 1-14.

Peterson, C., & Seligman, M. E. P. (2004). *Character strengths and virtues: A handbook of classification.* New York: Oxford University Press.

Richard J. G., & Philip G. Z. (2009). **심리학과 삶.** [Psychology and life(18th ed.)] (박권생, 박태진, 성현란, 이종한, 최해림, 홍기원 역). 서울: 피어슨에듀케이션코리아(원저출판: 2008).

Spencer, L. M., & Spencer, S. M. (1993). *Competence at work: models for superior performance.* New York: John Wiley and Sons, Inc.

Super, D. E. (1957). *The psychology of careers.* New York: Harper & Row.

Super, D. E. (1970). *Manual for the Work Value Inventory.* Boston: Houghton-Mifflin.

Swanson, J. L. (1995). The process and outcome of career counseling. In W. B. Walsh & S. H. Osipow (Eds.), *Handbook of vocational psychology*(2nd ed., pp. 217-259). Hilsdale, NJ: Lawrence Erlbaum.

찾아보기

가능성 / 16
가치 / 43
갈등관리 / 201
감사 / 99
강압전략 / 212
강제연상법 / 236
개발 / 88
거래적 리더십 / 193
경영지원 / 95
경청 / 165
공기업 / 115
공동체 윤리 / 250
공무원 / 117
공식적 의사소통 / 163
공정기술 / 91
관습형 / 39
구매 / 89
국가직무능력표준 / 149
근로윤리 / 249
기업경영 / 87
기획 / 96

낙관주의 / 16
논리적 사고 / 223

대기업 / 105, 111
대인관계 능력 / 177
대차대조표 / 131
대학생 / 17

리더십 / 191
링겔만 효과 / 181

마인드맵 / 234
마케팅 / 88
모범형 팔로워 / 184
문서이해 / 171
문서이해능력 / 168
문서작성 / 171
문서작성능력 / 170
문제 / 215
문제처리능력 / 227
문제해결 / 220
문제해결 능력 / 215

발달과업 / 17
발산적 사고 / 232
발생형 문제 / 218
법무 / 98
변혁적 리더십 / 193
보편적 윤리 / 248
불안정성 / 15
브레인스토밍 / 234
비공식적 의사소통 / 163

비교발상법 / 239
비언어적 의사소통 / 162
비판적 사고 / 226

사회형 / 37
상황적 리더십 / 194
생애핵심역량 / 144
서비스 / 94
설득전략 / 212
설비기술 / 91
설정형 문제 / 218
성격강점 / 50
성인진입기 / 14
성인초기 / 19
소외형 팔로워 / 184
수동형 팔로워 / 185
수시 채용 / 103
수직적 의사소통 / 162
수평적 의사소통 / 162
순응형 팔로워 / 185
스캠퍼 발상법 / 238
스타트업 / 105
시넥틱스 기법 / 240
실무형 팔로워 / 185
쌍방적 의사소통 / 161

언어적 의사소통 / 162
역량 / 142
역량검사 / 104
예술형 / 36
위임형 리더 / 197
윈-윈(win-win) 전략 / 205
유화전략 / 211
윤리규범 / 244
의사결정 / 120
의사소통 / 159
의사표현능력 / 164
의존적 유형 / 125
인사 / 95
인턴 제도 / 104
일 / 82
일방적 의사소통 / 161

자기중심성 / 15
자아정체감 / 63
자유연상법 / 233
재무 / 95
정기 공채 / 103
정체성 탐색 / 14
제조 및 기술 / 90
좋은 직업 / 84
중견기업 / 112
중소기업 / 114
지도형 리더 / 197
지방공기업 / 117
지시형 리더 / 197
직관적 유형 / 124
직업 / 82
직업가치관 / 44, 45, 86
직업가치관 검사 / 46
직업기초능력 / 150
직업선호도 검사 / 40
직업윤리 / 86, 243, 247
직업의식 / 247
직업정보 / 108
직업흥미 / 40
진로교육 / 25
진로대안 / 130

진로발달과업 / 23
진로비전 / 69
진로수레바퀴 / 130
진로역량 / 146
진로의사결정 / 120
진로의사결정 과정 / 129
진로장벽 / 66
진로정체감 / 64
진로준비행동 / 24
진취형 / 38

참여형 리더 / 197
창의력 / 231
창의적 사고 / 231, 232
청년기 / 12
청년기 발달과업 / 18
체크리스트 / 237
취업 동향 / 102
취업 절차 / 105
취업 정보 수집 / 105

탐구형 / 35
탐색형 문제 / 218
팀워크 / 178
팀워크 능력 / 178

판매 / 92
팔로워십 / 183, 190
품질 / 92
피라미드 구조화 방법 / 225

합리적 유형 / 124
합리적 의사결정 / 126
핵심역량 / 150
현실형 / 35
협력전략 / 211
협상 / 209
협상능력 / 209
협상전략 / 210
홍보 / 97
회피전략 / 211
효과적인 팀 / 180
흥미 / 32
흥미이론 / 33

AI 면접 / 104
IR(Investment Relationship) / 98
NM기법 / 241
RIASEC 모형 / 34
so what/Why So 방법 / 225
VIA 강점 분류체계 / 51

저 / 자 / 소 / 개

■ **봉미란**

숙명여자대학교 대학원 정책학 박사(인력개발정책학 전공)
현, 한성대학교 상상력교양대학 조교수

■ **이민아**

숙명여자대학교 교육학 박사(상담 및 생활지도 전공)
한국상담심리학회, 한국상담학회 1급 전문상담사
한국코치협회 KPC(Korea Professional Coach) 코치
현, (주)다인 기업상담 전문가
(주)호시담 심리상담 전문가 및 수퍼바이저
한국기술교육대학교 능력개발교육원 강사

■ **이기학**

성균관대학교 대학원 경영학석사
삼성전자 근무
현, 한성대학교 상상력교양대학 조교수

진로탐색 및 자기개발

1판 1쇄 인쇄 – 2021년 9월 1일
1판 1쇄 발행 – 2021년 9월 6일

저　　자 - 봉미란 이민아 이기학
발 행 인 - 강철원
발 행 처 - 양성원
주　　소 - 경기도 파주시 검산로 173번길 29-20
전　　화 - 031-946-3861(代)
팩　　스 - 031-946-3864
이 메 일 - tnwpub@naver.com
홈페이지 - tnwpub.co.kr
출판등록 - 2015년 8월 31일 제 2015-000211 호

ISBN 979-11-6126-400-4

정가 18,000원